EUROPAVERLAG

RAYMOND UNGER

Die Heimat der Wölfe

Ein Kriegsenkel auf den Spuren seiner Familie

EINE FAMILIENCHRONIK

EUROPAVERLAG

Hinweis: Abgesehen vom Klarnamen des Autors wurden alle Familiennamen im Buch geändert.

MIX
Papier aus verantwortungsvollen Quellen
FSC
www.fsc.org
FSC® C083411

Umschlaggestaltung: Hauptmann & Kompanie Werbeagentur, Zürich, unter Verwendung eines Fotos von © Privatarchiv Raymond Unger
Layout und Satz: BuchHaus Robert Gigler, München
Druck und Bindung: cpi Clausen & Bosse, Leck
ISBN 978-3-95890-014-1

www.europa-verlag.com

Für meine Familie

INHALT

»Wenn du hervorbringst, was in dir ist,
wird dich, was du hervorbringst, erretten.

Bringst du nicht hervor, was in dir ist,
wird dich, was du nicht hervorbringst, zerstören.«

Aus dem gnostischen Thomas-Evangelium

PROLOG

Auf einer Vernissage stand ein Ehepaar vor einem meiner Gemälde. Die Ehefrau hielt betroffen ihre Hand vor den Mund und sagte zu ihrem Mann: »Dieser Künstler muss eine sehr schwere Kindheit gehabt haben.« Eine andere Frau, kaum zwei Meter von dem Paar entfernt, hatte die Bemerkung gehört. Sie kommentierte: »Ja, das mag sein. Der Künstler ist mein Sohn.«

Diese wahre Begebenheit aus dem Jahr 2008 zeigt dreierlei: Meine Ölbilder werden als Bearbeitung einer schwierigen Kindheit verstanden. Meine Mutter erkannte meine schwierige Kindheit an. Was daran lag, dass sie selbst eine schwierige Kindheit hatte. In diesem Buch geht es um das Weiterreichen von »Schwierigkeiten«. Als Kriegsgeneration hatten die Eltern meiner Mutter eine Menge Schwierigkeiten. Davon bekamen auch meine Eltern noch welche ab – und später ich.

Die Schwierigkeiten Deutschlands reichten für drei Generationen. Doch kinderlos, wie ich bin, beendete ich den Reigen der Weitergabe und behielt alles Schwierige in mir. Schweigen und Scham ließen es kumulieren und giftige Blasen werfen. Mit diesem Buch steche ich sie endgültig auf.

Als Künstler ringe ich um maximale Authentizität und Kreativität. Ich will wissen, woher ich komme und wer ich bin. In meinem Sachbuch *Die Heldenreise des Künstlers* komme ich zu dem Schluss, dass meine Wahrnehmung der Wirklichkeit geprägt wurde durch meine Herkunftsfamilie und die Generation, der ich angehöre. Ich bin ein Künstler der sogenannten Babyboomer-Generation, das sind die Jahrgänge zwischen 1960 und 1975. Und wie viele Künstler meiner Generation neige ich dazu, mich selbst infrage zu stellen. Doch was für Künstler gilt, gilt vermutlich auch allgemein: Meiner Generation wird häufig Indifferenz, Orientierungslosigkeit und bisweilen sogar Larmoyanz unterstellt. Als Antwort auf diese Zuschreibungen war ich zunächst versucht, ein weiteres Sachbuch zu schreiben. Doch ich habe mich dagegen entschieden. Zum einen gibt es bereits hervorragende Sachbücher zum Thema, zum anderen glaube ich, dass ich mit einer anekdotischen Erzählweise die Materie prägnanter und vermutlich auch unterhaltsamer darstellen kann. So ist aus dem Vorhaben ein autobiografischer Roman geworden. Ausgehend vom familiären Universum meiner Kindheit, widme ich jedem Familienmitglied eine oder zwei Anekdoten. Obgleich ich nicht streng chronologisch erzähle, vertraue ich darauf, dass sich durch die Zeit- und Ortsangaben die Zusammenhänge und die zeitgeschichtlichen Hintergründe erschließen.

Meine Familienchronik reicht vom Jahr 1924, der »Heimat der Wölfe« Bessarabiens, über die Hamburger Bombennächte von 1943 und die Erfahrungen meines Vaters als USA-Auswanderer 1958 bis zur Suche nach etwas Glück in der Eigenheimsiedlung einer Hamburger Vorstadt der 1970er-Jahre. Je näher meine Erzählungen der Gegenwart kommen, desto deutlicher zeigen sich Dekompensationen und Auflösungserscheinungen des westdeutschen Wirtschaftswunders. Viele Selbst-Reparationsversuche psychischer Schräglagen führten zum tragisch-verfrühten Tod von Familienmitgliedern. Da hierbei Suchtverhalten im Vordergrund stand, vermutete ich dort lange Zeit den Schlüssel für die Probleme meines Familiensystems. Erst um das Jahr 2008 erkannte ich die tieferen Hintergründe: Verdrängung der Kriegserlebnisse meiner Eltern und Großeltern und damit unbewusste

»transgenerationale Weitergabe des Kriegstraumas« an mich und meine Schwester.

Auf Dauer konnten die Dämonen der 1940er-Jahre weder mit Alkohol noch durch exzessive Hobbys gebändigt werden. Seither bezeichne ich mich selbst als »Kriegsenkel«, damit ist die Generation nach den »Kriegskindern« gemeint. Meine Eltern sind klassische Vertreter der Kriegskindgeneration, erlitt doch jedes Elternteil eines der beiden Ur-Traumen der Nachkriegsdeutschen: Flüchtlingsschicksal mit Vertreibung aus dem Osten (meine Mutter) und Obdachlosigkeit durch Verlust der Hamburger Wohnung aufgrund der Operation Gomorrha (mein Vater).

Unbewusst wurde meine frühkindliche Weltsicht geprägt von der Trauer über den »Verlust der Heimat« und von unbewältigten Kriegsängsten. Hinzu kamen die emotionale Kälte und mangelnde Empathie meiner Eltern, die für Kriegskinder typisch sind.

Bevor es losgeht, möchte ich kurz die wichtigsten Protagonisten vorstellen – wen zähle ich zu meiner engeren Familie? Für mich waren dies in erster Linie die Personen, die mein unmittelbares Erleben als Kind prägten (siehe dazu auch den Stammbaum im Anhang). Mein familiäres Universum bestand aus neun Personen (mit mir zehn), die alle zusammen auf einem Grundstück in Neu Wulmstorf bei Hamburg lebten. Den Kern bildeten meine Großeltern mütterlicherseits: Wilhelmine und Jakob Müller, »bessarabiendeutsche[1]« Schwaben und Kriegsflüchtlinge aus dem heutigen Moldawien. Meine 1940 nach dem Hitler-Stalin-Pakt aus Bessarabien über Polen geflohene Kernfamilie war streng religiös und gehörte einer Freikirche an. Die Kinder meiner Großeltern, meine Mutter Katja und mein Onkel Ewald, bildeten die nächste Generation des Hofes. Die Geschwister Ewald mit Ehefrau Helga und meine Mutter Katja mit Ehemann Andreas standen lebenslang in Konkurrenz. Beide buhlten um die Gunst der streng religiösen Eltern, wobei der ältere Sohn Ewald die klare Dominanzposition innehatte. Beide Ehepaare auf dem Hof hatten jeweils zwei Kinder. Ewald und Helga bekamen 1960 Tochter Ina und 1965 Sohn Peter. Meine Eltern bekamen 1960 meine Schwester Sabine und 1963 mich. Ich möchte noch erwähnen, dass das Verhältnis beider Familien eng und unabgegrenzt war. Ina und Peter waren deshalb für mich wie Geschwister. Ebenso waren mein Onkel Ewald und meine Tante Helga ein zweites »Elternpaar«.

Darüber hinaus schildere ich das Schicksal meiner Großeltern väterlicherseits, Amalie und Otto Unger, die gleich zwei Weltkriege zu überstehen hatten. Der jüngste ihrer vier Söhne ist mein Vater Andreas.

Berlin, August 2015

WOLFSWINTER
| 1924 | Fürstenfeld, Bessarabien

An die Wölfe Bessarabiens hatten sich die deutschen Kolonisten längst gewöhnt. Es waren ohnehin nicht mehr viele. Seit fast zwei Jahrhunderten wurden Wölfe getötet, wo immer man auf sie traf. Sie wurden in Wolfsgruben gefangen und mit Mistgabeln erstochen oder einfach mit Knüppeln erschlagen. Gewehre waren nicht verbreitet unter den Bauern. Wer aber ein Gewehr besaß, nutzte es vor allem für die Wolfsjagd.

In einem Wolfswinter jedoch war es anders. In diesem besonders harten Winter fror der Dnister zu. Damit dieser schnell fließende Grenzfluss zu Russland zufrieren konnte, mussten die Temperaturen über Wochen unter minus 20 Grad fallen. Dies geschah immerhin alle drei bis vier Jahre, und dann kamen sie aus Russland über den Fluss: große, ausgehungerte Wolfsrudel, manchmal zwanzig Tiere auf einmal.

Wilhelmines Mutter sollte Recht behalten, dieser Winter war ein Wolfswinter. Schon im Herbst hatte die Mutter prophezeit, dass der Winter hart werden würde. Eben hatte Wilhelmine die Kuh versorgt und die große Schneeschaufel vorsichtshalber gleich mit ins Haus genommen. Rasch tropfte jetzt der Schnee von der Schaufel, denn sie lehnte an der heißen Ofenwand.

Jedes deutsche Haus in Bessarabien hatte so eine Wand, hinter der sich ein besonderer Ofen verbarg. Niemand wusste, wer zuerst angefangen hatte, solche Öfen zu bauen. Aber ohne diese trickreichen Öfen wäre das Überleben im Winter wohl nur schwer möglich gewesen. Die zentrale Stützwand deutsch-bessarabischer Häuser war hohl beziehungsweise eine Doppelwand. An der Stirnseite gab es mächtige Eisenbeschläge mit einer schweren Feuertür. Diese Brennstelle fasste große Mengen Holz. Doch dieses Holz brannte nicht einfach schnell ab. In der Wand schlang sich ein ausgeklügeltes Schornstein-Labyrinth bis nach oben zum Dach. Der Rauch wurde dabei mehrfach innerhalb der Wand umgeleitet, bis er seinen Weg ins Freie fand. Bereits eine Holzladung reichte aus, dass das Mauerwerk die Hitze die ganze Nacht hindurch speicherte und es dadurch bis zum nächsten Morgen behaglich warm blieb.

In den letzten zwei Wochen hatte es so viel geschneit, dass die Wege über den Hof an Schützengräben erinnerten. Ein schmaler Gang führte quer über den Hof zur Scheune, ein anderer am Haus entlang zu den Ställen. Jeden Tag aufs Neue mussten Wilhelmines Brüder die Zugänge freihalten. Nur den Weg zur Sommerküche, schräg gegenüber, sparten sie sich. Schon im Herbst wurde die Großküche aufgegeben, bis zum April würde sie Winterschlaf halten. Mitunter verwehten die Wege in der Nacht so stark, dass die Brüder morgens ganz schön schuften mussten, damit Wilhelmine überhaupt die Kuh melken konnte. Doch in den letzten zwei Tagen hatten sie überraschend wenig zu tun, denn es war für wenige Stunden so warm geworden, dass der Schnee kurz antaute. Dadurch hatte sich eine feste Harschschicht gebildet, und nun lagen die enormen Schneemassen wie versiegelt da. Umso besser, dachten sich die Brüder, denn verwehen konnte der Schnee nun nicht mehr. Aber auch diese Besonderheit hatte einen Nachteil, wie sich bald herausstellen würde.

In dieser Nacht wurde es kälter als jemals zuvor. Die schwache Sonne war soeben untergegangen; der Himmel erschien kristallklar. Das helle Mondlicht fiel auf den Schnee und war kaum von der fahlen Tagessonne zu unterscheiden. Wäre jetzt einer der Dorfbewohner draußen gewesen, er hätte ein merkwürdiges Schauspiel beobachten können: Ohne dass es einer mitbekommen hatte, befand sich das Dorf bereits seit Tagen in einem Belagerungszustand. Auf dem kleinen Hügel jenseits des Ortes hatte sich eine Reihe dunkler Gestalten versammelt. Selbstsicher und ohne die geringsten Anzeichen von Unruhe saßen sie im Schnee, den Blick starr auf das Dorf gerichtet. Die Ohren steil nach vorn gestellt, nahmen sie jedes Geräusch von dort auf. Nichts entging dem Rudel. Das Geklapper aus den Küchen, die Stimmen der Menschen, die Ketten der Tiere in den Ställen. Keiner aus der Gruppe schien es eilig zu haben. Und keiner schien sich verstecken zu wollen. Warum auch? Bislang jedenfalls hatte sie noch niemand gestört auf ihrem Horchposten, dem kleinen Hügel hinter dem Weinberg. Hunderte Kilometer hatte das Wolfsrudel bereits hinter sich gebracht. Die Tiere waren von der langen Wanderung abgemagert, aber immer noch kraftvoll. In diesem kleinen Ort gab es etwas, dass ihren Wandertrieb unvermittelt gestoppt hatte. Wie ein unsichtbarer Magnet zog der unwiderstehliche Geruch von Schafdung das ausgehungerte Rudel an den Hügel. Langsam wurde es ruhig im Dorf. Mit den fallenden Temperaturen schienen auch die Geräusche des Ortes zu verstummen. Plötzlich, gegen Mitternacht, lief der Leitwolf den Hügel hinab, ganz so, als hätte er eine Entscheidung getroffen. Leichtfüßig und im Trab folgten die anderen Wölfe nach. Nur ab und zu brach mal eine Pfote durch die Eisschicht auf dem Schnee, wovon die Tiere sich jedoch nicht aufhalten ließen.

Wilhelmine schlief noch nicht. Jetzt im Winter genoss sie es, lange wach zu liegen und ihren Gedanken nachzuhängen. Im Sommer war das undenkbar. Da war sie gerade mal eingeschlafen, schon hörte sie um halb vier Uhr morgens den Vater vor ihrer Kammer: »Steh uff! S'isch hell Dag!« Nach dem ersten Weckruf hatte sie höchstens drei Minuten Zeit zum Aufstehen, sonst kam die Steigerung: »Steh uff, sag ich! Der Kühhirt knallt scho!« Und sosehr Wilhelmines Muskeln auch schmerzten und brannten von der Feldarbeit, sosehr der junge Körper auch nach Ruhe schrie – es gab keinen Aufschub. Die Lider noch fast geschlossen, taumelte sie in den Stall, lehnte den Kopf an das warme Fell und füllte den Milcheimer. Alles andere wäre eine große Schande gewesen. Wollte sie etwa ein »faules Mädchen« sein? Eine, die die Kuh durch den ganzen Ort auf die Weide »nachtreiben« musste? Sicher nicht. Das ganze Dorf hätte über sie gespottet. Junge Mädchen, die es nicht mal schafften, die Kuh rechtzeitig zu melken, damit der Sammelhirte sie auf die Kuhweide mitnehmen konnte, waren gewiss keine gute Partie ... Wilhelmine schaffte es immer. Nicht ein einziges Mal in ihrem Leben hatte sie die Kuh auf die Weide nachtreiben müssen, und darauf war sie sehr stolz.

Doch jetzt im Winter war alles anders. Man hatte Zeit. Die Kuh blieb ohnehin im Stall, und die Nacht war lang. Wilhelmine dachte nach. Die aufregende Veranstaltung der »Sabbatianer« ging ihr nicht mehr aus dem Kopf. Gegen den Willen ihrer Mutter hatte sie daran teilgenommen. Die Versammlung wurde von einem großen, gut aussehenden Mann mit stahlblauen Augen geleitet. Dieser Mann kam extra aus Amerika ins abgelegene Bessarabien angereist, um die Wahrheit zu verkünden. Und was er zu sagen hatte, war für Wilhelmine neu und überaus spannend gewesen. So hatte er erklärt, dass der Sonntag der falsche heilige Tag sei. Gott hatte dafür eigentlich den Samstag bestimmt, und so würde es auch in der Bibel stehen. Konnte das wirklich wahr sein? Wilhelmine ließ das keine Ruhe. Und wenn das wirklich stimmte, wäre dann auch alles andere wahr? Dass in der Bibel stand, Gott wollte nicht, dass die Menschen Schweinefleisch essen? Wilhelmine hatte direkt nach der Veranstaltung die einzige Autorität gefragt, die es im Ort gab: den Pfarrer, der zugleich ihr Schullehrer war. Der sollte es wohl wissen. Der Pfarrer hatte laut aufgelacht und gesagt, das mit dem Samstag sei großer Blödsinn. Und das würde er jetzt und hier sogleich beweisen. Dann hatte er sich seine Nickelbrille aufgesetzt, die Bibel zur Hand genommen, seinen Zeigefinger angeleckt und die zehn Gebote aufgeschlagen. Mit kräftiger Stimme begann er vorzulesen: »Sechs Tage sollst du arbeiten und alle deine Werke tun. Aber am siebenten Tage ist der ...«, plötzlich murmelte der Pfarrer nur noch. Wilhelmine konnte ihn kaum verstehen. Unvermittelt schlug er die Bibel zu, warf den Kopf nach hinten und schritt wortlos von dannen. Seit dieser Geschichte wusste Wilhelmine, dass der Pfarrer gelogen hatte. Und dass der Mann mit den schönen blauen Augen die Wahrheit gesagt hatte.

Dann passierte es. Ein furchtbarer Schrei riss Wilhelmine aus ihren Gedanken. Dieser Schrei war das Schrecklichste, was Wilhelmine jemals gehört hatte. Er klang tierisch menschlich. Verzweifelt und – endgültig. Kurz darauf ein lautes Gepolter, so als würden Sachen umgestoßen. Erstarrt lag Wilhelmine in ihrem Bett und lauschte in die Nacht. Jetzt muhte die Kuh ohne Unterlass, dann war lautes Kettenrasseln zu hören, dann wieder Gepolter; offenbar spielten die Pferde in ihren Boxen verrückt. »Johan! Das ist der Wolf!«, hörte sie die Mutter schreien. Der Vater rannte zur Tür, griff nach der Schaufel, die noch an der Ofenwand lehnte, und wollte hinaus. Kaum hatte er die Haustür geöffnet, da zwängte sich eine zottelige graue Gestalt an ihm vorbei, rannte in die Küche und kauerte sich unter den Küchentisch. Voller Entsetzen war Wilhelmine, die es nun auch nicht mehr in ihrem Bett ausgehalten hatte, jetzt davon überzeugt, dass ein Wolf unter dem Küchentisch saß. Doch die Mutter erkannte sofort, dass es der eigene Hofhund war. Mit eingeklemmtem Schwanz und fiepend vor Angst hatte er sich unter den Tisch verkrochen. Wilhelmine sah jetzt die abgerissene Hofleine darunter hervorlugen, und ein Wolf hätte bestimmt keine Leine gehabt.

Der echte Wolf war im Stall gefangen. Er roch die Menschen. Voller Panik sprang er so hoch er konnte, doch den Weg, den er gekommen war, konnte er nicht mehr zurück. Sein Einbruch in den Stall war leicht gewesen. Draußen an der Giebelwand stand ein alter Leiterwagen. Er war so hoch eingeschneit, dass sich eine Rampe gebildet hatte, die bis unter die Giebelluke des Stalls reichte. Durch die Eisschicht war der Schnee fest, und der Wolf konnte bis zur Giebeltür laufen, dort etwas rütteln, und schon war er in den Stall hinabgefallen. Aber was jetzt? Zurück ging es so nicht, schon gar nicht mit seiner Beute, dem Schaf. Blutig vom Kehlbiss – das Schaf war jedoch noch nicht ganz tot – sprang der Wolf verzweifelt die Stallwand hoch. Der Vater und Wilhelmines Brüder standen vor der Stalltür. »Warte!«, schrie der Vater, »noch nicht aufmachen! Fritz soll die Mistgabel holen!« Eine endlose Zeit verging. Im Stall lautes Gepolter, das unaufhörliche Muhen der Kuh, dazu das Getrampel der Pferde in ihren Boxen und ein zunehmend atemloser, panischer Wolf, der weiterhin gegen die Stallwand sprang. Endlich kehrte Fritz mit einer Mistforke und einem Dreschschlegel zurück. Sofort griff sich der Vater die Forke, holte tief Luft und rief: »Aufmachen!« Kaum war die Stalltür offen, rannte der Leitwolf aus dem Stall. Fast hatte er es geschafft. Doch in einer letzten Drehbewegung erwischte ihn das kalte Metall der Mistgabel im Unterbauch. Mit ganzer Kraft drückte der Vater den Wolf auf den gefrorenen Boden, als wollte er ihn festnageln. Heulend vor Schmerz drehte sich der Leitwolf wie ein wütender Lindwurm und kämpfte um sein Leben. »So erschlagt ihn doch!«, schrie der Vater. Laut klappernd knallte der Dreschschlägel auf den betonharten Boden, denn Fritz schlug wiederholt daneben. Fast dasselbe Geräusch machten auch die Zähne des Wolfs; auch er schnappte laut und bedrohlich ins Leere, bis plötzlich ein kräftiger Schlag alles beendete. Endlich. Der Wolf war tot. Regungslos lag er auf der Seite, die lange Zunge fiel aus dem Maul und fror augenblicklich am Boden fest.

NEUE HEIMAT
| 1969 | Neu Wulmstorf

Auch dieses Mal hockte ich wie stets am Ende einer Wolfsgeschichte unter dem Couchtisch. Das stellte kein Problem dar, denn ich war erst sechs Jahre alt. Das Wohnzimmer meiner Großeltern war für Stunden unwirklich geworden. Ich war dort! Im kältesten Winter aller Zeiten. Ich konnte alles sehen: den Wolf, den Schnee, den Hund. Ich konnte alles riechen: den Stall, das Blut, das Schaf. Ich konnte alles hören: den schnappenden Wolf, das Muhen der Kuh.

Wie betäubt tauchte ich langsam unter dem Couchtisch mit der bunten Marmorplatte hervor. Ich hörte das Ticken der mächtigen Wanduhr, die meine Oma Wilhelmine jeden Abend weihevoll aufzog. Es roch nach Rosenöl. Obwohl es im Deutschland der 1960er-Jahre natürlich immer Strom gab, hatte meine Oma grundsätzlich eine frisch gefüllte Öllampe auf dem Schrank parat stehen – man konnte ja nie wissen. Ich schaute mich um: Neben mir lagen Erdnussschalen verstreut. Im Verlauf der spannenden Wolfsgeschichte hatte ich die kleine Tonschüssel nicht mehr getroffen, die für die Schalen bestimmt war.

Draußen herrschte tatsächlich Winter, auch hier in Deutschland. Doch war dies alles nichts. Nichts war hier überhaupt irgendetwas. Der Schnee nicht, der Winter nicht, die Tiere nicht und die Menschen schon gar nicht. Hier war alles nur – Abklatsch.

Das wahre Leben war ein für alle Mal verloren. Die Wirklichkeit war verloren. Die wirklich heißen Sommer, die wirklich kalten Winter, die wirklich ehrlichen Leute, die wirkliche Gemeinschaft, die wirklich harte Arbeit, das wirklich gute Essen, der wirklich wahre Glaube. Von einem Tag auf den anderen musste alles Wirkliche zurückgelassen werden, in der Heimat, in Bessarabien. Was blieb, waren Erinnerungen. An das schöne Leben, früher. Und was noch blieb, waren Hoffnungen. Auf ein Paradies im Jenseits. Und in der Zwischenzeit gab es nicht allzu viel von Wert.

Ich war erst sechs, doch ich wusste bereits – dieses Leben war nicht von Belang. Ohnehin konnte es nicht mehr allzu lange dauern. Der Weltuntergang war nah! Das wussten meine Großeltern ganz genau. Ich war täglich hier, denn ich wohnte mit meinen Eltern auf demselben Hof. Und es hatte den Anschein, dass meine Mutter Katja ganz froh darüber war, wenn ich bei meiner Oma Wilhelmine steckte, denn meine Mutter hatte schon genug Sorgen. Immerzu musste sie mit meinem Vater Andreas streiten, den ich so gut wie nie zu sehen bekam. Entweder war er in Hamburg, um zu arbeiten, oder er war auf seinem Taubenschlag, auf dem ich nur störte.

In den Geschichten meiner Oma ging es fast nur um früher. Stundenlang lag ich unter dem Couchtisch und aß Erdnüsse oder selbst gebackene Kekse. Oder ich saß in der Küche und schaute Oma fasziniert beim Kochen zu. Ich sah zu, wie sie Hühner ausnahm und mit Spiritus absengelte. Ich schaute mir dann die Innereien ganz genau an. Das Herz. Die Leber. Ich schaute zu, wie sie Fleisch durch den Fleischwolf drehte, um Leberwurst zu machen. Das klapprige Gerät war ihr ein und alles, es hatte sogar die Flucht überstanden. Es quietschte entsetzlich, wenn Oma die Handkurbel drehte, und am Ende des Tages tat ihr das Handgelenk schrecklich weh, aber diese Prozedur war unverzichtbar. Zwar hätte meine Oma überall Leberwurst kaufen können, aber da wäre dann sicherlich Schweinefleisch drin gewesen. Oder der Schlachter hatte vorher Schweinefleisch verwurstet und danach das Gerät nicht richtig sauber gemacht. »Nee, nee, des kansch net mache«, sagte

Oma. Besser, man machte das selbst. Da wusste man, was man hatte. Oder ich schaute erstaunt zu, wie Oma Maiskörner in »Bobsche« (Popcorn) verwandelte. Toll, wie laut es in dem schwarzen Eisentopf knallte, wenn die Körner an den Deckel sprangen.

Währenddessen entführte mich Oma in eine fremde Welt voller Wölfe, mit Schneebergen, wehrhaften Männern mit Mistgabeln, heißen Sommern, Wassermelonen, prachtvollen Maisfeldern, frischer Milch, gutem Fleisch, selbst gemachtem Käse, starken Pferden und Gedärm im Weinberg. Gedärm im – was? Ja, das war nämlich so: Wölfe suchen sich ein möglichst kleines Schaf aus und zerren es in den Weinberg, denn dort kann sie keiner sehen. Im Weinberg beißen sie dem Schaf dann in den Bauch, und zwar so, dass er aufreißt und die Gedärme rauskommen. Dann nehmen die Wölfe das Schaf mit in den Wald, um es dort in Ruhe aufzufressen, aber die Gedärme bleiben im Weinberg liegen. Und wie Gedärme aussehen, das wusste ich ganz genau von den Hühnern.

Manchmal ging es in den Geschichten meiner Großeltern auch nicht um früher. Dann wollten sie mir erklären, was bald passieren würde. Offenbar verheimlichten mir meine Eltern die Wahrheit: Schon bald, so in zwei oder drei Jahren, würde es wieder Krieg geben. Doch diesmal würde alles noch viel, viel schlimmer werden als das, was meine Großeltern zuvor in zwei Weltkriegen erlebt hatten. Und sie hatten ja einiges erlebt. Bomben, Flucht, Vertreibung, Schmerz, Tod und Vergewaltigung – alles Pipifax gegen das, was bald kommen würde.

Im dritten Weltkrieg würde zunächst ein Drittel aller Menschen einander auf bestialische Weise massakrieren. Dann, auf dem Gipfel des Chaos, würde es tagsüber ganz dunkel und ganz still, so wie in der Nacht. Überall gingen dann die Gräber auf, die Toten kämen heraus und würden sich verschlafen umsehen. Dann würde ein Fleck im Himmel gleißend hell werden, so hell, dass man kaum hinsehen kann. Aber wenn man die Augen etwas zukniff, kann man irgendwie doch

Jesus erkennen, der als mächtiger König auf einer Wolke zur Erde schwebt. Jesus, der dann endgültig die Nase vollhat von den bösen Menschen, würde alle guten und gerechten Menschen mit sich in den Himmel nehmen, in Sicherheit. Jesus kann die Auserwählten für das Himmelreich ganz leicht erkennen, denn es sind diejenigen, die das »Zeichen« haben. Und nur Siebenten-Tags-Adventisten haben dieses Zeichen.

Als Sechsjähriger stellte ich es mir immer als eine Art Brandzeichen vor. Vermutlich war es ein großes »Z« auf der Stirn. Aber nur Adventisten, die sich wirklich an alle Regeln der Bibel gehalten hatten, bekamen von Gott ein großes Z auf die Stirn gebrannt. Also nur die, die den Sabbat heiligten und nicht den Sonntag. Und nur die, die nicht rauchten. Und nur die, die kein Schweinefleisch aßen. Zu Rauchern und Schweinefleischessern würde Jesus sagen: »Hinweg! Ich kenne euch nicht!«

Dann wird sein ein Heulen und Zähneklappern, denn wehe dem, der danach noch auf der Erde bleiben muss. Dann geht der Horror erst richtig los ... Unter der Herrschaft des Teufels, der nun ungezügelte Macht auf Erden bekommt, werden sich alle bösen Menschen, also Katholiken, Evangelische, Raucher, Schweinefleischesser, Alkoholtrinker, Kartenspieler und Musikhörer nach Herzenslust umbringen, quälen und massakrieren. Tausend Jahre lang.

Und tausend Jahre kamen mir schon damals, als Sechsjähriger, ziemlich lang vor. Dann, nach tausend Jahren Quälerei, kommt Jesus abermals auf die Erde. Aber nur, um endgültig Schluss zu machen mit der verbliebenen Brut. Dann verbrennt er alle bei lebendigem Leib, schmeißt den Teufel in ein Höllenloch und reinigt die Erde. Danach baut er ein neues, goldenes Jerusalem und alle guten Menschen (also, die Siebenten-Tags-Adventisten) dürften fortan in Frieden auf Erden leben.

Meine Oma hat mir Bilder gezeigt, wie schön das wird. Wir werden dann alle auf grünen Wiesen sitzen, die Bäume prahlen mit ihren

Früchten, und mit den Wölfen kann man schmusen. Denn sie fressen dann keine kleinen Schafe mehr, sondern nur noch Gras. Und bis dahin?

Bis zum nahen Weltuntergang sollte ich nach außen hin das tun, was alle Mitglieder meiner Familie machten: »so tun als ob«. Doch bevor ich im Paradies die Wölfe kraulen durfte, musste ich erst mal zur Schule. Der Weg dorthin war eine Tortur. Nicht, dass er lang oder mühsam gewesen wäre, ganz im Gegenteil, er war viel zu kurz.

Hier in Neu Wulmstorf, in die Siedlung »Neue Heimat«, hatte es unsere Enklave ehemaliger Bessarabiendeutscher verschlagen. Nach kurzfristiger Zwangsumsiedlung 1940 vom heutigen Moldawien nach Polen ging es 1945 von Polen ein zweites Mal auf die Flucht, diesmal nach Westdeutschland. Zweimal Flucht, zweimal Hals über Kopf, zweimal unter Lebensgefahr. Als ich 1963 geboren wurde, lag die letzte Flucht schon 18 Jahre zurück. Doch in den Köpfen meiner Mutter und meiner Großeltern Müller war es erst gestern.

Hier in der »Neuen Heimat« waren es tatsächlich nur 300 Meter bis zu meiner Schule, schnurgerade die Straße hoch. Jeden Morgen ging ich diesen viel zu kurzen Weg so langsam wie nur irgend möglich. Und manchmal kam ich auch gar nicht in der Schule an.

»Wie kannst du dich auf diesem kurzen Weg nur verlaufen? Wie ist das möglich?« Meine Mutter konnte das nicht begreifen. In Wahrheit entpuppte sich mein Leben seit meiner Einschulung als einziger Horrortrip. Nie fühlte ich mich fremder als zur Zeit meines ersten Kontakts mit der »normalen« Welt, denn in dieser Welt war alles falsch, alles gelogen, alles verloren und alles Surrogat.

Mit meiner Einschulung wurde mir augenblicklich bewusst, wie anders ich war. Was ist das, wofür sich die anderen da begeistern? Und wozu? Rechtschreibung oder Mengenlehre? Schwimmen und Noten lernen? Was sollte ich zu Hause darüber erzählen? Zu Hause konnte keiner Noten lesen. Zu Hause konnte keiner schwimmen. Zu Hause konnte keiner Mengenlehre. Und lesen konnten meine Großeltern nur die Bibel. Und auch das nur mit dem Finger die Buchstaben entlang. Wort für Wort.

Konnte ich wirklich so kolossal anders sein, so fremd? Noch anders als die anderen Aussiedler, die doch schon so anders waren? Und noch anders als die Christen, die ihren Glauben wirklich ernst nahmen, obwohl diese ja schon so anders waren? Ja, konnte ich. Aussiedler kamen normalerweise aus West- oder Ostpreußen. Doch die Familie meiner Mutter kam aus Bessarabien.

»Aus ... Was? Arabien? Du siehst gar nicht so arabisch aus.«

»Nein, aus *Bess*arabien. Das ist nicht in Afrika.«

»Aha ...«

»Nein, ich esse kein Schweinefleisch.«

»Hä? Kein Schweinefleisch? Wieso das denn? Jude oder was?«

»Nein, ich bin kein Jude.«

»Aber du gehst auch samstags nicht zur Schule!«

»Nein, ich gehe samstags nicht zur Schule. Das liegt daran, dass der Sonntag der falsche heilige Tag ist. Am Sonntag soll man eigentlich arbeiten. Aber am Sabbat darf man dafür gar nix machen.«

»Wo gibt's denn so was? Am Sabbat ... Du bist also doch ein Jude!«

»Nein, ich bin kein Jude.«

Mein Anderssein zu erklären war mühsam. Wenn überhaupt, so fühlte ich mich eher wie ein kleiner Russe. Immerhin hieß meine Mutter Katja, und ihr Vater, mein Opa Jakob, sah aus wie der Zwillingsbruder von Leonid Breschnew. Samstags trug er schwarze Anzüge und eine glänzende, pechschwarze Schaffellmütze, eine echte Karakulmütze, die allerdings hervorragend zu seinen monströsen und ebenfalls pechschwarzen Augenbrauen passte. Dass mein Opa eigentlich aussah wie ein Bilderbuchrusse, konnte ich mir erst sehr viel später eingestehen.

Meine Oma wurde nie müde zu betonen, dass unsere Familie immer »arisch« geblieben sei. Unter keinen Umständen hätte sich ein

Deutscher mit einem Russen, Rumänen, Moldowaner oder Juden »eingelassen«. Wir sind immer deutsch geblieben! Garantiert. Bei dem Wort »Moldowaner« verzog meine Oma noch verächtlicher das Gesicht als bei »Jude«.

Moldowaner ... Bis heute weiß ich nicht so genau, wen sie damit eigentlich meinte. Als Kind stellte ich mir irgendwelche wilden Ureinwohner vor. Ja, diese Moldowaner oder Juden hätte es zwar gegeben, aber die wohnten niemals mit »echten Deutschen« zusammen. Die kamen höchstens mal vorbei als fliegende Händler oder Kesselflicker. Auf jeden Fall mussten das sehr finstere Gestalten sein, da war ich mir sicher. Wie auch immer, Bessarabiendeutsche blieben jedenfalls »reine Deutsche«. Um jeden Preis. Selbst wenn irgendwann jeder mit jedem verwandt war.

Nur 9000 fleißige Schwaben waren 1814 in das fruchtbare Land zwischen Rumänien und der Ukraine aufgebrochen. Doch als sie 1940 wieder gingen, waren es fast 100 000. 130 Jahre lang heirateten und mehrten sich die Schwaben nur unter ihresgleichen. Aber – der eine oder andere kulturelle Übersprung schien trotzdem stattgefunden zu haben. Das merkte man am guten Joghurt. Und an den leckeren Maisspeisen. Und am Schafskäse. Und – an den monströsen Augenbrauen meines Großvaters ... Auf jeden Fall aber merkte man es an den Schaffell-Karakulmützen! Der letzte Schrei für echte Männer Bessarabiens. Ebenso wie rotes Zaumzeug für die Pferde oder lange geflochtene Pferdepeitschen aus weichem Leder.

Im Neu Wulmstorf der 1960er-Jahre kamen Zaumzeug und Peitschen weniger gut an, deshalb ließ mein Opa Jakob sie vermutlich weg. Doch seine Karakulmütze ließ er sich zeit seines Lebens nicht nehmen.

Der kleine Russe in mir hatte allerdings einen starken Gegenpol. So fühlte ich mich auf der anderen Seite immer ein bisschen wie ein kleiner Amerikaner. Immerhin heiße ich Raymond, Kurzform Ray, original amerikanisch geschrieben. Darauf legte mein Vater großen Wert, denn ein deutscher Raymond schreibt sich Reimund oder Raimund oder Raimond. Tatsächlich wurde ich aber benannt nach Raymond, dem amerikanischen Unteroffizier, mit dem mein Vater seinen Dienst in der U.S. Army geleistet hatte.

Mein Vater wollte unbedingt Amerikaner sein. So sehr, dass er als junger Deutscher nach Amerika ging und dort in die U.S. Army eintrat, um später als »Besatzer« nach Deutschland zurückzukehren. Als Sieger! Endlich ... Das war schon was. Mit dickem Cadillac im kleinen Neu Wulmstorf Ende der 1950er-Jahre.

»Da hat die Familie deiner Mutter, diese Hinterwäldler aus Bessarabien, ganz schön geguckt! Die hatten nämlich nur Fahrräder oder Mopeds. Oder, wenn es hochkam, eine BMW Isetta ...«, sagte mein Vater manchmal, wenn er genug Bier getrunken hatte. Und wenn mein Vater damals meine Mutter besuchte, kam an seinem Cadillac aus Chicago keiner mehr vorbei, so breit war der. Oder anders gesagt, so schmal war unsere Gasse in der »Neuen Heimat«. Zur Strafe wurde meine Mutter, die meinen Vater auch noch in voller U.S.-Army-Uniform heiratete, als »Ami-Flittchen« beschimpft. Zu Unrecht. Denn trotz seiner Mimikry blieb mein Vater immer Deutscher. Man kann nicht alles haben.

DAS BOOT
| 1916 | Jütland, Nordsee

Der »Alte« war nervös. Irgendwas wusste er, was Otto Unger, der Vater meines Vaters, und die anderen aus der Mannschaft nicht wussten. In aller Eile wurde das Boot beladen. Für die langen Patrouillenfahrten im Kanal wurde sonst eindeutig mehr Essen gebunkert. Offenbar ging es diesmal woanders hin. Doch was war das Ziel? Auf jeden Fall würde die Fahrt kürzer ausfallen, zumindest ließ das Wenige an Proviant darauf schließen. Stattdessen wurden in der letzten Nacht Torpedos neuester Bauart verladen, solche, die »ihr Ziel fast von allein finden«, sagte der Alte. Das war natürlich Quatsch, denn eigentlich rauschten viele Torpedos am Ziel vorbei. Er sagte so was trotzdem, wohl um die Mannschaft zu beruhigen. Das war so seine Art.

Mein Großvater Otto war ein lustiger Geselle und fühlte sich bei der Kaiserlichen Marine pudelwohl. Gern spielte er Karten, und dem einen oder anderen Bierchen war er auch nicht abgeneigt. Ein Foto aus dieser Zeit zeigt ihn in Marineuniform: Er sitzt an einem Tisch mit drei Kameraden und spielt Karten. Einer hat sich die Schuhe ausgezogen und hält die Spielkarten mit den Zehen.

Otto hatte inzwischen mitbekommen, dass die Kaiserliche Marine ein ganz besonderer Truppenteil war. Er konnte das beurteilen, schließlich war er, bevor er zur U-Boot-Waffe wechselte, Infanterist gewesen. Nun kam ihm der furchtbare Grabenkrieg schon vor wie aus einem anderen Leben, und doch lag er erst knapp ein Jahr zurück.

Für Otto war der dunkle und nach Dieselöl stinkende Bauch eines U-Bootes ein nahezu freundlicher Ort im Vergleich zu den Gräben an der Westfront. Dort hatte es oft wochenlang geregnet. Schnell sammelte sich in den schmalen Gräben eine dunkle Brühe aus Wasser, Schlamm und Fäkalien. Das Kot-, Urin- und Sandgemisch drang überall ein, zuerst in die Stiefel. Die rauen, nassen Wollsocken und der kalte Sand ließen die Füße in kürzester Zeit zu entzündeten Klumpen anschwellen. Einige Fußgeschwüre wurden dunkel und stanken bestialisch.

Natürlich wussten die Kommandeure, dass diese Hölle nur wenige Tage durchzuhalten war, auch ohne jegliche Kampfhandlung. In der Regel wurden die Soldaten im vordersten Schützengraben nach maximal zwei Wochen abgelöst. Doch für viele Kameraden war dies bereits zu lang. Schlaf- und Wassermangel taten ihr Übriges, der ganze Körper war nach wenigen Tagen eine einzige Wunde.

Über die Köpfe flogen Granaten, zudem lauerten auf beiden Seiten Scharfschützen, die nur darauf warteten, dass tagsüber mal einer zu sehen war. Wer seinen Kopf hob, starb. Wer nach vorn angriff, starb. Wer nach hinten floh, starb. Schon nach wenigen Tagen waren die meisten Kameraden mental am Ende. Einige beteten ohne Unterlass. Viele saßen auch einfach nur da und starrten in den Matsch, als gäbe es dort etwas Interessantes zu sehen. Die häufigsten Verletzungen waren Kopf- oder Splitterverletzungen, und auch Otto erwischte es schwer. Ein Hartkerngeschoss durchdrang ein Grabenschild, das eigentlich Schutz bieten sollte. Es durchschlug Ottos Scheitelbein, durchtrennte einige Blutgefäße und nahm beim Wiederaustritt etwas Hirnmasse mit. Schwer verletzt wurde Otto in ein Lazarett eingeliefert. Der Kopfschuss sollte sein Leben für immer verändern.

Eines Tages, Otto lag einsam auf seinem Krankenlager, bekam er überraschend ein kleines gelbes Postpaket. Die ersten Tage war Otto noch zu schwach, um das Paket zu öffnen. Auf dem Nachttisch wartete es darauf, dass sein Inhalt von ihm entdeckt würde. Nachts, wenn Otto den Kopf der Seite zuwandte, wo sich das Tischchen befand, stieg ihm ein feiner süßer Duft in die Nase. Zunächst dachte er, es sei eine Täuschung. Doch nein, jedes Mal aufs Neue roch es ganz wunderbar zart nach Parfüm. Was konnte das nur sein? Otto fühlte sich von dieser lieblichen Wahrnehmung irgendwie getröstet. Am dritten Tag war es endlich so weit, mithilfe einer Krankenschwester öffnete er das ominöse Päckchen.

Abgeschickt hatte es eine Amalie Schuhmann. Amalie kam aus einer sehr guten Frankfurter Familie, und wie viele ihrer Freundinnen engagierte sich die anmutige Bürgerstochter in einem Frauenverein, der an einsame Soldaten sogenannte Liebesgaben verschickte. Der freiwillige Paketdienst war im Kaiserreich eine hoch angesehene moralische Unterstützung für die kämpfende Truppe. Der Versand der Liebesgaben (Tabak, Handschuhe, Schokolade) war somit eine typische »Heimatfront-Aktion«. Im Nachhinein wusste Amalie nicht mehr, was an diesem Tag über sie gekommen war, dass sie ziemlich keck zwischen die Handschuhe und die Schokolade noch ein kleines Foto von sich steckte. Der junge Sachse verliebte sich augenblicklich in das feine Frankfurter Mädchen.

Nach romantischem Briefwechsel zwischen Westfront und Frankfurt lernte sich das Paar schließlich kennen und schnell stand fest: Sie würden heiraten. Und dies, obwohl Amalies Familie ganz und gar nicht begeistert war von der nicht standesgemäßen Verbindung.

Doch zuvor hatte Otto noch einige Nächte im U-Boot zu überstehen, und auch noch den ganzen Ersten Weltkrieg. Das unbarmherzige Gesetz des Meeres, die Enge der Boote und das Enklaven-Leben in der Gemeinschaft schafften bei der Marine andere Regeln als bei der Truppe an Land. Seeleute aller Nationen hatten schon einmal um ihr Leben gekämpft. Ganz ohne Krieg. Denn ihr größter Feind war die See. Und jeder Marinesoldat wusste das. Die sonderbare Konsequenz daraus: In den Seestreitkräften der Welt herrschte 1916 noch ein merkwürdiger »Ehrenkodex«. Ja, man schoss auf andere Schiffe. Man wollte »Bruttoregistertonnen« versenken, aber eigentlich keine Seeleute. Auf Schiffe schon, aber auf Menschen, so unmittelbar, wollte man zu Anfang des Krieges gar nicht schießen. Zumindest für das Versenken von Frachtern gab es Regeln, etwa diese: Ein deutsches U-Boot tauchte auf, gab sich zu erkennen und stoppte einen englischen Frachter falls nötig mit einem Schuss vor den Bug. Dann sollte der Kapitän des Frachters Vernunft zeigen, seine Papiere einpacken und sie dem deutschen Kommandanten übergeben. Anschließend durften sich alle von Bord retten, und dann erst wurde der Kahn versenkt. Oder, noch besser, das ganze Schiff wurde samt Ladung einkassiert. Und manchmal ließ man das Schiff auch einfach weiterfahren. Alles war möglich. Nur heimtückisches Versenken war tabu. Die Aufbringung nach der alten Prisenordnung wurde unberechenbar, als die Engländer begannen, sogenannte U-Boot-Fallen zu bauen. Harmlos aussehende Frachter erhielten starke Geschütze, die sich unter falschen Deckaufbauten verbargen. Tauchte dann ein deutsches U-Boot auf, eröffnete der Frachter unvermittelt das Feuer und versenkte es. Nach Erfindung der U-Boot-Fallen war Schluss mit dem Ehrenkodex des Kriegshandwerks. Als Antwort befahl das deutsche Oberkommando das sofortige, heimtückische Versenken aller feindlichen Schiffe innerhalb eines Sperrbezirks rund um England.

Der Seekrieg wurde unerbittlich. Abgesehen von ihren U-Booten war die Kaiserliche Marine der Royal Navy ohnehin hoffnungslos unterlegen. Und auch die U-Boote waren recht verletzlich. Bis dahin waren U-Boote erfolgreiche Überwasserschiffe gewesen, deren Hauptwaffe das Bordgeschütz war. Feindliche Schiffe wurden vorwiegend mit Artillerie bekämpft. Tauchen, und auch das nicht sehr tief, sollte ein U-Boot nur, um sich den Verfolgern zu entziehen. Plötzlich aber sollten U-Boote ausschließlich unter Wasser operieren, und Torpedos wurden ihre Hauptwaffe. Dabei hatte ein Torpedoabschuss zur damaligen Zeit so seine Tücken. Die mit Pressluft getriebenen Torpedos liefen recht langsam, ihre Reichweite war begrenzt, und an der Wasseroberfläche konnte man die Torpedo-Blasenspuren klar und deutlich erkennen.

Verfehlte ein Torpedo sein Ziel, ließ sich recht gut berechnen, woher der Schuss gekommen war. Sofern man auf einen wehrlosen Frachter geschossen hatte, war dies unerheblich, nicht aber bei einem Kriegsschiff. Zudem konnten damalige U-Boote bei Weitem nicht so tief tauchen wie im Zweiten Weltkrieg. Die Konsequenz: Wasserbomben wurden zu einer ernsten Bedrohung. Andererseits sorgte inzwischen ein Mythos dafür, dass die U-Boot-Waffe überaus ernst genommen wurde. Anfangs mussten die Kapitäne sich noch beweisen. Wenn nämlich die flachen und schlanken Boote im Kieler Hafen neben Kreuzern, Fregatten und Torpedobooten lagen, sahen sie eher wie Spielzeug aus. Das änderte sich jedoch schlagartig, als U9 im September 1914 seelenruhig drei englische Kriegsschiffe versenkte. Die Kommandanten wussten nicht, wie ihnen geschah. Sie dachten, sie seien auf Minen gelaufen. Das furchtbare Ereignis kostete 1400 Seeleuten das Leben, und seither galten U-Boot-Fahrer als Helden der Nation. Der Mythos der deutschen U-Boot-Waffe hielt sich bis in den Zweiten Weltkrieg.

31. Mai 1916: Das Boot von Otto stampfte durch die Nordsee, Überwasserfahrt, volle Kraft voraus. Auf dem Turm standen der Alte und Hans, der erste Offizier. Hans war ein guter Freund von Otto, ungeachtet des Dienstgrades, denn Otto war einfacher Maat und Hans immerhin Oberleutnant. Plötzlich fiel das Kommando »Tauchfahrt«, kein Alarmtauchen, sondern einfach nur geordnetes Tauchen auf Seerohrtiefe. Hans kam den Turm heruntergerutscht, sein Blick traf Otto. Danach folgte der Alte, der auch das Schott schloss. Er ging sofort zum Kartentisch, beugte sich darüber und sagte kein Wort. Otto fühlte sich unwohl. So angespannt wie heute hatte er Hans noch nie gesehen. Was in aller Welt hatten die beiden dort oben gesehen? Otto hatte auf der Brücke eigentlich nichts verloren; bevor er verschwand, flüsterte Hans ihm zu: »Alles voll oben. Das wird ernst.« Wie sehr

das für ihn zutreffen würde, konnte Otto zu diesem Zeitpunkt noch nicht ahnen. Denn »oben« war das Skagerrak, und dort zeichnete sich eine geschlossene Linie von Rauchfahnen am Horizont ab; die unter Volllast dampfenden Maschinen konnten ihr Tun nicht verbergen. Deutsche und englische Schiffe gaben sich ein Stelldichein. Insgesamt sollten es 250 Kriegsschiffe werden, die sich zwei Tage lang aus allen Rohren beschossen. Das Ergebnis: 180 000 Tonnen versenkter Stahl und 9000 Tote. Gewinner der Schlacht: die Engländer! Sagten die Engländer ... die Deutschen! Sagten die Deutschen ... Den Toten und Tonnen nach hatte Deutschland »gewonnen«.

Otto war gerade im Maschinenraum des Bootes, als sein Herz brach. Bewusstlos sank er auf den ölverschmierten Boden. Die genaue Ursache habe ich nie erfahren. Möglicherweise hatte er eine Panikattacke mit einer zu hohen Herzfrequenz. Das kam tatsächlich in U-Booten vor. Man kann durch Angst und Panik unmittelbar sterben. Vielleicht war es aber auch die Druckwelle einer Unterwasserbombe, die das Boot erfasst hatte. Oder er hatte bereits eine Vorschädigung des Herzmuskels, vielleicht durch einen Gasangriff an der Westfront.

Nur zwei Dinge sind belegt: Otto erlitt einen »Herzmuskelriss«, wie es später hieß, und er überlebte die legendäre Schlacht am Skagerrak nur knapp.

Aus heutiger Sicht glaube ich nicht an einen vollständigen Herzmuskelriss, denn den hätte er nur schwerlich überlebt. Jedenfalls sollte sich der Herzmuskel nie wieder ganz erholen, und das kranke Herz war schließlich auch der Grund für seinen relativ frühen Tod.

Doch immerhin überlebte Otto den Ersten Weltkrieg und heiratete seine geliebte Amalie. Dem Wasser blieb mein Großvater vorerst treu. Nach dem Ersten Weltkrieg fand er Arbeit bei der Kieler Wasserschutzpolizei. Amalies Frankfurter Familie war dadurch halbwegs besänftigt, als Polizist und Beamter der Weimarer Republik hatte Otto ein ordentliches Auskommen. Die schöne Amalie dankte es ihm und bekam einen Sohn nach dem anderen. Der Jüngste, Andreas, war mein Vater.

GROSSADMIRAL DÖNITZ
| 1976 | Hamburg-Blankenese

»Andi, weißt du eigentlich, für wen du heute Abend gekocht hast? Großadmiral Dönitz! Den Nachfolger des Führers!«

Während Peter Tamm dies sagte, steckte er meinem Vater mit gönnerhafter Geste 150 Mark in die obere Tasche seiner blütenweißen Kochjacke. Dabei sprach Tamm gepresst und leise, als handelte es sich um ein exklusives Geheimnis. Offenbar war die Information noch Teil des Lohnes für den überaus gelungenen Abend. Nicht dass 150 Mark in den 1970er-Jahren wenig gewesen wären für vier Stunden Arbeit. Trotzdem, das Essen meines Vaters hatte »Großadmiral Karl Dönitz« genossen, das wusste er jetzt. Durfte er darauf stolz sein, dass sein Essen dem letzten Präsidenten des Deutschen Reiches und Unterzeichner der totalen Kapitulation geschmeckt hatte? Noch in der Nacht seiner Ernennung zum Reichsführer durch Adolf Hitler hatte Dönitz an Hitler telegrafiert:

»Mein Führer, meine Treue zu Ihnen wird unabdingbar sein. Ich werde daher weiter alle Versuche unternehmen, um Sie in Berlin zu ersetzen. Wenn das Schicksal mich dennoch zwingt, als der von Ihnen bestimmte Nachfolger das Deutsche Reich zu führen, werde ich diesen Krieg so zu Ende führen, wie es der einmalige Heldenkampf des Deutschen Volkes verlangt.«[2]

Zwei Wochen nach diesem Telegramm unterzeichnete Dönitz die totale Kapitulation. Trotz seiner heroischen Bekundungen kam Dönitz in den Nürnberger Prozessen vergleichsweise milde davon. Bereits 1956 wurde er aus seiner Haft entlassen und nun schmauste er an der Elbchaussee Leckereien, die mein Vater zubereitet hatte.

Dies war nicht das erste und das letzte Mal, dass sich Peter Tamm, Intimus des Verlegers Axel Springer, meinen Vater als Koch in seine Villa an der Elbchaussee einlud. Als mein Vater anschließend zu seinem Auto torkelte, wäre er beinahe über einen Torpedo aus dem Zweiten Weltkrieg gestolpert, denn die lagen einfach so im Garten herum, neben Seeminen und Schiffsankern. Hausherr Tamm war bekanntermaßen geradezu besessen von maritimem Kriegsgerät. Als finanzkräftiger Vorstandsvorsitzender der Springer AG trug Tamm über viele Jahre die weltweit größte private Sammlung zur Schifffahrts- und Marinegeschichte zusammen. 2008 waren die Exponate an der Elbchaussee mittlerweile so bedeutend, dass der Hamburger Senat der Sammlung Tamm einen eigenen Kaispeicher in der Hafencity spendierte, der zuvor sogar noch für 30 Millionen Euro saniert wurde. Dafür ist die Sammlung Tamm heute für jedermann zu sehen, einschließlich des Torpedos, über den mein Vater in den 1970er-Jahren gestolpert ist.

Mein Vater hatte von Anfang an bei Peter Tamm einen Stein im Brett. Es genügte die Tatsache, dass der Vater meines Vaters, mein Großvater Otto, an der größten Seeschlacht der Weltgeschichte teilgenommen hatte. Offenbar war mein Opa für Tamm eine Art Kriegsheld, immerhin hatte er sich bei der Skagerrakschlacht einen Herzmuskelriss zugezogen. Damit gehörte auch mein Vater Andreas zum maritimen Club, obwohl er ein Subalterner blieb.

In der Regel war mein Vater nach den Kochabenden an der Elbchaussee ebenso wenig nüchtern wie der Hausherr. Tamm »nahm ganz gern mal einen«, erzählte mein Vater. Es kam wohl öfters vor, dass auch Tamm gegen Feierabend die schicke Mahagoni-Bar im 13. Stock des Axel-Springer-Hochhauses in Hamburg aufsuchte. Diese Bar, oder besser die dazugehörige Küche, war das Reich meines Vaters. Beides gehörte zum exklusiven Gästebereich des Springer-Hochhauses, in dem sich Chefredakteure mit Politikern, Prominenz und anderen Gästen des Springer-Konzerns trafen. Auch wenn der Gästeraum zu fortgeschrittener Stunde meist leer war – Andi war bestimmt noch da. Wenn am Ende des Tages Chefredakteure, Gäste und Politiker zusahen, dass sie nach Hause zu ihren Familien kamen, blieb Andi gern noch etwas. In seiner weißen Kochkluft setzte er sich dann an den ebenso weißen Steinway-Flügel, der an der Spitze der dreieckigen Panorama-Etage stand. Er spielte eines der wenigen Stücke, an die er sich aus seiner Frankfurter Jugendzeit erinnerte, und träumte sich in eine andere Welt.

Der wunderbare Panoramablick aus dem 13. Stock erinnerte ihn an das Drake Hotel in Chicago. Die Alster wurde zum Michigan Lake, und vor seinem inneren Auge tanzte er mit den hübschen Mädchen in ihren Petticoats auf der Rollschuhbahn an der Chicagoer East Side. Bis ihm jemand auf die Schulter tippte und fragte: »Na, Andi, gibt's noch einen?«

Klar gab es noch einen. Oder auch noch zwei. Oder drei ... Andreas hatte es nie eilig. Es zog ihn nicht nach Hause zu Frau und Kind. Natürlich, irgendwann musste auch er mal nach Hause, denn seine Tauben wollten ja gefüttert werden, aber das hatte Zeit.

Es war bereits tiefe Nacht. Andreas stand allein vor dem Springer-Hochhaus auf der Kaiser-Wilhelm-Straße, ein kalter Wind pfiff um die Ecke. Er holte tief Luft und klopfte sich mit der flachen Hand ins Gesicht. Verdammt spät geworden, mal wieder. Katja würde wie üblich zetern. Scheiß drauf. Erst mal nach Hause kommen, mit dem Auto natürlich ... So schlimm war es ja nicht. Kurz noch mal ums Eck gehen, tief atmen, das wäre doch gelacht. Und überhaupt, der Andi fuhr besoffen immer noch besser Auto als alle anderen nüchtern!

Doch dann, im Wagen, wurde es überraschend warm. Zu warm. Dazu eine entsetzliche Müdigkeit, jetzt nur keinen Scheiß bauen! Plötzlich ein lauter Knall. Diese verdammte Verkehrsinsel, glatt übersehen. Das Schild darauf auch. Der linke Kotflügel war weg. Glatt abgerissen. Und sonst? Nichts passiert! Gar nichts passiert. Ha! Ging doch ...

Bis eine Funkstreife den Wagen stoppte. Im Polizeibericht wird später stehen: »Der Fahrer öffnete die Tür und fiel uns regelrecht in die Arme.« Blutalkohol: 2,6 Promille. Diesen Wert erreicht man normalerweise nicht, denn er ist absolut toxisch. Um einen so hohen Wert zu erreichen, ohne bewusstlos zu werden und noch Handlungen wie Autofahren zu vollziehen, muss man schon regelmäßig trainieren. Das wusste auch der Richter. So ein Wert gehört einem Alkoholiker. Führerscheinentzug und hohe Geldstrafe waren die Folge. Das saß.

Mein Vater trank erst mal nichts und fuhr Bahn. Dann trank er schon mal wieder. Ab und zu. Dann öfter, ein Gläschen ... Dann war wieder alles beim Alten. Nur dass er jetzt auf öffentliche Verkehrsmittel angewiesen war. Das war kompliziert, denn nachts kam man nicht ohne Weiteres von Hamburg nach Stelle. Die Bahn fuhr nicht mehr so spät. Und Handys gab es zu der Zeit noch nicht. Telefonzellen auf Bahnhöfen aber schon. Inzwischen hatte auch meine Mutter den Führerschein gemacht. Immer häufiger klingelte jetzt spätabends das Telefon. Mein Vater rief an, wollte abgeholt werden. Anfangs noch ganz die brave Ehefrau, holte meine Mutter ihn dann ab. Später hatte sie andere Interessen.

Gewiss fühlte sich mein Vater als »ganzer Kerl«, wenn er ordentlich trank. Damit war er nicht allein. Fast alle Kollegen tranken und rauchten. Vortrinker der Nation war damals »Kommissar Keller« (Erik Ode), von unserer Familie heiß geliebt. Gelegentlich versammelten wir uns vor dem kleinen Schwarzweißfernseher und ließen uns inspirieren:

Gemütlich saß Kommissar Keller bei einem Cognac in seinem Wohnzimmer, als plötzlich das Telefon klingelte. Draußen regnete es Bindfäden, doch das nützte nichts, ein neuer Fall wartete. Seine liebe Ehefrau (Rosemarie Fendel) dachte mit. Noch während der Kommissar telefonierte, schleppte sie Gummi-Galoschen heran, kniete vor ihrem Ehemann nieder und nestelte an seinen Füßen herum. Wie eine lästige Schmeißfliege wehrte der Kommissar seine Frau ab, er hatte jetzt Wichtigeres zu tun. Doch so schnell gab Frauchen nicht auf. Klug wusste sie anzumerken: »Ja aber – wenn die Füße warm sind, dann ist der ganze Mensch warm!«

Kommissar Keller, schon halb aus der Tür, drehte sich noch einmal um und konterte lässig: »Du bist dumm, aber lieb.«[3]

Bei uns zu Hause kam natürlich keiner auf den Gedanken, wie diskriminierend derartige Dialoge waren. Ganz im Gegenteil, meine Eltern fanden die Serie irgendwie »so echt«. Um dieses Gefühl hervorzurufen, setzten die Macher des Kommissars unverzichtbare Requisiten ein: Alle in der Serie tranken Alkohol, immer, überall und zu jeder Tageszeit. Egal ob der Kommissar morgens, mittags oder abends ein Haus betrat, um die Bewohner zu verhören. Grundsätzlich wurde ihm erst mal Whisky oder Cognac angeboten. Und niemals sagte er »nein« oder »ich bin im Dienst«.

Viele Verhöre fanden zum Glück ohnehin in Kneipen und Bars statt, und auch dort tranken der Kommissar und Harry literweise Bier oder Wein. Und warum auch nicht? Selbst auf der Polizeidienststelle versorgte »Rehbeinchen«, die Sekretärin des Kommissars, die Kollegen ungefähr alle 30 Minuten mit Weinbrand aus der Schreibtischschublade. Zweites unverzichtbares Requisit waren Zigaretten. Immer und überall wurde geraucht, ohne Ausnahme rauchten jeder und jede. Ohne Zigaretten konnte ein Dialog gar nicht geführt werden. Und wer keine Zigaretten mehr hatte, verstummte. Oder musste von seinem Gesprächspartner mit Zigaretten versorgt werden, sonst hätte er nicht antworten können. Drittes auffälliges Detail ist die ostentative Ignoranz des Zweiten Weltkrieges. Obwohl alle Protagonisten Kriegsteilnehmer gewesen sein mussten, hatte keiner eine diesbezügliche Geschichte. Niemand war verletzt oder verstümmelt. Keiner hatte Angehörige im Krieg verloren. Alle Geschichten wurden so erzählt, als hätte es diesen Krieg niemals gegeben. Auch hierbei orientierte sich die Serie ganz an der Realität: In unserer kleinen Familie war der Krieg ebenfalls kein Thema. Dabei lag die Katastrophe erst wenige Jahre zurück. Doch nicht nur bei uns, ganz allgemein fand diese Realitätsleugnung große Zustimmung. Wir tauchten jedenfalls gern ein in die Welt von »Der Kommissar«. Denn wie bei uns zu Hause hatte es keinen Krieg gegeben, alle soffen und rauchten, und Frauen waren »dumm, aber lieb«. Als Kind verstand ich ein weiteres Detail im Kommissar noch nicht. Den erwachsenen Männern gefiel es bestimmt: In nahezu jeder Folge gab es eine »sexy Granate«. Diese Frau sah super aus, war vielleicht 20 Jahre alt, während die Männer, mit denen sie es zu tun hatte, gut und gern 20 bis 30 Jahre älter waren …

DIE ZEITUNG
| 1975 | Stelle

Vom Pförtner bis zum Vorstandsvorsitzenden bekam jeder Mitarbeiter des Hamburger Axel-Springer-Konzerns ein Abonnement der Tageszeitung Hamburger Abendblatt gratis. Obgleich mein Vater politisch wenig interessiert war, stimmte er doch getreu dem Motto »geschenkt ist geschenkt« dem Abo zu, und jeden Nachmittag lieferte ein Zeitungsjunge das Hamburger Abendblatt an unserer Haustür ab. Ich könnte mir vorstellen, dass mein Vater das Abo im Nachhinein bereute. Damals jedenfalls wuchs Woche für Woche ein kleiner Stapel ungelesener Zeitungen auf unserem Küchentisch heran. Keiner aus unserer Familie würdigte diesen Stapel auch nur eines Blickes. Wir Kinder waren viel zu jung, um Zeitung zu lesen, und meine Eltern lasen einfach nicht, weder Zeitungen noch Bücher. Immerhin hatte unsere Familie so genug Zeitungspapier, um etwas einzuwickeln, oder mein Vater benutzte die Zeitung, um seine Brieftaubenkörbe damit auszulegen. Abgesehen von der Zeitung waren auch Bücher so unwichtig, dass sie keines besonderen Orts der Aufbewahrung bedurften.

Das elterliche Buchangebot der 1970er-Jahre war so überschaubar, dass ich mich noch heute an den kompletten Bibliotheksbestand erinnere: *Der Brockhaus* in drei Bänden, *Der große Pellaprat – Die französische und internationale Kochkunst* (gebundene Ausgabe) sowie *Der große Kampf zwischen Licht und Finsternis* von E. G. White[4]. Zählt man zur Ehrenrettung meines Elternhauses die Brockhaus-Bände einzeln, besaßen wir also fünf Bücher. Doch halt, zusammen mit der heimischen Bibel waren es sechs. Obwohl es sich bei den Büchern ausnahmslos um dicke, gebundene Schwarten handelte, brauchten meine Eltern hierfür kein Bücherregal. Etwas versteckt und zusammen mit den teuren Goldrandgläsern standen die Bücher hinter der Glastür unserer Kieferholzimitat-Schrankwand der Firma Möbel Kraft.

Doch zurück zum Hamburger Abendblatt, das noch eine wichtige Rolle in meiner Kindheit spielen sollte. Für mich wurde diese Zeitung zu einem Symbol für Interessen, die es in unserer Familie eigentlich kaum gab: Politik und Bildung. Dies waren jedoch die vorgeblichen Motive eines plötzlich auftauchenden Nachbarn, der sich nun brennend für das von uns verschmähte Druckerzeugnis interessierte. Erst acht Jahre später, zu meinem 19. Geburtstag, würde mir meine Mutter seine wahren Motive gestehen. Doch über all die Jahre glaubte ich tatsächlich, dass es Männer gab, die nicht ganz so bildungsfern waren wie mein eigener Vater. Aus heutiger Sicht müsste ich wohl sagen: Ich wollte es glauben. Bereits damals nämlich hätte mir auffallen können, dass sich der Zeitungsstapel lediglich in die Wohnung des neuen Nachbarn verlagerte. Denn dort, gleich neben seinem Schreibtisch, lagen die Zeitungen nun ebenso ungelesen und fein säuberlich gestapelt wie zuvor bei uns.

Auf jeden Fall war der sonderbare Nachbar mit dem vermeintlichen Interesse an politischer Bildung anders als die Männer sonst in der Straße. Neben meiner Mutter bemerkten dies auch die anderen Hausfrauen. Der sportliche, bärtige Mann, der im Gegensatz zu den eigenen Männern sehr viel Zeit zu haben schien, sorgte für eine gewisse Unruhe in den Bügelzimmern der Neubausiedlung. Eberhard war der Letzte, der mit seiner Frau in unserer Straße gebaut hatte. Zudem war das Ehepaar deutlich jünger als alle anderen. Und es hatte (noch) keine Kinder. Und, auch irgendwie komisch, beide Eheleute arbeiteten. Der vermutlich gravierendste Unterschied aber war: Diese frisch gebackenen Lehrer waren die einzigen Akademiker weit und breit.

Mein Vater war Koch. Unser nächster Nachbar war Drucker. Der danach Dachdecker. Und so ging es weiter. In der Regel waren die Männer unserer Straße einfache Handwerker oder Arbeiter, zudem gingen ihre Ehefrauen keiner Arbeit außerhalb des Haushalts nach. Frauen, die »arbeiten gehen mussten«, galten eher als Schande für den »Ernährer«. Als Einzelverdiener mit einfachen Arbeitergehältern waren die Bauherren unserer Straße dennoch in der Lage, ein 1000-Quadratmeter-Grundstück samt Eigenheim zu finanzieren. Zudem gingen viele Männer recht früh in den Ruhestand. Kaum jemand arbeitete länger als bis zum 60. Lebensjahr. Etliche gingen sogar mit 55 oder 58 in Frührente. Für den groben Nachteil, so früh schon nicht mehr arbeiten zu können, bekamen zum Beispiel Angestellte der Bahn oder ähnlicher Einrichtungen ansehnliche Abfindungen. In unserem Umfeld gab es gleich zwei Nenn-Onkels, bei denen die Abfindung sogar ausreichte, um ein weiteres Haus zu bauen. Das warf dann zur ohnehin ordentlichen Rente noch Mieteinnahmen ab. Außerdem hatten viele zusätzlich eine Ferienwohnung, und selbstverständlich fuhr man zweimal im Jahr in den Urlaub. In der Garage stand ein Auto, das nie älter als vier oder fünf Jahre war. Sicherlich, es ging einem gut, das hat niemand bestritten. Weist man aber gelegentlich darauf hin, dass die Häuslebauer der 1970er-Jahre in Bezug auf ihre Eigenheimfinanzierung die doppelte bis dreifache Kaufkraft von heute hatten, schaut man in ungläubige Gesichter. Für die Gründe des westdeutschen Wohlstandes hat man andere Erklärungen: Fleiß zahlt sich eben aus ...

Doch zurück zu dem Akademiker-Paar, das so gar nicht in unsere Straße passte. Jeden Abend, bevor mein Vater von der Arbeit kam, stand plötzlich dieser Eberhard bei uns in der Diele. Er stand grundsätzlich. Diese Stehphase dauerte ungefähr drei Jahre. Eberhard holte sich »nur kurz das Abendblatt«. Als Kind fand ich die Erklärung meiner Mutter logisch. Klar, der Ortsvorsitzende der CDU musste auf dem Laufenden bleiben. Wie ein Fetisch hielt Eberhard während der gesamten

Stehphase das Hamburger Abendblatt in der Hand. Und dies, obwohl das »kurze Abendblattholen« viele Stunden dauern konnte. Nur ausnahmsweise gönnte er sich mal ein Einklemmen der Zeitung unter den Oberarm. Doch jederzeit, und erst recht wenn mein Vater heimkam, konnte er damit herumwedeln, um klarzumachen, worum es ging: »Hallo, nur kurz das Abendblatt geholt ...«

Mit dem vierten Jahr kam dann die Sitzphase. Sie kennzeichnete gleich drei Neuerungen: 1. Eberhard stand nicht mehr in der Diele herum, er saß jetzt recht gemütlich mit meiner Mutter am Küchentisch. 2. Er hielt das Abendblatt nicht mehr ständig in der rechten Hand, es lag nun lässig neben ihm. 3. Er ging nicht mehr sofort nach Hause, wenn mein Vater heimkam.

Offenbar hatte er in den vergangenen drei Jahren herausgefunden, dass mein Vater immer nur kurz da war. Denn kaum hatte der seinen Mantel aufgehängt und die Tupperware mit dem mitgebrachten Essen im Kühlschrank verstaut, verschwand er auch schon wieder Richtung Taubenschlag. Für Eberhard gab es also wirklich keinen Grund zur Hektik.

Die Sitzphase war allerdings etwas kürzer als die Stehphase. Bereits nach zwei Jahren wurde sie von der Wohnzimmerphase abgelöst. Während dieser Phase lag das Abendblatt verwaist in der Diele oder sonst wo herum. Es konnte sogar vorkommen, dass Eberhard ganz vergaß, es mitzunehmen. Er verbrachte nun etliche Stunden mit meiner Mutter im Wohnzimmer, während mein Vater allein auf dem Taubenschlag sein Bier trank.

Zur Zeit der Wohnzimmerphase war ich bereits Teenager und meine Schwester eine junge Dame. Wir schienen alle in der Familie versorgt zu sein: Ich war verrückt nach Mopeds und allem, was einen Motor hatte. Meine Schwester Sabine war verrückt nach Milka-Schokolade und Kitschromanen der Julia-Reihe. Mein Vater war verrückt nach Holsten-Bier und Jägermeister. Und meine Mutter war verrückt nach Eberhard. »Verrückt« waren wir alle, denn unsere Mitte hatten wir längst verloren.

HEIM INS REICH
| 1940 | Fürstenfeld, Bessarabien

»Nach dem Feldzug, der 18 Tage währte, begann die bisher großzügigste Umsiedlungsaktion der Weltgeschichte. Alle Volksgruppen, die draußen ihre Aufgaben erfüllt haben, rief der Führer zurück in die Heimat ihrer Väter. Sie helfen jetzt mit beim Ausbau und der Fertigung des Großdeutschen Reiches. In besonderem Maße werden beim Aufbau des Warthegaus ihre kolonisatorischen Fähigkeiten wirksam werden.«

Das Plakat vor der Schule in dem kleinen Ort Fürstenfeld war beeindruckend. Die Worte »großzügigste Umsiedlungsaktion« waren in riesengroßen fetten Lettern gedruckt. Der Aushang zeigte eine Karte von Europa, von der Peripherie aus wiesen große Pfeile alle auf ein Ziel. Die Pfeile hatten ihren Ausgangspunkt in Lettland, Estland, Rumänien, und ein Pfeil kam direkt aus Bessarabien. Im Zentrum des Plakats war eine schwarze Fläche markiert, sie war das Ziel und damit die »Heimat der Väter«. Die Bauern des kleinen bessarabischen Dorfes waren geografisch nicht sonderlich bewandert. Trotzdem hätte den Schwaben auffallen müssen, dass das Ziel auf diesem Plakat nicht die Heimat ihrer Väter sein konnte. Denn der »Warthegau«, das neu zu besiedelnde Zielgebiet, lag mitten in Polen – und nicht in Schwaben.

An einem grauen Novembermorgen 1940 wurde der fünfjährige Ewald unsanft geweckt. Mutter Wilhelmine rüttelte ihn aus dem Schlaf. Der kleine Junge war sehr müde und wollte sich einfach auf die andere Seite drehen, als ihn der Blick seiner Mutter traf. Schlagartig war er wach. In ihren Augen sah Ewald etwas, das ihn erschreckte.

In der Küche herrschte bereits seit Stunden hektisches Treiben. Wilhelmine hatte die ganze Nacht nicht geschlafen. An was sie alles zu denken hatte! Erst gestern Abend hatten sie den Handzettel zur Umsiedlung bekommen, und an die Regeln hatte man sich strengstens zu halten:

1. Unter anderen im Gepäck mitgeführten Gegenständen werden zur Ausfuhr zugelassen: getragene Oberkleider, Schuhwerk und Wäsche für den gewöhnlichen Gebrauch sowie Lebensmittel.

2. Auf der Eisenbahn ist den Umsiedlern gestattet, Handgepäck und persönliches Gepäck nach den für die Eisenbahn geltenden Normen auszuführen.

3. Personen, die auf dem Treckwege umsiedeln, ist es gestattet, ihr eigenes Haus- und Federvieh auszuführen, jedoch nicht mehr als zwei Pferde oder zwei Ochsen, eine Kuh, ein Schwein, fünf Stück Schafe oder Ziegen und zehn Stück Federvieh beliebiger Art je Wirtschaft.

4. Urkunden und Papiere, und zwar sowohl von Einzelpersonen wie von Körperschaften (Genossenschaften, Kooperativgemeinschaften) dürfen ausgeführt werden.

5. Von der Ausfuhr sind ausgeschlossen:

Bargeld jeder Art mit Ausnahme von rumänischen Papier-Lei, die zur Ausfuhr bis zu 2000 Lei je Person zugelassen werden. Gegenstände aus Silber über 500 Gramm je Person; goldene und silberne Uhren (mit Kette), Trauringe, silberne Zigarettenetuis — mehr als ein Stück je erwachsene Person; Gegenstände aus Edelsteinen oder Perlen über ein Karat je Person; Edelsteine in unbearbeiteter Form; Kunstgegenstände und Antiquitäten, wenn diese Sammlungen darstellen oder in Einzelexemplaren nicht als Familienbesitz des Umsiedlers gelten; Waffen, Feldstecher und andere Gegenstände militärischer Ausrüstung. Manufaktur, Fertigkleidung, Metalle und Metallfabrikate, Lederfabrikate, Galanteriewaren und Gegenstände mit Warencharakter (d. h. in einem Umfang, der über die Grenzen der Bedürfnisse der Familien hinausgeht); Brieftauben; Drucksachen, Lichtbilder (außer persönlichen Lichtbildern), Akten jeder Art, Kirchenbücher, Pläne, Urkunden und Papiere (außer persönlichen Urkunden und solchen der Genossenschaften und Kooperativgemeinschaften). Nähmaschinen mehr als eine je Familie; Kraftwagen, Motorräder, Motoren, Drehbänke und alle Maschinen, die durch Dampf oder Elektrizität betrieben werden; Reblinge, Samen- und Saatgut von Hoch- und Spezialkulturen wie Tabak, Blumen ...[5]

Die Liste ging noch endlos weiter. Man hätte es auch einfacher sagen können: Im Prinzip musste alles zurückgelassen werden. Wilhelmine weinte. Dies war ihre Heimat. Hier war sie geboren. Hier war ihr Vater geboren. Hier war es ihr immer gut gegangen. Und obwohl sie als junges Mädchen nie »nachtreiben« musste und damit ihre Tauglichkeit als Bäuerin bewiesen hatte, hatte sie dennoch keinen Bauern geheiratet. Ihre Entscheidung erwies sich als klug. Immerhin war sie die Erste im ganzen Ort, die ein Fahrrad besaß. Gingen die anderen Frauen noch zu Fuß, Wilhelmine fuhr mit dem Rad vor! Ehemann Jakob war brav und fleißig. Als Kürschner, Sattler und Schuhmacher des kleinen Ortes hatte er immer zu tun. Beide Eheleute waren zu den Siebenten-Tags-Adventisten konvertiert, man lebte ohne Tabak und Alkohol, den die anderen Männer gern und reichlich konsumierten. Dies sparte Geld und schonte die Gesundheit.

Doch von einem Moment zum nächsten war die 130-jährige Tradition der Bessarabiendeutschen zu Ende. So, wie 130 Jahre zuvor Zar Alexander I. verfügt hatte, hier deutsche Kolonisten anzusiedeln, so verfügte nun eine Nebenabrede des Hitler-Stalin-Pakts die Rück-Umsiedlung aller Deutschen aus den ferneren Ostgebieten. In dem Geheimvertrag teilten Hitler und Stalin Europa neu auf: Finnland, Estland und Lettland sollte sich Stalin einverleiben, Litauen fiele hingegen Hitler zu.

Polen teilten die beiden Diktatoren salomonisch in der Mitte. Außerdem versprach Hitler, an Bessarabien nicht weiter interessiert zu sein.

Unmittelbar nach der Vereinbarung annektierte Stalin Bessarabien, im Sommer 1940 wurde es von russischen Truppen besetzt. Obgleich die Umsiedlung der deutschen Kolonisten »freiwillig« war, entschieden sich nahezu alle dafür. Die Umsiedler waren für Hitlers Pläne sehr nützlich, um die neu eroberten Gebiete Polens zu sichern. Aus diesem Grund wurde auch die pathetische »Heim ins Reich«-Kampagne gestartet. Die bessarabischen Kolonisten wurden so Teil des deutschen »Generalplan Ost«, der als Erstes vorsah, die annektierten polnischen Gebiete mit »Volksdeutschen« zu besiedeln. Die Parole »Heim ins Reich« war dabei überaus zynisch. Der Hitler-Stalin-Pakt wurde mit Hitlers Überfall auf die Sowjetunion Makulatur. Die wenigen Deutschen, die in Bessarabien geblieben waren, erwartete ein schlimmes Schicksal. Viele wurden verfolgt, getötet oder nach Sibirien verschleppt. Für Hitler war die in den Geheimplänen verabredete Flurbereinigung Europas ohnehin in einem zu kleinen Maßstab gedacht. Wäre die Wehrmacht im späteren Russlandfeldzug siegreich gewesen, hätte dies eine enorme Ausweitung des Generalplans Ost bedeutet. Geplant war nämlich die Vertreibung und Umsiedlung ganzer Völker, um für das »deutsche Herrenvolk« neuen »Lebensraum im Osten« zu schaffen.

Wilhelmine hatte kurz vor der Umsiedlung ein Kind verloren, der kleine Albert wurde nur zwei Jahre alt. Mit den verbliebenen Kindern Katja, ein Jahr alt, und Ewald, fünf Jahre alt, hatte sie dennoch genug zu tun. Diese Hals-über-Kopf-Umsiedlung glich einer Flucht, obgleich Wilhelmine keine fünf Jahre später noch erfahren würde, was eine Flucht tatsächlich bedeutete. Trotzdem ließ es die Treckleitung auch diesmal nicht zu, dass alle Großtiere mitgenommen wurden. Alles, was man jetzt noch tun konnte, war, die lieben Tiere loszubinden und die Stalltüren zu öffnen; den Rest würden die Wölfe erledigen, spätestens im nahen Winter.

Einziger Trost war das Versprechen, sich nicht zu verschlechtern. In der »Heimat der Väter«, wo immer das auch sein mochte, sollte es für jede Familie wieder einen Hof geben. Es hieß, jeder bekäme schnell den Stand zurück, den er hier gehabt hatte. Aber konnte dies die wahre Heimat ersetzen? Manchmal ist es gut, nicht zu wissen, was auf einen zukommt. Und diese Gnade wurde auch meiner Großmutter Wilhelmine an diesem grauen Novembermorgen zuteil.

Die »Heim ins Reich«-Aktion wurde von der Volksdeutschen Mittelstelle (»VoMi«) geleitet, einer Unterorganisation der SS, deren Chef Heinrich Himmler war. Die Organisation wurde äußerst straff geführt, dennoch wurde die Planung vom Zeitdruck, vom Umfang und von der Komplexität der Aktion überholt. Es war logistisch einfach unmöglich, alle deutschen Ost-Umsiedler unmittelbar auf polnische Höfe zu verteilen. Höfe, die man kurz zuvor mit brutaler Gewalt ihren Besitzern entrissen hatte. Gleichwohl sah der Geheimpakt zwischen Hitler und Stalin vor, die gesamte Aktion bis zum 5. November 1940 abzuschließen.

Der Volksdeutschen Mittelstelle blieb nichts anderes übrig, als Zwischenlager einzurichten, in denen der Großteil der Umsiedler zwangsweise untergebracht werden musste. Himmlers SS hatte bereits Erfahrungen mit dem Betrieb von Lagern gesammelt. Und obgleich die Zwischenlager keinesfalls mit Konzentrationslagern zu vergleichen sind, herrschte auch hier ein rauer Ton, und die Verhältnisse waren äußerst karg. Dies verwundert nicht, denn aus Sicht der arroganten SS-Lagerleitung waren die Umsiedler eher Mittel zum Zweck. Für den Generalplan Ost brauchte man die deutschen Umsiedler. Doch im Gegensatz zu den »Reichsdeutschen« galten »Volksdeutsche« aus den Ostgebieten per se als Deutsche zweiter Klasse. Die Nationalsozialisten trauten ihnen nicht. Immerhin hatten die Volksdeutschen über Generationen unter »minderwertigen Völkern« gelebt. Sie mussten deshalb zunächst einmal beweisen, dass sie nicht

»artfremd« geworden waren. Dabei wurde nicht nur nach Abstammung entschieden. Volksdeutsche hatten kulturell, sprachlich und in Selbstbeteuerungen darzulegen, dass sie deutschen Blutes waren. Wer zu russisch oder zu slawisch aussah, machte sich verdächtig. Ihm konnte die Einstufung als Volksdeutscher verwehrt werden. Wie mein Großvater Jakob diese Sichtprüfung überstehen konnte, blieb mir zeit meines Erwachsenenlebens ein Rätsel. Doch vielleicht brauchte man ihn schlichtweg als Soldaten. Wer schließlich als Volksdeutscher anerkannt wurde, war zumindest »wertvoller« als die polnischen Bauern, mit deren Vertreibung und Enteignung man noch vollauf beschäftigt war.

Wer als Umsiedler Pech hatte, musste in diesen Lagern bis zu zwei Jahre verbringen. Meine Großmutter hatte Pech. Wilhelmine und Jakob gehörten zu den Letzten, denen ein Hof in Polen zugewiesen wurde. Mein Großvater Jakob, der anfangs noch mit im Lager lebte, wurde schnell zur Wehrmacht eingezogen. Zuvor wurde Wilhelmine erneut schwanger, und Robert, ihr viertes Kind, kam im Umsiedlungslager zur Welt.

Katjas jüngerer Bruder Robert wurde Wilhelmines ganzer Stolz. Er lenkte vom tristen Lagerleben ab, und es war schön zu sehen, wie sich der kleine Sonnenschein ganz allein an einem Putzeimer auf dem Lagerflur aufrichtete und so das Laufen lernte.

Das Lagerleben war kein Zuckerschlecken. Die Essensrationen waren knapp, in den Barracken war es kalt, und noch schlimmer traf es die, die in Zelten hausen mussten. Die Bedingungen im Lager waren alles andere als kinder- und familienfreundlich. Eines Tages wurde Robert ernsthaft krank. Das Kind bekam Fieber. Wilhelmine tat alles, um dem Kleinen zu helfen, und nach einigen Tagen schien es ihr, als wäre er über den Berg. Da kam es plötzlich zu einem Streit zwischen meiner Großmutter und einer resoluten SS-Aufseherin, deren weiße Oberarmbinde eine Algiz-Rune zierte. Die Aufseherin war überzeugt, dass das Kind auf die Krankenstation gehörte.

Wilhelmine war außer sich, ihre Intuition sagte ihr, diese Trennung würde der kleine Robert nicht überleben. Doch alles Flehen und Betteln nützte nichts, das Kind wurde Wilhelmine gewaltsam entrissen. Keine 24 Stunden später war Robert tot. Wilhelmine hatte es kommen sehen. Scham und quälende Selbstvorwürfe, sich gegen die Aufseherin nicht durchgesetzt zu haben, würden Wilhelmine fortan nie mehr loslassen.

Die Nachricht von Roberts Tod machte Wilhelmine zu einer gebrochenen Frau. Ihr Gesichtsausdruck wurde leer, ihre Haut fahl. Das Sonderbarste aber war eine fünf Zentimeter breite, schneeweiße Haarsträhne, die sich plötzlich wie eine riesige Narbe über den Kopf erstreckte. Die Strähne ließ Wilhelmine von einem Tag auf den anderen so stark altern, dass der kleine Ewald seine eigene Mutter kaum wiedererkannte.

Wie in Trance erlebte Wilhelmine die Zuweisung des neuen Bauernhofs in Polen. Zu keinem Zeitpunkt erkannte sie diesen Ort als ihre neue Heimat an. Ihn nicht und auch keinen anderen Ort, an den das Schicksal Wilhelmine noch führen würde. Vom ersten Tag an sagte sie immer wieder: »Hier bleibe ich nicht.«

Sie sollte recht behalten.

Tatsächlich war der zugewiesene Hof in Polen sogar etwas größer als das aufgegebene Anwesen in Bessarabien. Aber Wilhelmine war keine typische Bauersfrau, ihr Ehemann war Sattler und kämpfte nun an der Westfront. Im Prinzip war es für die alleinstehende Frau mit den zwei Kindern unmöglich, den Hof zu bewirtschaften. Doch schnell bot die VoMi meiner Großmutter Hilfe in Gestalt eines polnischen Knechts an, der die groben Arbeiten verrichtete. Dieser Knecht arbeitete quasi umsonst. Er war trotzdem sehr fleißig und er schien sich bestens auf dem Hof auszukennen. Wilhelmine hatte damit Glück im Unglück und stellte keine weiteren Fragen. Eines Tages erfuhr sie dann doch, wer dieser Knecht war: Die VoMi schreckte nicht davor zurück, die ehemaligen Besitzer der Höfe zum Sklavendienst für die neuen »deutschen Herren« zu verpflichten. Ich habe nie erfahren, wie meine Großmutter mit diesem Konflikt umgegangen ist. Ich glaube aber nicht, dass sie diese Konstellation über die Maßen belastet hat. Vielleicht waren die Zeiten auch zu hart, um sich des Unrechts und der Absurdität der Situation vollständig bewusst zu werden. Für den »Knecht« jedenfalls drehte sich das Blatt schnell wieder, denn am 20. Januar 1945 war sein Sklavendienst vorbei.

Über Nacht war es nun Wilhelmine, die um ihr Leben und das ihrer Kinder bangen musste. Die massive Winteroffensive der Roten Armee war vollkommen unterschätzt worden. Obgleich höchste Eile geboten war, spielte die Gauleitung des Warthelandes die drohende Gefahr herunter mit Parolen wie: »Der Gau wird auf ewig deutsch bleiben!«

Als dann am 16. Januar 1945 die russischen Verbände in das Gebiet vorrückten, setzte sich die Gauleitung heimlich nach Berlin ab und überließ die Landbevölkerung ihrem Schicksal. Völlig chaotisch begann nun Hals über Kopf die Flucht der Frauen, Kinder und alten Männer. Frauen und Mädchen, die nicht rechtzeitig fliehen konnten, hatten kaum eine Chance, Vergewaltigung, Folter und Tod zu entgehen.

Auch für meine Großmutter, meine Mutter und meinen Onkel ging es ums nackte Überleben. War die Umsiedlung aus Bessarabien schon schlimm gewesen, so war dies hier nicht in Worte zu fassen. Meine Großmutter lud das Nötigste auf einen Pferdewagen, griff sich Ewald und Katja und schloss sich einem kleinen Treck an, der von ihrem Onkel angeführt wurde. Allein auf dem Wagen, gezogen von einem klapprigen Pferd und ohne Nahrungsvorräte ging es gen Westen. Wer nicht mithalten konnte, blieb einfach am Wegesrand liegen und starb.

BARACKENKINDER
| 1948 | Wangersen (Ahlerstedt)

Obwohl meine Großmutter auf der Flucht dann auch noch Pferd und Wagen verlor, die größte Strecke zu Fuß und völlig zerschunden hinter sich brachte, machte ihr Treckführer erst halt, als sie am anderen Ende von Deutschland angekommen waren. Bis an die Nordsee hinkte und humpelte die kleine Familie, vor einem großen grünen Deich war dann endgültig Schluss. Die Bauern des kleinen Ortes Norderschweiburg am Jadebusen wurden per Dekret dazu verpflichtet, je eine Familie bei sich aufzunehmen. Zu diesem Zweck fand auf dem Hofplatz des größten und reichsten Bauern eine Art Versteigerung statt. Die Bauern des Ortes suchten sich eine Flüchtlingsfamilie aus und zogen mit ihr von dannen.

Die zerlumpte und verlauste Flüchtlingsgruppe begann sich zu lichten; einer nach dem anderen fand seine Zuordnung und verließ den Hofplatz. Wilhelmine, Ewald und Katja standen immer noch da. Der zehnjährige Ewald wurde unruhig. »Uns will keiner.«

Gerade wurde wieder eine Familie zugeordnet, und wieder waren es nicht Wilhelmine und die Kinder. »Mutter, uns nimmt keiner!« Ewald kämpfte mit den Tränen. Nur noch ein Bauer – aber zwei Flüchtlingsfamilien waren übrig. Der Bauer entschied sich für die andere Familie. Ganz allein blieben Wilhelmine und die Kinder auf dem Hof zurück. Jetzt brach Ewald endgültig zusammen. Tränenüberströmt klammerte er sich an seine Mutter: »Ich hab's gewusst! Uns will keiner! Wir werden verhungern! Was soll nur aus uns werden?!« Tränen der Verzweiflung zogen zwei gerade weiße Linien in sein staubiges Gesicht.

Doch plötzlich kam der reichste Bauer um die Ecke, auf seinem Hof hatte die Versteigerung stattgefunden. Er hatte sich gleich am Anfang die kleine Familie für seinen Hof ausgesucht und »reserviert«. Der Bauer erwies sich als nett, und in den folgenden zwei Jahren sollten es die drei vergleichsweise gut haben.

Dann wurde die kleine Familie erneut umgesiedelt, nach Wangersen. In dem neu zugewiesenen Ort gab es zunächst Streit um die Unterbringung der Flüchtlinge, denn hier war keiner der ortsansässigen Bauern begeistert von den heimatlosen Mitessern. Niemand war bereit, sie hier siedeln zu lassen, nur unter behördlichem Zwang einigte man sich schließlich auf einen Platz, den keiner gern betrat: die Müllhalde am Ortsrand.

»Die Kuhle«, wie sie genannt wurde, musste ohnehin mal zugeschüttet werden, und so überließ man den Ostflüchtlingen dieses stinkende und vergiftete Land. Zum Teil mit bloßen Händen schütteten die Männer die Müllhalde dann zu, um darauf primitive Baracken zu errichten.

In diesen Baracken stank es. Durch die Ritzen im Boden drang ein komischer Geruch, irgendwie chemisch. Doch Katja und Ewald hatten sich längst daran gewöhnt; nur wenn sie von der Schule nach Hause kamen, rochen sie es.

Die primitiven Holzbaracken hatten weder Strom noch fließend Wasser, im Winter war es bitterkalt, und es gab kaum etwas zu essen. Nur wer sich mit den Bauern gut stellte, wer etwas zum Tauschen hatte, was immer dies auch war, oder wer nach der Ernte auf allen vieren die Felder entlangkroch, um übersehene Kartoffeln aufzuklauben, hatte eine Überlebenschance. Entsprechend dünn waren alle Familienmitglieder. Sehr dünn. Nur einer nicht.

1948 kehrte mein Großvater Jakob stark und »ausgefressen« aus der Kriegsgefangenschaft zurück. Während andere Männer aus russischer Gefangenschaft erst viele Jahre später heimkamen, und dies oft mehr tot als lebendig, hatte Jakob großes Glück gehabt. In englischer Gefangenschaft war es ihm weit besser ergangen als den Lieben daheim. Im Gefangenenlager gab es keinen Schuhmacher. Als gelernter Sattler war es für Jakob ein Leichtes gewesen, die Stelle zu besetzen. Er machte seine Sache gut, und gelegentlich steckte ihm ein Wachmann sogar Zigaretten oder Schokolade zu. Und da Jakob als Adventist nicht rauchte, tauschte er sich mühelos einen kleinen Überschuss zusammen, den er als Carepaket nach Hause schicken konnte. Ein Segen für Wilhelmine und die beiden Kinder, denn ohne die Pakete aus England hätte die kleine Familie vermutlich kaum überlebt.

Dann wurde Jakob aus der Gefangenschaft entlassen. Schwere Arbeit und gute Verpflegung hatten aus dem ohnehin kompakten Mann einen richtigen Muskelprotz gemacht. Noch Jahre später erzählte meine Großmutter, wie beängstigend dick die Oberarme Jakobs waren, als er aus der Gefangenschaft zurückkam. Als Kind hatte ich keinen Zweifel daran. Noch Ende der 1960er-Jahre beobachtete ich fasziniert den gewaltigen Bizeps meines Großvaters. Wie zwei große Bälle tanzten die Muskeln hin und her, wenn er sich abends über einer großen Emailleschüssel rasierte.

Jakob war ein Arbeitstier. Das entsprach einfach seiner Natur. Und seinem Verständnis der Bibel. Die nahm er wortwörtlich: »Im Schweiße deines Angesichts sollst du dein Brot essen, bis du wieder zu Erde werdest, davon du genommen bist.«

Für Gott vergoss mein Großvater im Laufe seines Lebens Hektoliter Schweiß. Ohne Bildung blieb ihm auch nur harte, körperliche Arbeit. Doch selbst diese beschränkte Möglichkeit unterlag noch einer weiteren Einschränkung: Jegliche Arbeitsmöglichkeit musste abgelehnt werden, sofern sie samstags zu verrichten war. So verlangte es Gott – ohne Wenn und Aber. Zumindest in Friedenszeiten. Dummerweise war der Samstag in den 1940er- und 1950er-Jahren ein ganz normaler Werktag, und alle arbeiteten samstags.

1948 gab es eigentlich nur eine Arbeit, die so schwer und so unbeliebt war, dass sie als Tageslohn abgerechnet wurde: den Bunkerabbruch. Bunkerabbruch bedeutete schwerste Sklavenarbeit, ähnlich wie in einem Steinbruch. Das war genau das Richtige für meinen Großvater. Dieses tägliche Leid, dieses unsagbar schwere körperliche Ausarbeiten mit Vorschlaghammer und Pickhacke war für ihn mehr als bloßes Geldverdienen – es war Gottesdienst.

»Sechs Tage sollst du arbeiten; der siebente Tag aber ist ein feierlicher Sabbat, heilige Versammlung. Keine Arbeit sollt ihr an ihm tun; denn es ist ein Sabbat für den *Herrn,* überall, wo ihr wohnt.«

Und so wie Mose es aufgeschrieben hatte, wollte mein Großvater es auch halten. Sechs Tage schuftete er wie ein Tier, dann rasierte er sich, zog seinen einzigen Anzug an und beging den Sabbat. Auch auf der Müllkippe in Wangersen. Und alle »feierten« mit. Und wehe dem, der nicht mitfeierte ...

Sofern kein ausgebildeter Adventisten-Prediger anwesend war oder man nicht zur Sabbatschule fahren konnte, hielt mein Großvater, ganz Patriarch, die samstägliche Predigt. Ähnlich wie bei seinen Tischgebeten, in deren Genuss ich später viele Male kommen sollte, mischte sich unter seine biblischen Belehrungen persönliche Maßregelung, natürlich verpackt als Gottes Wille.

Für die Familie hielt der schönste Tag der Woche gleich mehrere Freuden bereit: Vormittags zunächst die Predigt, gefolgt von den »Lektionen«, adventistischen Auslegungen der Bibel, vorzugsweise mit Spezialthemen wie Armageddon oder Gesundheitslehre. Spätestens zum Mittagessen wurde dann wieder gebetet, wobei das Essen von meiner Großmutter bereits am Freitag vorgekocht werden musste, denn am schönsten Tag war es strengstens verboten zu arbeiten.

Allerdings beginnt der Samstag, wie im jüdischen Glauben auch, bereits am Freitag bei Sonnenuntergang, und dies auf die Minute genau. Jeder Adventist hat hierfür einen Kalender, der den Sonnenuntergang präzise angibt. Der Freitag ist deshalb meist ein hektischer Tag, besonders im Winter, wenn die Sonne bereits am frühen Nachmittag untergeht. Es ist meines Wissens zwar nicht belegt, ob Adventisten wie Vampire verdampfen, trotzdem müssen alle Arbeiten wie Essenkochen, Körperpflege und vieles mehr unbedingt mit dem letzten Sonnenstrahl am Horizont abgeschlossen sein. Am Ende einer harten Arbeitswoche wartet mit dem Freitag und Samstag also eine zusätzliche Herausforderung, die von allen Familienmitgliedern gemeistert werden will.

Kindern aus orthodoxen Familien geht das Prozedere in Fleisch und Blut über. Nur manchmal, ganz selten, vergessen sie es. Dann müssen gottesfürchtige Eltern sie wieder auf den rechten Pfad zurückführen und sie daran erinnern, wie schön der schönste Tag ist.

An einem sehr warmen Samstag im Mai 1948 wurde so eine Erinnerung mal wieder fällig. Brav und tapfer hatten Katja und Ewald den Samstagvormittag durchgestanden, doch nach dem Essen wurde es einfach zu langweilig und zu heiß in der Baracke. Und als sich der Vater in die Bibel vertiefte, schlüpften die beiden Kinder aus der Baracke, um den schönen Frühlingstag draußen zu genießen.

Nur wenige hundert Meter hinter der »Kuhle«, wie die Bewohner ihr neues Zuhause nun selbst nannten, lag ein kleines Naturparadies. Ein schmaler Bachlauf schlängelte sich durch die Wiesen in Richtung Elbe, Hummeln summten und bestäubten die ersten Wiesenblumen, und das Wasser im Bach war so klar, dass man die Forellen darin sehen konnte. Schnell hatte Ewald ein kleines Boot gebaut, ein Stück Holzrinde mit einem kleinen Ast, an dem ein Taschentuch als Segel diente. Die Kinder waren so vertieft in ihr Spiel, dass sie ganz vergaßen, welcher Tag heute war. Samstag. Sabbat. Der schönste Tag. Gottes Tag. Jakobs Tag …

Katja kniete am Bachlauf einige Meter unterhalb von Ewald; sie fing das kleine Boot auf, das so lustig über die Wellen schaukelte. Dann lief sie schnell hinauf zu Ewald, übergab ihm das Boot, um sogleich ihren Posten am unteren Bachlauf wieder einzunehmen. Das erste Mal seit dem Krieg vergaßen die beiden Kinder, was sie kurz zuvor erlebt hatten. Diese Welt war zu schön, um an das Schreckliche zu denken. An das Pferd, das bei dem Tieffliegerangriff auf der Flucht getötet wurde. An diesem Bach verstummten die elenden Schreie des Tieres, das lange mit weißem Schaum vor dem Maul unter der Stromleitung zappelte, weil ein Tiefflieger den Strommast getroffen hatte.

In der warmen Maisonne dachten die Kinder auch nicht mehr an die Kälte während der Flucht, die so wehgetan hatte und ihre Kleidung sogar am Po festfrieren ließ. Hier am Bach dachten sie nicht mehr an den Hunger, der sie fast um ihren Verstand gebracht hatte, als ihnen die Mutter verbot, von der Suppe zu essen, die es ausnahmsweise in einem der vielen Nachtlager gab.

Obwohl die Kinder tagelang nichts gegessen hatten und völlig unterkühlt waren, untersagte ihnen die Mutter diese köstliche, heiße Suppe, die alle anderen Kinder begierig löffelten. Wilhelmine hatte nämlich die Lage durchschaut: Dies war eine Versuchung des Teufels! Denn in der Suppe hätten Schweineknochen enthalten sein können. Doch wenn Gott es so wollte, würden die Kinder diese Prüfung bestehen und überleben.

Gott hatte es so gewollt. Die Kinder hatten überlebt. Und zeit ihres Lebens war meine Großmutter stolz darauf, dass sie nicht auf den Teufelstrick mit der Suppe hereingefallen war.

An diesem schönen Frühlingstag nun hatten die Kinder in ihrem Spiel all dies vergessen. Bis sich plötzlich die Sonne verdunkelte und ein Schatten auf sie fiel. Es war der eigene Vater, der sich wie ein Berg vor den Kindern aufgebaut hatte, die im Begriff standen, eine schwere Sünde zu begehen. Ewald hatte inzwischen voller Eifer den kleinen Bach mit einigen Stöcken gestaut, ein kleiner See war entstanden. Und dies am heiligen Sabbat! Kein Zweifel, die Kinder missachteten das Sabbatgesetz, sie »arbeiteten«. Zudem verschmutzten sie ihre guten Sabbatkleider!

Jakob wusste genau, was Gott nun von ihm verlangte. »Wer seine Rute schont, der hasst seinen Sohn; wer ihn aber lieb hat, der züchtigt ihn beizeiten.« Ohne zu zögern, zog der mächtige Vater den schweren Ledergürtel aus dem Hosenbund – denn dies war der Tag, um seine Liebe zu beweisen.

Er fasste den Gürtel zu einer Schlaufe und schlug damit besinnungslos auf die Kinder ein. Heulend und schreiend warf sich Ewald vor seine jüngere Schwester, um sie zu schützen, doch blind vor heiliger Wut traf Jakob dennoch beide. Angst, Schmerz, Blut, Schlamm und das kalte Wasser des Baches katapultierten die Kinder augenblicklich zurück in ihre Fluchterlebnisse. Und niemals wieder sollte eine Maisonne die Kraft haben, dass ihre Erinnerungen daran verblassten.

MASTER UND BLASTER
| 1976 | Winsen (Luhe)

Von meinem 6. bis zu meinem 13. Lebensjahr war meine Schulzeit ein einziges Martyrium. Ich schien das geborene Opfer zu sein. Klein und schmächtig, nie gut im Sport, Angst vor allem und jedem, nahm ich in der Klassenhierarchie immer den letzten Platz ein. Und die Methoden der 1960er-Jahre-Pädagogik bestätigten mir meine innere Gewissheit, es hatte damit alles seine Richtigkeit. Wenn alle in der Klasse aufstehen mussten, um im Schnellverfahren Mathematikaufgaben zu lösen, und sich erst nach deren erfolgreichen Lösung wieder setzen durften, war ich der Letzte, der noch stand. Wenn im Sport Mannschaften gebildet und zuerst die besten und stärksten Spieler ausgewählt wurden, blieb ich am Ende übrig. Der Sportlehrer drückte mich schließlich einer Mannschaft aufs Auge, die dann prompt über das fiese Handicap murrte.

Abgesehen von den moderierten Grausamkeiten schwarzer Pädagogik war ich natürlich jenseits der Kontrolle durch die Lehrer erst recht der Prügelknabe. Schulpausen waren keine Erholung, sondern noch stressiger als der Unterricht. Ich drückte mich in den Ecken herum, immer auf der Hut vor Harald und seiner Gang. Bis ich 13 Jahre alt wurde. Vielleicht spielte meine veränderte Hormonlage eine Rolle, denn mit einem Schlag wurde alles anders.

Eines Tages wurde ich mal wieder von Harald drangsaliert, einem rohen und dummen Kerl mit Segelohren. Noch nie zuvor hatte ich mich gewehrt oder gar körperliche Gewalt angewendet, doch plötzlich übernahm etwas Fremdes in mir die Regie. Mit voller Wucht schlug ich Harald auf den Kopf und irgendwie traf ich dabei auch sein linkes Ohr. Harald brach augenblicklich zusammen, drehte sich am Boden um die eigene Achse und schrie wie am Spieß: »Mein Ohr! Mein Ohr! Da bin ich doch operiert, mein Ohr!«

Diese Erfahrung veränderte mein Leben von Grund auf. In kürzester Zeit begriff ich das dunkle Geheimnis der Angstbewältigung: Ich wurde Täter. »Was du nicht willst, das man dir tu, das füge ganz schnell anderen zu« wurde mein Lebensmotto. Ich lernte schnell. So fand ich heraus, dass körperliche Kraft kein entscheidendes Kriterium für Machtausübung ist. Fast immer reichte verbale Gewalt. Ich wurde der neue »Harald« der Klasse, und rasch fanden sich auch neue Opfer. Jungs, die den Täter-Opfer-Trick noch nicht kapiert hatten. Ich genoss meine neue Rolle sehr. Rohe Gewalt mochte ich zwar noch nie, doch auch hierfür hatte ich eine Lösung: Ludwig! Mit 15 Jahren war er bereits 1,90 Meter groß. Der arme Ludwig kam wie ich aus einer Alkoholikerfamilie, nur dass bei seiner Familie die Verheerungen schon deutlich zutage traten.

In seinen viel zu kleinen Pullovern, deren Ärmel kaum über die Ellenbogen reichten, erinnerte mich Ludwig immer ein wenig an Frankensteins Monster. Aus unerfindlichem Grund war mir Ludwig treu ergeben. Seine Dienste als Bodyguard waren Gold wert, und nebenbei machte er noch meine Hausaufgaben. Zusammen ergaben wir ein perfektes Duo: ich, klein, mies und schlau, und er, groß, stark und treu. In der Kombination von »Master und Blaster« stieg ich zum Klassenclown und Leader auf. Dabei beschränkte sich meine Unterdrückerrolle keineswegs auf den Umgang mit Schülern, auch Lehrer begannen, mich zunehmend zu fürchten.

In jeder Klasse gibt es einen schwierigen Schüler, den jeder Referendar zu Recht fürchtet. Dieser Schüler war jetzt ich. Witterte ich Schwäche, machte ich den neuen Lehrer gnadenlos lächerlich. Nur mein Klassenlehrer konnte mich bändigen. Dieser kluge und weltoffene Mann, der lange in Afrika gelebt hatte, setzte mir von Anfang an rigoros Grenzen.

Jedes Jahr im Sommer wiederholte sich das gleiche Drama. Auf der Zeugniskonferenz gab es Streit zwischen zwei Lehrerfraktionen: Die einen waren davon überzeugt, dass ich auf einer »weiterführenden Schule« (so wurde eine Realschule damals tatsächlich noch gesehen) nicht das Geringste verloren hätte. Nach ihnen sollte ich nicht nur nicht versetzt werden, sondern die Schule verlassen. Die Hardliner waren sogar der Meinung, ich gehörte auf eine Sonderschule.

Die andere Fraktion wurde von meinem Klassenlehrer angeführt. Sie setzte sich vehement für meine Versetzung ein. Nach Ansicht dieser Fraktion war ich durchaus begabt.

Tatsächlich schien es, als würden die Lehrer über zwei unterschiedliche Schüler diskutieren. Und jeder hatte für seine Position schlagende Argumente, das waren vor allem meine Zensuren, denn es gab sowohl Fünfen und Sechsen wie auch Einsen und Zweien. Was sollte man davon halten? Es gab Fächer, in denen ich als Totalverweigerer jeden Anschluss verloren hatte (Englisch, Mathematik). In anderen Fächern (Deutsch, Chemie, Physik) hingegen hielt ich geniale Referate.

Mit fortschreitender Pubertät respektierte ich kaum noch jemanden. Mit 14 wurde ich von der Polizei verhaftet, wegen eines Überfalls auf einen Schokoladenautomaten. Meine damalige »Bande« war gut organisiert. Der Richter meinte: »Die strategische Vorbereitung auf die Tat und die professionelle Ausrüstung der Jugendbande lassen auf eine hochgradig kriminelle Energie schließen.«

Vermutlich war er beeindruckt von unseren Walkie-Talkies und von meiner Planung, die ich als »John Baron« ausgeführt hatte, meinem damaligen Agenten-Tarnnamen.

Die Beute, zwölf Tafeln Vollmilchschokolade, war dabei eher symbolisch zu verstehen. Es ging darum, den »Safe« zu knacken, die dicke Plexiglasscheibe des Automaten aufzubekommen. Diese musste fachmännisch »aufgeschweißt« werden mithilfe eines Schneidbrenners, der in Wirklichkeit ein kleiner blauer Campingkocher war.

Die erkennungsdienstliche Behandlung entsprach dem Gesetz. Mit 14 Jahren war ich strafmündig, und so kam ich in den Genuss des vollen Programms: Verbrecherfotos von vorn und von der Seite, Fingerabdrücke und das Einbehalten von Schnürsenkeln und Gürtel, bevor man mich für eine Nacht in eine kalte Zelle sperrte.

Fast glaubte ich es nun selbst: Dieser Raymond, alias John Baron, war ein schwerer Junge. Nach der Gerichtsverhandlung dachten dies zumindest die Eltern meiner Freunde. Mein Vater hingegen nutzte den Skandal, um mir zu erklären, warum er zukünftig noch mehr Alkohol trinken musste: Bei solch einem Sohn …

Bei den Eltern meiner Freunde galt ich ab sofort als schlechter Einfluss für ihre Kinder. Ich wurde zur Persona non grata. Nur Karl ließ sich davon nicht abschrecken. Hinter der Schrankwand in seinem Zimmer bauten wir einen »Geheimraum«, in dem wir uns trotz Verbot trafen. Nachts wartete ich in einer Hecke auf sein Okay per Walkie-Talkie. Dann schlich ich mich ins Haus.

Irgendwann war die verhasste Schulzeit endlich vorbei. Wundersamerweise verließ ich die Realschule, ohne ein einziges Mal sitzengeblieben zu sein. Die zehn Jahre Schulpflicht hatte ich als bodenlose Zumutung empfunden. Die Schule war für mich eine schmerzhafte und sinnlose Erfahrung, die mir viel Zeit und Kraft geraubt hatte. Allein das frühe Aufstehen war unerträglich. Und dann das aufrechte Sitzen, ohne die Augen schließen zu dürfen – ich begriff es als staatlich verhängte Folter. Mein Hass auf diese Fremdbestimmung war derart groß, dass ich mich nach der Schulzeit für den Rest meines Lebens befreit fühlte. Die Wahrheit kam mir damals nicht in den Sinn, nämlich dass die Schulzeit nur der Auftakt einer lebenslangen Fremdbestimmung ist. Damals dachte ich tatsächlich, ich wäre nun frei! Ein für alle Mal. Dabei übersah ich, dass es für einen Totalverweigerer wie mich mindestens zwei staatlich verhängte Pflichtübungen gab: Auf die Schule folgte der Wehrdienst …

Nachdem die verhasste Schule endlich überstanden war, begann eine Zeit zunehmender Isolation. Plötzlich waren meine Freunde alle mit anderen Dingen beschäftigt. Einige gingen aufs Gymnasium, die meisten aber machten eine Lehre. Beides erschien mir vollkommen absurd. Wieder so früh aufstehen? Sich irgendwohin quälen, für irgendeinen Mist, der einen so gar nicht interessierte? Und dies, ohne Geld zu verdienen?

Ein Jahr lang dachte ich nicht im Geringsten daran, es ihnen gleichzutun. Stattdessen machte ich, was ich wollte. Ich kaufte und verkaufte Mopeds und Motorräder und nachts schaute ich mir Dracula- und Frankenstein-Filme an, die ich über alles liebte. Schließlich konnte ich ja am nächsten Morgen ausschlafen.

Ein weiterer Grund für meine fehlende Motivation lag vermutlich auch in dem von mir längst verinnerlichten apokalyptischen Weltbild meiner Großeltern. Mein Planungshorizont umfasste maximal zwei Jahre, wenn überhaupt. In meinem Buch *Die Heldenreise des Künstlers* schrieb ich dazu: »Fragte ich meine Großeltern beispielsweise, ob ich diese oder besser jene Ausbildung machen sollte, bekam ich zur Antwort: ›Des kansch mache – aber ob sich des noch lohne tät?‹«

DER KELLER
| 1978 | Stelle

Der Keller unseres kleinen Einfamilienhauses ist für mich ein symbolträchtiger Ort. Zum einen putzte und reparierte ich hier meine geliebten Mopeds, zum anderen war der Keller die Geisterbahn meines Vaters. Denn hier irrte er nachts umher, wenn er zu viel getrunken hatte.

Seit meinem 12. Lebensjahr war ich süchtig nach Geschwindigkeit. Mit 12 fuhr ich mein erstes Mofa, eine Zündapp-Automatik. Anfangs nur auf der Bauernwiese direkt hinter unserem Haus. Mit 14 fuhr ich dann offiziell und überall in der Gegend herum, vorzugsweise zu meiner Großmutter nach Neu Wulmstorf.

Mit 16 hatte ich meine erste Motorsportlizenz. Die erlaubte es mir, eine 125-ccm-Maschine zu fahren, wenn auch nur auf abgesperrtem Gelände. Ich respektierte das ein halbes Jahr. Dann hatte ich herausgefunden, dass ich ohnehin jeder Polizeistreife davonfahren konnte. Mit meiner schnellen Motocross-Maschine bog ich einfach in den nächsten Waldweg ab. Mit 16 klaute ich auch die Autoschlüssel meiner Cousine. Ina war oft bei uns zu Gast, weil sie in einem Nachbarort eine Töpferlehre machte. Immer wenn sie bei uns schlief, versuchte ich, an die heiß begehrten Schlüssel heranzukommen, und hatte ich sie tatsächlich ergattert, rief ich meinen Freund Karl per Walkie-Talkie an. Gemeinsam schoben wir dann den VW Käfer ein Stück die Straße hinunter, bis wir gefahrlos den Motor starten konnten. Dann rasten wir durch die Nacht, immer die Elbuferstraße entlang, manchmal fuhren wir aber auch auf die Autobahn.

Im Morgengrauen stellten wir Inas Auto wieder ab und wenige Stunden später saßen wir völlig übermüdet im Klassenzimmer.

Mit 17 bestellte ich mir ein nagelneues schweres Motorrad aus England. Die 400-ccm-Yamaha wurde mir per Spedition geliefert. Bevor ich diese Maschine fahren konnte, musste ich nur die Zulassung fälschen. Das silberfarbene Siegel bekam ich bestens hin, sogar die dünnen Federn des Bundesadlers gelangen mir prächtig. Sollte an einer roten Ampel eine Polizeistreife hinter mir stehen, in drei Meter Entfernung konnte man unmöglich erkennen, dass dieses Motorrad gar keine Zulassung hatte. Und keine Versicherung. Dank Helm würde es auch nicht auffallen, dass der Fahrer erst 17 Jahre alt war.

Ohne Zulassung und ohne Führerschein fuhr ich jetzt überall hin. Nach Rosenheim zum Beispiel, zu einem Mädchen, das ich toll fand. Doch eigentlich war es mir egal, wohin ich fuhr, solange ich nur fuhr. Weiter und weiter, schneller und schneller.

Später wird mich die Frage beschäftigen: Wie war dies alles nur möglich? Wie konnte es angehen, dass ich all diese Dinge tat, völlig unbehelligt von elterlicher Intervention? Zwei Jahre, bevor meine Mutter starb, stellte ich ihr genau diese Frage. Ihre Antwort lautete: »Ach, weißt du, du warst damals schon so erwachsen und so selbstständig. Niemand hätte es mehr gewagt, dir da reinzureden.«

Schon mit 14 Jahren soll ich »erwachsen und selbstständig« gewesen sein? Bestimmt war ich orientierungslos. Und führungslos. Ich war einsam, verzweifelt. Ich war todessehnsüchtig. Aber selbstständig!?

Meine Obsession für Fahrzeuge begann mit 12 oder 13 Jahren. Damals fing auch mein Nachtleben an. Meine Energie stieg, wenn alle anderen schlafen gingen, wenn endlich auch mein Vater im Bett war, wenn meine Mutter aufgehört hatte zu zetern.

In den Nächten, in denen mein Vater betrunken nach Hause kam, dauerte es immer besonders lang, bis Ruhe einkehrte. Mein Vater ging als Erstes zu seinem Taubenschlag im Garten. Wir Kinder schliefen nie, wenn unser Vater heimkam, egal wie spät es war. Mein Zimmer und das meiner Schwester lagen im ersten Stock. Von hier aus hatten wir einen Logenblick auf den Taubenschlag, einem separaten Gartenhäuschen. Vom Keller des Einfamilienhauses bis zum Taubenschlag verlief ein schnurgerader Plattenweg. An der Art, wie sehr unser Vater die Breite des Weges ausnutzte oder gar auf den Rasen und in die Beete geriet, erkannten wir den Grad seiner Betrunkenheit.

Die Kellertür unseres Hauses wies eine kleine Besonderheit auf: Sie war aus Stahl und mit einer Feder ausgestattet, die dafür sorgte, dass sich die Tür von selbst schloss. Dummerweise war die Feder so stark, dass man die Tür niemals loslassen durfte. Andernfalls fiel sie mit einem so heftigen Rums ins Schloss, dass das ganze Haus erbebte. Aber selbst wenn man die Tür aufhielt – eine Stahltür in einem Stahlrahmen mit einer Stahlfeder in einem Stahlbetonhaus übertrug ihr lautes Knarzen wie mit einem Verstärker noch in den letzten Winkel.

Mein Vater, der sein Taubenfutter im Keller lagerte, lief viele Male den Plattenweg hin und her. Mal um eine neue Futtersorte zu holen, mal um die nächste Bierflasche zu öffnen. Und bei jedem Gang machte die Stahlfeder beim Öffnen der Tür »kraaaaaaak« und beim Schließen wieder »kraaaaaaak«. Dies konnte Stunden so gehen. Vermutlich wollte mein Vater sogar leise sein.

Diese Geschichte erinnert mich an die berühmte Szene aus dem Film *Tanz der Vampire:* Yoyneh Shagal, der Wirt des Gasthofes, möchte nicht, dass seine Tochter Sara das Gäste-Badezimmer benutzt. Er schleicht deshalb auf Zehenspitzen durch das Gästezimmer, in dem Professor Abronsius und sein Assistent Alfred schlafen. Dann ballert er fingerdicke Nägel durch die Badezimmertür, so laut, dass beide Gäste im Bett stehen. Anschließend schleicht er wieder auf Zehenspitzen durch das Zimmer zurück. Dabei hält er sich den Finger vor den Mund und macht »pssst!«.

Ähnlich schlich auch mein Vater durch den Keller. Schlafen war im Haus unmöglich. Meine Mutter wartete. In ihr gärte es gewaltig, doch es dauerte, bis etwas passierte. Man hörte eine Weile das »Kraaaaaaak« der Tür, kurze Pause, und wieder das »Kraaaaaaak«. Irgendwann passierte jedoch, was immer passierte, es gab nur noch ein »Kraaaaaaak«, gefolgt von einem lauten »Wumm«. Die Kellertür war ins Schloss geknallt. Mein Vater hatte jetzt einen Alkoholpegel erreicht, bei dem ihm das koordinierte Schließen der Tür nicht mehr gelang. Dies war das Zeichen für meine Mutter. Wie von der Tarantel gestochen, schoss sie aus dem Schlafzimmer heraus und in den Keller; dort begann sie meinen Vater »auszuzählen«. Nur meine Mutter war in der Lage, leise zu zetern. Teilweise konnte sie sogar leise schreien. Das glaubte sie zumindest. In Wahrheit war sie dabei ähnlich erfolgreich wie Yoyneh Shagal.

Und meine Schwester und ich standen aufrecht in unseren Betten. Diese Nächte waren für uns ein einziger Horror, erlebten wir doch die komplette Überforderung und den Kontrollverlust beider Elternteile. Hinzu kam der verzweifelte, erfolglose und peinliche Versuch, den Kontrollverlust vor uns zu verbergen. Unsere Panik, die nackte Angst und die empfundene Hilflosigkeit waren bodenlos. Oft funktionierte das couragierte Auftreten von Tarantel Katja. Ins Bockshorn gejagt, verschwand mein Vater dann kurze Zeit später im Schlafzimmer und gab Ruhe.

Manchmal funktionierte es aber auch nicht. Dann gab mein Vater Kontra. Nun begann er, unsere Mutter auf das Übelste zu beschimpfen und zu beleidigen. Auf einem Niveau aus der untersten Schublade. Sie war dann für alles verantwortlich, sein Elend, die »ganze Scheiße hier«, das verpasste schöne Leben in Chicago. Diese »dumme Hinterwäldler-Kuh mit ihren verblödeten bessarabischen Eltern, die ja nicht mal richtig schreiben konnten«, war an seinem Unglück schuld.

In diesem Drama fehlte eigentlich nur noch eine Eskalationsstufe: körperliche Gewalt. Die hatte es, soweit ich mich erinnern kann, niemals gegeben. Allerdings waren die Verbalattacken meines Vaters auch derart verletzend, dass sich physische Schläge erübrigten.

Dumpf und innerlich gespalten, durchlitten wir Kinder diese Nächte. Als ich etwas älter war, schlich ich mich nach diesen Dramen aus dem Haus und setzte mich auf mein Moped. Stundenlang fuhr ich durch die Nacht, bei Wind und Wetter. Ich fuhr durch die Dunkelheit und träumte mich in die anderen Häuser. Ich stellte mir das Leben der Mädchen vor, die ich aus der Schule kannte und in die ich verliebt war. Im Winter spürte ich irgendwann meine Beine nicht mehr. Dann war es Zeit, nach Hause zu fahren. In wenigen Stunden musste ich schon wieder aufstehen.

Vormittage sind seit dieser Zeit ein Grauen für mich. Morgens geweckt zu werden ist für mich, als würde man mich mitten in der Nacht aus dem Bett reißen. Ich friere, alles fühlt sich so an wie bei einer beginnenden Grippe. Ich will dann nur eins, wieder ins Bett, nichts sonst. Während meiner Schulzeit und auch später, während meiner Lehre zum Zweiradmechaniker, fühlte ich mich wie ein Mensch mit Grippe. Im Grunde hatte ich jahrelang Grippe. An den Wochenenden, die natürlich immer viel zu kurz waren, konnte ich etwas Schlaf nachholen. Dann ging die Grippewoche wieder los. Niemand verstand das. Mein wirkliches Leben fand nachts statt. Mit meinen Fahrzeugen.

OPERATION GOMORRHA
| 1943 | Hamburg | Grafenau

»Wo ist denn der Junge schon wieder!« Peter Niedermeier war ungehalten. Eben noch hatte er Andreas, dem neuen Pflegekind aus Hamburg, aufgetragen, das Holz zu hacken. Nun war der Holzplatz hinter der Scheune schon wieder verwaist.

»Na, wo wird er schon sein? In der Küche natürlich, wie immer!« Frau Niedermeier hatte es nicht leicht, obwohl dies manche Leute behaupteten, denn ihr Mann, ein »Kriegskrüppel« aus dem Ersten Weltkrieg, war immerhin zu Hause. Trotzdem hatte Frau Niedermeier alle Hände voll zu tun. Seit geraumer Zeit musste die Familie nämlich zusätzlich zu ihren eigenen Kindern fremde Pflegekinder aufnehmen. Die Kinder aus dem Programm der »Erweiterten Kinderlandverschickung« kamen aus »luftgefährdeten Gebieten«, insbesondere aus Großstädten wie Hamburg, Berlin, Düsseldorf oder Frankfurt. Diese Stadtkinder waren anders als die Buben und Mädel des beschaulichen niederbayrischen Ortes Grafenau. Und dieser Hamburger Bub Andreas war vermutlich der schwierigste. Nicht dass er aufsässig gewesen wäre, keineswegs. Aber Andreas schien sich nicht recht einzufügen. Er war still, oft wirkte er abwesend, und nachts hörte man aus seinem Zimmer ein leises Schluchzen.

Andreas' Lieblingsplatz war eindeutig die Küchenbank. Jede freie Minute saß er da. Eigentlich sah man von dem Jungen immer nur den Hinterkopf. Stundenlang verkroch er sich vorm hauseigenen Volksempfänger. In der Regel musste man ihn zweimal ansprechen, bevor er überhaupt reagierte. Und heute, am 26. Juli 1943, reagierte er gar nicht.

Peter Niedermeier wollte gerade ein kleines Donnerwetter loslassen, weil Andreas nicht, wie aufgetragen, das Holz hackte. Doch er hatte die Küche kaum betreten, da lief Andreas mit starrem Blick an ihm vorbei und die schmale Stiege hinauf in sein Zimmer. Niedermeier war außer sich. Was war das jetzt für eine neue Frechheit? Wutentbrannt stieg er die Treppe hinauf, riss die schiefe Holztür der kleinen Dachkammer auf und wollte gerade losbrüllen, als ihm seine Frau von hinten auf die Schulter tippte: »Lass ihn!«

Andreas lag auf dem Bett, das Gesicht ins Kissen vergraben, und weinte so bitterlich wie noch niemals zuvor. Leise schloss Irene Niedermeier die Tür. Auf dem Weg nach unten war es, als seien junge Wölfe ins Haus eingezogen, so laut war das Heulen des Neunjährigen zu hören. Peter und Irene Niedermeier sprachen kein Wort. In der Küche angekommen, schnappten sie aus dem Volksempfänger gerade noch den Satz auf: »... Achtzig Prozent der Stadt wurden zerstört.«

In der Nacht zuvor stand Oskar, der acht Jahre ältere Bruder von Andreas, auf einem Flakturm in Hamburg-Groß-Borstel. Stolz diente der Siebzehnjährige bei einer Hamburger Flakeinheit, die vorwiegend aus Männern bestand, die für den Fronteinsatz entweder zu jung oder zu alt waren. Zwischen 1943 und 1944 wurden ganze Schulklassen junger Männer für den Flakdienst herangezogen, so auch Oskar. Die aktive Luftabwehr durch Abfangjäger war im Sommer 1943 bereits schwach. Nahezu ungehindert flogen die Bomberstaffeln der Alliierten ihre Ziele an. Zudem feuerte die Hamburger Flak immer noch Geschosse ohne Aufschlagzünder ab. Selbst wenn eine solche Granate einen Lancaster-Bomber traf, was eher selten vorkam, durchschlug das schnelle Geschoss zwar Rumpf oder Tragfläche wie Butter, richtete aber meist keine größeren Schäden an. Die eigentliche Explosion erfolgte erst viele Meter hinter dem Ziel. Ein geschickter Pilot konnte seinen Bomber weiterfliegen, auch wenn einer der vier Motoren getroffen worden war. Doch ab und an wirkten der durch ein kleines Uhrwerk gesteuerte Zündzeitpunkt, die Detonationshöhe und die Vorhaltezeit des Geschosses so zusammen, dass ein Bomber tatsächlich abgeschossen wurde. Furchtbar für die jungen Piloten, die mit einem Durchschnittsalter von 20 Jahren kaum älter waren als die Flakschützen am Boden. Aus heutiger Perspektive bekämpften sich damals Kinder und Jugendliche. Doch in den 1940er-Jahren wurde das anders gesehen.

Niemand zuvor konnte ahnen, wie es sein würde, wenn eine Millionenstadt in nur einer Nacht in Brand gesetzt wird. Es hatte Jahre gebraucht, um die entsprechende Technik auszuklügeln. Und es hatte nochmals Jahre gebraucht, um für die notwenige Wut und Verwirrung zu sorgen. Doch in der Nacht vom 25. auf den 26. Juli 1943 war beides im Übermaß vorhanden. Auf dem Groß-Borsteler Flakturm war die Hölle los. Die Sirenen gaben schon lange Vollalarm, ein grauenhaft an- und abschwellender Heulton ohne Pause. Gespenstisch leuchteten die Flak-Scheinwerfer den Himmel ab. Der suchende Lichtkegel hatte etwas Verzweifeltes, als ob das Licht nie ausreichte oder als ob es immer zu spät wäre, um etwas Entscheidendes zu erkennen. Doch egal, ob in den Lichtkegeln etwas zu sehen war oder nicht, fast alle anderen Türme der Stadt feuerten bereits aus allen Rohren in den Nachthimmel.

In der Ferne hörte Oskar die kleine und mittlere Flak, auf der er ursprünglich ausgebildet wurde. Er wusste, dieser Flaktyp verschoss seine schwache Munition ohnehin nutzlos. Ein Brummen im Hintergrund wurde immer lauter. Es war das Geräusch von Tausenden Flugzeugmotoren. Dann ging es auch hier los. Mit schrillem Pfeifen fielen die ersten Bomben, auf die laute Detonationen folgten.

Anfangs dachte Oskar noch, dass es nicht so schlimm werden würde. Die Explosionen hörten sich zwar furchtbar an, aber Oskar kam es so vor, als wären es nicht viele. Dann hörte Oskar etwas, das er noch niemals zuvor gehört hatte. Es war stärker als eine Explosion. Es war, als ob ihn eine unsichtbare Faust zu Boden streckte. Oskar lag mit dem Rücken auf dem Bunkerdach. Plötzlich war alles ganz leise. Wie durch Watte vernahm er nur noch das Getöse um ihn herum.

Der Grund war eine Luftmine. Diese Riesenbomben, von denen eine einzige mehrere Tonnen wiegen konnte, hatten einen ganz bestimmten Zweck. Luftminen zerstörten alle Gebäude im unmittelbaren Umkreis. Aber selbst im Umkreis von einem Kilometer riss die Detonation noch alle Tür- und Fensterrahmen heraus und deckte die Häuser ab. Und noch im Umkreis von zwei Kilometern zersplitterten alle Fensterscheiben. Diese Effekte waren gewollt, denn mit einer einzigen Luftmine konnten so ganze Wohnviertel optimal für den nachfolgenden Brand vorbereitet werden. Feuer braucht Sauerstoff. Und ein Haus ohne Dach und Fenster brennt fünfmal so gut.

Je nach Entfernung stirbt man nicht sofort, wenn man die Detonation einer Luftmine miterlebt. Oft trennt sich aber das Rippenfell vom Lungenfell. Die Lunge schnurrt dann zu einem faustgroßen Ball zusammen. Und sosehr man dann auch versucht zu atmen, die Lunge kann sich nicht mehr entfalten. Was folgt, ist ein minutenlanger Todeskampf.

Oskars Lunge funktionierte nach dieser Luftmine noch. Er stand auch schon wieder aufrecht auf dem Dach des Bunkers. Das Geschrei und die Befehle erreichten ihn aber kaum noch. Wie gebannt schaute er in Richtung Lokstedt. »Das ist bei uns!«

Er fuchtelte wild mit den Armen und zeigte immer wieder in Richtung Horst-Wessel-Allee, wo er wohnte. »Es brennt da bei uns!«

»Ruhig, Junge, das kannst du doch gar nicht wissen, das sieht man doch von hier aus gar nicht.« Sein Vorgesetzter, ein älterer Mann mit gütigen Augen, der bereits den Ersten Weltkrieg miterlebt hatte, war zu Oskar getreten und versuchte, ihn zu beruhigen.

Doch Oskar ließ sich nicht davon abbringen. »Das ist unser Haus! Ich weiß es! Ich muss da hin, sofort!«

Alle Abhärtungsversuche hatten bei Oskar anscheinend nicht so ganz gefruchtet. Hitlerjugend, Lager, soldatisches Training, Tapferkeitsideale – dem Siebzehnjährigen standen in dieser Nacht die Tränen in den Augen.

»Gut. Dann geh. Lauf hin.« Der alte Flakhelfer erkannte, dass es keinen Zweck hatte und er den Jungen ohnehin nicht halten konnte. Oskar lief so schnell er konnte in Richtung Lokstedt. Je näher er seinem Stadtteil kam, desto mehr glichen die Straßen einem Inferno. Mittlerweile versahen auch die Brandbomben ihren Dienst. Diese knapp zwei Kilo schweren und zu Hunderttausenden abgeworfenen Magnesium-Brandsätze durchschlugen mühelos Dächer, steckten in den Holzdielen der Häuser fest und verbrannten wie ein Schweißbrenner ihr glühend heißes Inneres.

Atemlos, verheult und in Todesangst erreichte Oskar die Nummer 51 der »Horst-Wessel-Allee«. Der Familie ging es gerade erst etwas besser, sie hatten hier eine neue Wohnung bezogen, die sogar ein richtiges Badezimmer besaß. Ein Klavier war angeschafft worden, und man war dabei, den wirtschaftlichen Verlust der letzten Jahre auszugleichen.

Vor dem Hauseingang stand nun Blockwart Bremer. Unter dem riesigen Helm sah Bremers Kopf lächerlich klein aus. Aufgeregt lief er hin und her und schrie dabei ohne Unterlass: »Da geht mir keiner rauf! Da geht mir keiner rauf!«

Oskar sah nach oben, in der elterlichen Wohnung erkannte er einen Feuerschein. Offenbar steckte hier ein Brandstab. Das Haus hatte bereits keine Fenster und kein Dach mehr, davor auf der Straße lagen Ziegel und Mauerstücke verstreut. Dasselbe Bild boten die Nachbarhäuser. Doch von dort war lautes Geschrei zu hören. Beherzte Blockwarte griffen nach den heißen Brandstäben und steckten sie in für diesen Zweck vorbereitete Eimer mit feuchtem Sand. Nur so ließen sich die Fackeln bändigen. Tatsächlich konnten die Nachbarhäuser gerettet werden. Beide Häuser stehen heute noch in der Stresemannallee, denn so heißt die Horst-Wessel-Allee mittlerweile.

In jener Nacht jedoch verbot Blockwart Bremer das Eingreifen in der 51. War Bremer feige? Oder schlau? Vielleicht wusste er, dass es inzwischen zwei Sorten Stabbrandbomben gab: Eine »normale«, die für acht Minuten hell und heiß brannte, und eine modifizierte, die eine kleine Besonderheit bereithielt. In ihrem Inneren schlummerte eine Spezialgranate, die beim Herausziehen explodierte und jeden Helfer verstümmelte oder tötete.

Inzwischen hatten die Strategen für Stadtverbrennung so einiges hinzugelernt. Wessen Ziel es war, eine Stadt vollständig niederzubrennen, der musste auch die Helfer daran hindern, dass Brände gelöscht wurden. So erfanden die Bombeningenieure diverse Neuerungen. Es gab beispielsweise spezielle Zeitzünder-Bomben, die wie vermeintliche Blindgänger das Hausdach durchschlugen, ganz ohne Detonation. Vorerst bohrten diese Spezialbomben nur ein kleines Loch ins Haus, um dann irgendwo im Kellergeschoss stecken zu bleiben. Im Inneren der Bombe fraß sich aber langsam eine Säure durch eine Plexiglas-Platte. Irgendwann zerbrach die Platte, und eine starke Feder schnellte auf einen Zündmechanismus. Waren inzwischen Feuerwehrleute oder Hausbewohner nach der Entwarnung in das Haus zurückgekehrt, wurden sie urplötzlich durch eine entsetzliche Detonation getötet.

Oskar entdeckte das Klavier seiner Familie. Es stand mitten auf der Straße. Offenbar hatte man sich bereits damit abgefunden, dass dieses Haus verloren war. Andererseits war aber genug Zeit gewesen, um noch das Klavier zu retten. Jetzt fiel Oskar auch das Motorrad ein. Das einziges Fortbewegungsmittel der Familie, es stand noch im Keller.

Inzwischen roch es komisch, irgendwie chemisch. Die nächste Stufe der Stadtverbrennung hatte begonnen. Nachdem Sprengbomben und Luftminen die Häuser für den Brand vorbereitet hatten und Hunderttausende der kleinen Schweißbrenner in den Dielen steckten, warfen Bomberstaffeln eine weitere Sorte Bomben ab – vom Volksmund »Phosphorkanister« genannt. Wie Lava verbrannten diese flüssigen Brandsätze mit ihrer Mischung aus hochgiftigem weißem Phosphor und Kautschuk alles, was sich der klebrigen Masse darbot. Schlug so ein Kanister auf der Straße auf, spritzte das sich selbst entzündende Brandgel oft bis in den ersten Stock. Wer von dem Gel direkt getroffen wurde, erlitt schwerste Verbrennungen, mitunter bis auf die Knochen, denn das Spezialgel war selbst mit Wasser kaum zu löschen.

Kamen alle Bombensorten in mehreren Straßenzügen zum Einsatz, entstand ein physikalischer Effekt, mit dem selbst Experten kaum gerechnet hatten, der sogenannte Feuersturm. Eine über 1000 Grad heiße Verbrennung auf einer derart großen Fläche erfordert Tonnen von Sauerstoff.

Die Thermik über der Brandstelle wurde so groß, dass in allen umliegenden Straßen ein orkanartiger Luftsog entstand. Alles, was nicht niet- und nagelfest war, wurde wie mit einem riesigen Staubsauger in den Brandherd gezogen. Zugleich wurde die Wärmestrahlung über weite Distanzen so groß, dass alles Brennbare ganz ohne Funkenflug augenblicklich von selbst in Flammen aufging. Alles, was der thermischen Strahlung direkt ausgesetzt war, Holz, Stoff, Leder, Haut und Haare, brannte von einer Sekunde auf die nächste.

Was man in Hamburg und Dresden gelernt hatte, führte man in Tokio fort. Tatsächlich konnte die geschickte Kombination konventioneller Waffen die Wirkung der ersten Atombombe sogar übertreffen, wie die Bombardierung Tokios eindrucksvoll bewies. In kürzester Zeit kamen hier weit mehr Menschen ums Leben als bei der Verwendung der ersten Nuklearwaffen in Hiroshima und Nagasaki. Mit dem Unterschied, dass für die Nuklearwaffen dann nicht mehr Hunderte von Flugzeugen benötigt wurden, sondern nur noch ein einziges.

Auch der Brand in der Nummer 51 kam durch flüssigen Phosphor so richtig in Gang. Durch die Decken tropfte eine heiße Masse, lief die Wände hinunter bis in den Keller und entzündete dort das Kohlelager, das nun hell vor sich hin glühte.

Von alledem wusste Oskar nichts, als er nur in eine nasse Decke gehüllt den Keller betrat. Die Hitze im Keller war inzwischen so stark, dass sich das Tachoglas des Motorrades verformt hatte. Trotzdem schaffte Oskar es, das Motorrad aus dem Keller zu bergen. Kurz darauf brannte das Haus vollständig nieder. Fortan war die Familie Unger obdachlos. »Ausgebombt« sagte man damals, obwohl »ausgebrannt« wohl treffender gewesen wäre.

Oskars kleiner Bruder Andreas im bayrischen Grafenau hatte sich inzwischen etwas beruhigt. Fast war es den Niedermeiers gelungen, ihn davon zu überzeugen, dass der Angriff auf Hamburg schon nicht so schlimm gewesen war. Unglücklicherweise verboten sie Andreas aber nicht, am nächsten Tag wieder vor dem Volksempfänger zu sitzen. Und hier erfuhr er nun, dass in der Nacht ein noch stärkerer Angriff auf Hamburg erfolgt war. Was in der ersten Nacht noch nicht verbrannt war, sollte nun endgültig verbrennen. Und obwohl Andreas erst neun Jahre alt war, begriff er, dass diese Angriffe etwas Besonderes waren. Sie waren persönlich. Hier sollte ein Exempel statuiert werden. Es ging nicht mehr darum, Kriegsindustrie zu vernichten, Infrastruktur, Logistik oder einen Bahnhof. Mit einer eigens dafür entwickelten Technik ging es um die systematische, flächendeckende Vernichtung einer Großstadt und ihrer Bewohner.

Ebenso wie es Oskar nicht auf dem Flakbunker ausgehalten hatte, hielt es nun auch der kleine Andreas nicht mehr im fernen Bayern aus. Insgeheim schmiedete er Fluchtpläne. Er musste, wie auch immer, nach Hamburg zurück. In der Schule hatte Andreas weitere Hamburger Kinder kennengelernt. Darunter war auch eine Familie, die am Programm der »Mutter-und-Kind-Verschickung« teilnahm. Diese Familie, eine Mutter und ihre sechs Kinder, hatten vor, bald nach Hamburg zurückzukehren. Schließlich gelang es Andreas, die arme Frau dazu zu überreden, ihn mitzunehmen. Irgendwann sagte sie resigniert: »Ach, ob ich nun auf sechs oder sieben Bälger aufpassen muss, macht dann auch keinen Unterschied mehr.«

Andreas' Flucht war also beschlossene Sache. Doch bevor sie ausgeführt werden konnte, nahmen die Niedermeiers Kontakt zu den Ungers in Hamburg auf. »Der Junge geht uns hier ein«, soll in dem Brief gestanden haben. Und so kam mein Vater schließlich ganz offiziell in seine Heimatstadt zurück. Nicht ahnend, dass er noch viel grauenhaftere Nächte im Großbunker am Siemersplatz würde verbringen müssen. Nächte, die er mutterseelenallein durchzustehen hatte und in denen er aus Angst um die Eltern fast den Verstand verlor. Denn obwohl es streng verboten war, gingen Mutter und Vater bei Vollalarm nur selten mit in den Schutzbunker. Sie behaupteten, das Herzleiden des Vaters ließe dies nicht zu. Ich vermute aber, dass mein Großvater nach seinem knappen Überleben im U-Boot enge Räume, in denen Panik herrschte, nicht mehr ertrug.

UKRAINISCHE TÜCHER

| 1984 | Stelle

Meine Großmutter Wilhelmine konnte meisterhaft stricken. Und häkeln. Und nähen. Eigentlich war dies nichts Besonderes, denn alle bessarabischen Mädchen lernten früh die komplette Manufaktur der Woll- und Stoffverarbeitung. Von der Rohwolle bis zur Herstellung einer Jacke oder eines Mantels beherrschten die bessarabischen Frauen alle dazwischenliegenden Gewerke. Selbst das mittelalterliche Spinnen war kein Problem für meine Oma. Gern und viel strickte und häkelte sie die typischen »Dreieckstücher«, die im Osten sehr gefragt waren. Diese großen wärmenden Wolltücher, deren Ränder aufwendig verziert waren, konnte man sich schnell mal um die Schultern legen. In der Heimat war das praktisch, wenn man im kalten Winter kurz rausmusste oder wenn es im Haus durch die Fenster zog. Obgleich es für die Verwendung dieser Wolltücher im Westen weder modische noch thermische Gründe gab, versorgte meine Oma die ganze Familie damit. Und mein Vater Andreas, der allzu gern mal einen Seitenhieb bezüglich der Ostherkunft meiner Mutter austeilte, ließ auch diese Gelegenheiten nicht ungenutzt. Abfällig nannte er die Arbeiten meiner Oma »ukrainische Tücher«. Natürlich wusste mein Vater, dass meine Oma und meine Mutter nicht aus der Ukraine stammten. Aber wenn er etwas als besonders rückständig oder abfällig betiteln wollte, war es immer »ukrainisch«. Beispielweise konnten Frauen »ukrainische Oberarme« haben. Gemeint war damit das erste Nachgeben der Haut, insbesondere in Kombination mit reichlich Unterhautfettgewebe.

1982 war meinem Vater das Witzereißen über ukrainische Oberarme vergangen. Aufgrund »gesundheitlicher Probleme« kam er in eine Reha-Klinik. Hier traf er erstmals in seinem Leben auf Therapeuten, die ihn auf sein Alkoholproblem ansprachen. Sie erklärten ihm außerdem recht schonungslos, dass seine Ehefrau sich schon längst von ihm abgewendet habe, sei so gut wie sicher. Die Therapeuten lagen damit goldrichtig, denn in der Zwischenzeit nutzte meine Mutter den Klinikaufenthalt meines Vaters, um das gemeinsame Haus zu verlassen. Sie zog in eine 33 Quadratmeter große Studentenwohnung in Hamburg-Eppendorf, die ich später einmal übernehmen sollte. Obgleich meine Mutter räumlich Tatsachen schuf, hielt es mein Vater für gänzlich ausgeschlossen, dass sie auch noch einen Liebhaber haben könnte. All die Jahre, in denen Eberhard bei uns in der Diele stand und »nur kurz das Hamburger Abendblatt holte«, hatten ihn offensichtlich nicht misstrauisch gemacht. Die Therapeuten entschieden sich daher für eine klassische Intervention. Sie baten meine Mutter in die Klinik, um meinen Vater mit der Wahrheit zu konfrontieren. Er sollte aus ihrem Mund hören, was wirklich Sache war.

Glücklicherweise ließ sich meine Mutter darauf ein. Sie fuhr in die Klinik und gestand ihre intime Beziehung zu Eberhard. Auch wenn sie nicht ganz bei der Wahrheit blieb und so tat, als sei dies eine neue Entwicklung, brach für meinen Vater eine Welt zusammen.

In der folgenden Nacht fasste er einen Plan: Hinter der Klinik lag ein Wäldchen, durch das ein Weg zu einer Tankstelle führte. Von seinem Zimmer aus konnte er den blauen Lichtschein der Tankstelle gerade so erkennen. Als es dunkel wurde, zählte er sein Bargeld. Es würde für einige Flaschen Jägermeister reichen. Gegen Mitternacht würde er hinausschleichen, durch das Wäldchen gehen und sich so viel Jägermeister kaufen, wie er bekommen konnte. Dann würde er sich in dem Wäldchen auf eine Bank setzen und alles auf einmal austrinken.

Es wurde zwölf, und mein Vater begann, furchtbar zu schwitzen. Er zitterte am ganzen Leib. Etwas in ihm wollte nichts mehr als diesen Jägermeister. Und zugleich wusste er, dass dies seinen Tod bedeuten würde. Er hatte sich nie etwas aus der Religiosität seines Vaters Otto gemacht, aber jetzt begann er zu beten. Die ganze Nacht hindurch kämpfte er mit seinen inneren Dämonen. Mal war er schon auf dem Klinikflur und damit halb auf dem Weg, dann lief er wieder zurück in sein Zimmer. Kurze Zeit später schaffte er es sogar bis in das Wäldchen hinein, die Tankstelle lag jetzt ganz nah! Doch er kehrte um.

Als die Sonne aufging, wurde etwas in ihm ganz ruhig. Und ab dieser Nacht trank mein Vater keinen einzigen Tropfen Alkohol mehr. Nie mehr, für den Rest seines Lebens.

Er wurde aus der Reha-Klinik entlassen und war sofort trocken. Anfangs glaubte das natürlich keiner von uns. Immerhin hatten wir unsere Erfahrungen gemacht. Er hatte schon öfter durchgehalten, einige Wochen oder sogar Monate. Diesmal war es anders. Zum einen lebte mein Vater in der Hoffnung, meine Mutter zurückzugewinnen. Zum anderen saß der Schock zu tief, und er hatte verstanden, dass es nun wirklich um alles ging – um sein nacktes Überleben.

An diesem Punkt hätte sich mein Vater den Dämonen und Ängsten seiner Kriegskindheit stellen müssen. Jetzt wäre die Chance gewesen für eine Psychotherapie. Doch dafür reichte seine Einsicht nicht. Er war zwar fortan trocken, und das war eine große Erleichterung für uns. Aber irgendwann bemerkten wir, dass er dennoch der geblieben war, der er immer schon war. Er war immer noch egoistisch, immer noch ohne Einfühlungsvermögen. Emotional blockiert. Er war immer noch ein Chauvinist. Und seine Tauben waren ihm immer noch wichtiger als seine Kinder.

Obwohl es im Axel-Springer-Konzern bereits damals ein vorbildliches Resozialisierungsprogramm für trinkende Mitarbeiter gab und mein Vater zudem über beste Beziehungen in die höchsten Kreise verfügte, nutzte er dies nicht. Aus Scham wegen seines »Problems«

kündigte er von sich aus. Unter keinen Umständen konnte er sich vorstellen, sein Gesicht zu verlieren, denn wäre er im System geblieben, wäre es publik geworden: Der lustige Andi, der den Laden im 13. Stock mit links schmiss und nach der Arbeit sogar noch einen Song am Steinway-Flügel zum Besten gab, hatte in Wirklichkeit ein Alkoholproblem. Die Scham meines Vaters war so groß, dass er auf alles verzichtete, was er sich seit seiner Rückkehr aus den USA aufgebaut hatte. Sein hohes Gehalt als Chefkoch, seine Betriebsrente, Arbeitslosengeld. Übler hätte es nicht kommen können. Für seine eigenmächtige Kündigung erhielt er vom Arbeitsamt eine Strafsperre. Die Folgen waren keinerlei Einkommen und sofortige Verarmung.

Mein Vater war jetzt ganz unten angelangt. Zu diesem Zeitpunkt hatte ich selbst meine erste Depression. Inzwischen hatte ich schon zwei Lehren abgebrochen, Dealereien mit Autos und Motorrädern wurden allmählich schal, und mir drohte die Einberufung zur Bundeswehr. Meine Mutter und meine Schwester hatten das sinkende Schiff bereits verlassen.

Verarmt, desorientiert und depressiv wohnte ich mit meinem Vater zusammen in dem verwaisten Haus. Aus Mangel und Unkenntnis verkam der Haushalt rapide. Mein inzwischen trockener Vater war verzweifelt und unendlich einsam. Ab und an fuhr er nach Hamburg – zum Tanztee. Einmal brachte er verschämt eine kleine dicke Frau mit nach Hause. Aber noch im Morgengrauen fuhr er sie wieder zurück nach Hamburg. Es war Winter, und zum Heizen war längst kein Geld mehr da. Die Öltanks der Zentralheizung waren bis auf den letzten Tropfen leer. Noch immer habe ich das Bild meines Vaters vor Augen: Um die Schultern und die Hüften trug er gleich zwei »ukrainische Tücher« geschlungen. Sie waren praktisch, wenn wir auf Klappstühlen in der Küche vor dem Backofen saßen, um uns etwas zu wärmen. Wenigstens der Strom ging noch. Wurde es zu arg, fuhr mein Vater mit einem großen Kanister zur nächsten Tankstelle. Hier hatte er früher öfter gestanden, wenn er aus seiner Sicht »zu früh« nach Hause gekommen war. Damals tankte er Bier oder Jägermeister und schwadronierte mit anderen Männern, die genau wie er noch nicht nach Hause wollten. Jetzt tankte er 20 Liter Diesel, um sie in die Heizungsanlage zu kippen. Und für zwei Tage wurde es wieder warm im Haus. So wie in der guten alten Zeit, die nur noch eine alte Zeit war.

LA DOLCE VITA
| 1986 | Imperia, Italien

Ich nahm einen kräftigen Schluck aus einem hohen Cocktailglas mit einem für mich völlig neuartigen Getränk: Orangensaft mit Campari. Wahnsinn! Es schmeckte nach großer weiter Welt. Überhaupt fühlte ich mich ein bisschen wie im Film. Ich lag in der Sonne auf einem breiten Holzbrett am Rande eines riesigen Wasserbeckens. Hier, in den Bergen Liguriens, dienten solche Becken sowohl als Wasserspeicher wie auch als Swimmingpool. Ich war Gast, ebenso wie der Rest meiner Familie. Seit zwei Jahren fielen wir regelmäßig in Italien ein. Wir, das waren Onkel Ewald, Tante Helga, Mutter Katja mit Freund Eberhard, Cousin Peter, Schwester Sabine und ich. Wir verdankten dieses Glück meiner Cousine. Ina hatte wirklich alles richtig gemacht, und deshalb hatte sie auch alles: Eine 200-Quadratmeter-Wohnung in Hamburg, eine 120-Quadratmeter-Wohnung im Alten Land bei Stade und dieses großartige Haus in den italienischen Bergen. Selbstverständlich auch ein Auto. Und natürlich auch das eigene Töpfer-Atelier. Ina hatte es geschafft. Dank ihr konnte sich auch der Rest der Familie wenigstens zeitweise vorstellen, wie das Leben noch sein konnte: prall und leicht. Doch wie ein viel zu kurzer Traum, so hatte auch dieser Einblick ein abruptes Ende für uns alle. Von einem Tag auf den anderen wurden wir zusammen mit Ina aus dem Paradies vertrieben. Aber der Reihe nach:

Wie hatte Ina es nur so weit bringen können? Mittlere Reife, eine Töpferlehre und ein Job als Kellnerin hatten ihr diese Fülle sicher nicht beschert. Die Antwort war jedoch recht simpel. Sexualpsychologen würden vermutlich von der »Währung der Geschlechter« sprechen, und das heißt: für die Frau Jugend und Attraktivität. Und die Währung des Mannes? Na, was wohl? Kohle! Schotter. Moneten. Ein Mann kann alt sein. Ein Mann kann hässlich sein. Aber pleite sollte er nicht sein. Jedenfalls dann nicht, wenn er eine reiche Frau haben will. Reich im Sinne der Währung der Frau. Und meine Cousine Ina war reich! Sehr reich sogar. Sie hatte alles, was man als Frau braucht, um sich ein schönes Leben leisten zu können. Doch mit dem weiblichen Reichtum ist das so eine Sache. Manche Mädchen sind irgendwie zu reich. Sie sind so reich, dass früher oder später alles aus dem Ruder läuft. Das sind die Mädchen mit dem roten Kleid. Mit den roten Lippen. Mit den vollen Brüsten und der schmalen Taille. Mit langen Wimpern und dem besonderen Augenaufschlag. Mit der besonderen Kopfdrehung und dem speziellen Gang. Die Frauen, auf die alle Männer schauen, egal wie alt sie sind. Ich meine die Frauen, die von allen anderen Frauen gehasst werden. Die Marilyns, die an ihrer Schönheit sterben.

Doch zurück zum italienischen Swimmingpool. Noch gab es das Paradies für uns. Schon in der nächsten Nacht sollte sich dies jäh ändern. Ina war frisch verheiratet mit Aron, einem Millionär, der sein Geld als Gastronom in Hamburg gemacht hatte. Schon kurz nach der Hochzeit kam Linus zur Welt. Ina hatte zuvor im »Jimmys« als Kellnerin gejobbt, aber nur bis Aron, der Besitzer des Jimmys, sie gesehen hatte. Aron war zwar zwanzig Jahre älter als Ina und damit fast so alt wie ihr Vater, mein Onkel Ewald – doch entsprechend obigem Währungstausch ging die Rechnung auf. Als mehrfacher Millionär war Aron ebenso reich wie Ina. Ich glaube, Aron liebte Ina wirklich. Sie war für ihn mehr als nur eine Trophäe. Er las ihr jeden Wunsch von den Augen ab: Reise nach Nepal, Haus in Italien, zwei große Wohnungen in der Heimat. In dieser Sommernacht in Italien passierte aber etwas, das keiner aus unserer Familie verstand: Ina vögelte mit Robert. Danach war alles aus. Alles kaputt.

Rauswurf. Trennung. Scheidung.

Warum hatte Ina das getan? Wie hatte sie nur so dumm sein können? Liebte sie diesen Robert? Einen Tagelöhner und notorischen Kiffer, der sich auf dem Grundstück von Aron mit Trockenmauern seine Drogen finanzierte? Wollte sie fortan mit diesem Robert leben? Mit ihm durchbrennen, vielleicht weil er 15 Jahre jünger war als Aron? Und was würde dann aus Linus, Arons Sohn?

Doch nichts dergleichen. Ina hatte nach dem Intermezzo keinerlei Interesse an Robert. Ina hatte alles, was sich eine junge Frau erträumen kann – und trotzdem hatte sie sich morgens um drei Uhr aus dem ehelichen Designerbett geschlichen, war in den nikotinvergilbten stinkenden Wohnwagen am Rand des großen Grundstücks gestiegen und hatte mit Robert gevögelt.

So weit, so gut. Dabei hatte das Vögeln gar nicht allzu lange gedauert. Wäre sie doch nur einfach wieder zurückgeschlichen. Sie hätte sich bloß auf die große Terrasse setzen müssen, um den Blick ins Tal zu genießen. Oder den Sonnenaufgang. Rein gar nichts wäre passiert. Aber das tat sie nicht. Stattdessen blieb Ina im Wohnwagen liegen – und schlief ein. Als sie am nächsten Morgen von Aron geweckt wurde, rutschte ihm dann prompt die Hand aus.

»Oh Gott! Aron hat Ina geschlagen!« Und jeder weiß ja, schlagende Männer müssen sofort verlassen werden. So ähnlich jedenfalls verkaufte Ina das abrupte Ende ihrer Ehe ihren Eltern und der restlichen Familie. Und die nächsten Urlaube verbrachten wir alle wieder an der Ostsee. Dänemark war ja auch schön.

BUNDESMARINE
| 1985 | List auf Sylt

»Wie oft soll isch es noch sage, du hast se nett! Nein! Du hast se nett!« Klaus stand mit heruntergelassener Hose da, griff sich an den Schwanz und zog seine Vorhaut lang, um sie Kurt Schnettka zu zeigen. »Was soll das heißen, ich hab die nich? Klar hab ich die, ich hab die doch!« Kurt Schnettka schnaufte, starrte auf die Vorhaut von Klaus und machte dabei ein Gesicht, als hätte er gerade einen Alien gesehen. Es war mir ein Rätsel, wie Schnettka durch die Musterung gekommen war. Er war ganz offensichtlich debil. Unglücklicherweise war er nicht nur dumm, sondern auch riesengroß. Und stark. Und äußerst reizbar. Jeden Morgen, wenn uns der Bootsmann mit seiner schrillen Pfeife weckte, stand Schnettka verschlafen auf, zog sich die himmelblaue Marine-Schlafanzughose aus und ging seelenruhig mit seiner gigantischen Morgenlatte in der Stube spazieren. Sein praller Schwanz war offensichtlich beschnitten. Jedem war dies klar. Und da wir nun mal in der deutschen und nicht in der amerikanischen Marine dienten, war dies eine kleine Besonderheit. Nur das Schnettka nichts davon wusste. Schnettka konnte sich nicht vorstellen, dass er untenrum anders sein sollte als wir anderen Jungs. Selbst wenn man ihm die anatomischen Tatsachen unter die Augen hielt, wie jetzt der überaus mutige Klaus, der vermutlich nur noch wenige Sekunden zu leben hatte.

Allzu zart besaitet durfte man hier nicht sein. Das enge Zusammenleben mit vor Testosteron strotzenden jungen Männern war hart.

Einmal schrie uns der Bootsmann an: »Wie kann das nur angehen? Ich meine, ich habe ja schon viel gesehen in meinem Leben, aber wie kommt jemand so hoch?!« Der Bootsmann deutete mit seiner Hand in Kopfhöhe auf die Wand. »Irgendeine Sau hat vorhin so hoch gespritzt auf dem Klo, macht das sofort weg, ihr Schweine!«

Der guten alten Militärtradition der Kollektivstrafe folgend, begann nun für uns alle eine endlose Putzorgie. Während unser Zug jeden Winkel des Gebäudes reinigte, überlegte vermutlich jeder, wer wohl der Potenzprotz war, der sein Genmaterial derart kraftvoll verschleudert hatte. Angesichts Schnettkas morgendlicher Paraden tippten die meisten auf ihn.

Wo war ich gelandet? Wie konnte mir das nur passieren? Was in aller Welt hatte ich verbrochen, um das hier durchzumachen? Um 5.30 Uhr wurde ich brutal geweckt und war umgeben von Idioten. Über den Tag wurde ich von Obermaaten gequält, die nicht viel schlauer waren als Schnettka. Und wenn ich Pech hatte, musste ich am Wochenende auf der verhassten Insel bleiben und mit durchgeladener Waffe Wachdienst leisten.

Besonders bizarr war der Kontrast zwischen uns Wehrpflichtigen und dem, wofür die Insel Sylt eigentlich steht, in Kampen. In voller Montur wurden wir an den reetgedeckten Luxusvillen entlanggescheucht, in denen die Superreichen Champagner schlürften. Mit schmerzverzerrtem Gesicht und heraushängender Zunge schaute ich über die Zäune und dachte: Warum bin ich hier – und die dort?

Doch noch bevor sich der Gedanke festigen konnte, brüllte mir einer der Maate ins Ohr: »Zwanzig für Deutschland!« Womit gemeint war, ich sollte mich augenblicklich in den Dreck schmeißen und zwanzig Liegestütze machen – aus Liebe zum Vaterland.

Ich gehörte hier definitiv nicht her, das war klar. Doch wirklich wundern konnte mich meine Lage nicht, denn zu dieser Zeit landete jeder junge Mann bei der Bundeswehr. Es sei denn, er hätte aktiv etwas dagegen unternommen. Das hätte bedeutet, ich hätte mir einen Anwalt suchen und eine Strategie für die Verweigerung ausdenken müssen. Doch »zu verweigern« war in meiner Familie mindestens so exotisch, wie das Abitur zu machen. Ein anderer Grund war vielleicht sogar entscheidender. Unbewusst bewunderte ich meinen Vater, der seinen Kindern gern Fotos zeigte, auf denen er in schmucker U.S.-Uniform posierte. Und es gab die spannenden Geschichten meines Großvaters, der als U-Boot-Fahrer in der Kaiserlichen Marine gedient hatte.

Wahrscheinlich wollte ich ihnen nachfolgen und dieser väterlichen Linie entsprechen. Und so ließ ich es einfach laufen und kümmerte mich um nichts, bis der Staat sich dann um mich kümmerte.

Mit 17 verließ ich die Schule. Es folgte eine jahrelange Odyssee mit Irrungen, Wirrungen und abgebrochenen Ausbildungen. Nachdem ich ein Jahr nach der Schule erst mal gar nichts tat, außer mit Autos und Motorrädern zu handeln, dämmerte mir, dass es wohl besser wäre, doch eine Lehre zu beginnen. Zweiradmechaniker bot sich an, da ich bereits fast alles reparieren konnte, was einen Motor hatte und brummte.

Dies bemerkte auch bald mein Chef, der mich schon nach wenigen Wochen wie einen Gesellen einsetzte. Ich bekam meine eigene Hebebühne zugeteilt und reparierte Motorräder nahezu selbstständig. Besser konnte es für den Chef nicht laufen, kostete ihn doch dieser weitere »Geselle« lediglich 260 Mark Lehrlingsgehalt im Monat.

Natürlich ging das Ganze nicht lange gut. Ohnehin verdiente ich nebenbei ein Vielfaches, selbst meinem Chef verkaufte ich noch Autos. Zudem konnte ich mich, bedingt durch das frühe Aufstehen, nicht an die »Grippewoche« gewöhnen. Und ich fühlte mich nie als Lehrling.

Im zweiten Jahr brach ich die Lehre ab. Nun ging das Schachern mit Autos und Motorrädern erst richtig los. In einer Zeit ohne Internet gab es für den Autohandel nur zwei Möglichkeiten: die Kleinanzeigen im Hamburger Abendblatt oder den Hamburger Automarkt auf der Trabrennbahn Farmsen. In Farmsen wurde ich Stammgast.

Das Schachern lag mir, und mit Anfang 20 hatte ich meinen ersten VW-Porsche.

Irgendwann startete ich dann doch einen weiteren Versuch mit einer Ausbildung. Ein Bekannter meiner Schwester lernte »Masseur und medizinischer Bademeister«, für mich ein bizarrer und völlig unbekannter Beruf. Heute vermute ich, es war die weiße klinische Kleidung, die mir imponierte, und so begann ich eine Ausbildung zum Masseur.

Wundersamerweise absolvierte ich das Theoriejahr erfolgreich und bestand auch meine theoretische Prüfung zum Masseur. Doch zur Ausbildung gehörte noch ein anderthalbjähriges Praktikum in einer Kurklinik. Ich erhielt eine Praktikumsstelle in Bad Oeynhausen. Völlig unerwartet und mit großer Freude entdeckte ich in dem Kurort eine viel aufregendere Möglichkeit, Geld zu verdienen, als fette Leiber durchzukneten: Die ortsansässige Spielbank ...

Mein jägergrüner Anzug, den ich kurz zuvor für meine Masseurprüfung gekauft hatte, wurde seiner wahren Bestimmung zugeführt: Er wurde zu meiner Eintrittskarte in das Kasino. Auch mir passierte, was Fjodor Dostojewski in *Der Spieler* so eindrucksvoll beschrieb: Ich gewann ... gleich am ersten Abend 450 Mark – mit nur 80 Mark Einsatz. Meine Ausbildung zum Masseur brach ich natürlich umgehend ab. Ich wurde Stammgast im Kasino, spielte und gewann, spielte und verlor, und schließlich war ich pleite und verzweifelt. Eines Nachts war ich der einzige Gast in einer Kneipe. Ich trank mit dem griechischen Wirt die ganze Nacht griechischen Wein, wobei ich im Nachhinein sagen muss, dass jede Zeile aus Udo Jürgens Lied stimmt.

Den Tag darauf hatte ich eine neue Geschäftsidee: Der Wirt hatte mir die Gebrauchtwagen-Situation in seiner Heimat erklärt. Jeder deutsche Gebrauchtwagen war in Griechenland das Fünf- bis Zehnfache wert! Das ging mir nicht mehr aus dem Kopf. Eine Woche später saß ich in einem schäbigen Hotel in Thessaloniki und versuchte, Kontakte zu den ortsansässigen Autohändlern zu knüpfen – angesichts mangelnder Sprachkenntnisse ein äußerst schwieriges Unterfangen.

Diese »Geschäftsidee« scheiterte schließlich an Sprachbarrieren, Zollbestimmungen und an mangelndem Kapital. Halbseiden, ohne Bildung und Beruf, war ich in dieser Zeit offen für alles, was irgendwie Geld versprach. Zu meinen völlig grotesken Ideen, die ich glücklicherweise nicht mehr umsetzte, gehörte der Einkauf von Krügerrand-Goldmünzen in Belgien, um sie dann illegal über die Grenze zu schmuggeln und so den Steuervorteil in Deutschland zu nutzen.

Oder der Plan, Kokain in Holland zu kaufen und es mit den Brieftauben meines Vaters über die Grenze zu bringen. Doch bevor ich diese idiotischen Vorhaben umsetzen konnte, flatterte mir ein blauer Brief ins Haus: meine Einberufung zur Bundeswehr.

Nun war ich also beim Bund. Die Frage war nur, was konnte ich dagegen tun? Nach der ziemlich sinnentleerten Grundausbildung in List auf Sylt folgten die Lehrgänge für meine »Verwendungsreihe 81«: Sanitäter der Bundesmarine. In diesen Fachlehrgängen zeichnete sich für mich erstmals eine Strategie ab, wie ich meiner misslichen Lage entkommen könnte. Irgendwann sickerte durch, dass sich der Lehrgangsbeste sein zukünftiges Kommando selbst aussuchen durfte. Gerücht oder nicht, in mir keimte so etwas wie Hoffnung auf, denn aufgrund des allgemeinen Niveaus von Schnettka und Co. erschien mir das Ziel Lehrgangsbester durchaus realistisch. Ich sollte recht behalten. Und damit wendete sich mein Blatt tatsächlich.

Während meiner restlichen Wehrpflicht hatte ich Glück. Mein Kompaniechef in List mochte mich und wusste, dass ich kurz vor meiner Einberufung eine Ausbildung zum Masseur abgebrochen hatte. Er war mit dem Chef der Bäderabteilung im Hamburger Bundeswehrkrankenhaus befreundet. Aufgrund seiner Beziehungen und meines guten Abschneidens im Lehrgang verschaffte er mir ein Kommando im Bundeswehrkrankenhaus Hamburg. Dadurch war ich in der Lage, mein ausstehendes Berufspraktikum zum Masseur und meinen Wehrdienst gleichzeitig abschließen zu können. Mein neuer Chef war

Hauptbootsmann Schröder, Leiter der Bäderabteilung. Schnell fand ich heraus, dass Schröder nur zwei Dinge interessierten: Marathonlauf und seine Beförderung zum Stabsbootsmann.

Für die Leitung der Abteilung brauchte er einen Assistenten, der ihm alle lästigen Pflichten vom Hals hielt. Schröder lief jeden Morgen zwei Stunden, in der Zwischenzeit ließ ich ihm ein Lavendelbad ein. Das Briefing des Tages begann er dann in der Wanne. Schröders Vorgaben umzusetzen fiel mir leicht, damit war meine Bundeswehrzeit praktisch gelaufen. Als stellvertretender Leiter der Bäderabteilung glichen meine Arbeitstage denen in einem zivilen Krankenhaus.

Am Ende meiner Wehrpflicht hatte ich tatsächlich meinen ersten Berufsabschluss in der Tasche: »Masseur und medizinischer Bademeister«. Dieser Beruf gab mir sogar mehr als die Arbeit als Zweiradmechaniker. Als Masseur wurde ich das erste Mal in meinem Leben wirklich von etwas berührt. Im Bundeswehrkrankenhaus wurde ich auf einer Station mit schwer kriegstraumatisierten Soldaten aus Angola eingesetzt. Da im angolanischen Bürgerkrieg großflächig Landminen eingesetzt wurden, waren die Folgen besonders grausame Verstümmlungen. Da die Bundesrepublik Deutschland Partner eines medizinischen Hilfsprogramms für Portugal war, der ehemaligen Kolonialmacht Angolas, landeten viele Minenopfer in Hamburg. Männer ohne Beine, ohne Arme oder ohne beides wurden hier mit deutschem Know-how in der Prothetik versorgt.

Verstümmelungen direkt zu erleben, mit Schmerz und Leid so nah konfrontiert zu sein, das berührte mich. Und so absurd meine Berufswahl zum Masseur anfangs auch war, so bildeten diese Erfahrungen den Grundstock für mein späteres Interesse an Medizin und Psychologie.

SCHWARZER PETER

| 1983 | Neu Wulmstorf

Auch mein Cousin und gefühlter Bruder Peter liebte Autos und alles, was brummt. Und hätte man ihn gefragt, wer wohl zu den besten Autofahrern Deutschlands gehört, sein Name hätte ganz oben auf der Liste gestanden.

Leider sind die Gassen in Neu Wulmstorf recht eng, erst recht, wenn man versucht, in einem Ford Escort Sport und mit 80 Stundenkilometern hindurchzurasen. Mit 1,6 Promille Alkohol im Blut können Zäune oder andere Hindernisse solche Übungen jäh beenden. Und so hatten sich plötzlich ein Zaunpfahl und die Beifahrertür von Peters Auto auf eigentümliche Weise verbunden. Wirklich schlimm war es nicht, der Wagen fuhr noch. Doch wenn Peter jetzt von der Polizei geschnappt worden wäre, wäre der Lappen weg gewesen – für lange Zeit. Denn noch bevor Peter den ersehnten Führerschein überhaupt erhalten hatte, bekam er bereits seine erste Fahrsperre. Wegen Fahrens im alkoholisierten Zustand auf seinem Moped. Und so musste er über seinen 18. Geburtstag hinaus warten, bis man ihm die Reife zum Führen eines Kraftfahrzeuges endlich zugestand.

Vor einem Monat war es dann so weit gewesen, Peter wurde die Reife attestiert. Als Ergebnis steckte nun ein halber Zaun in der rechten Tür seines orangefarbenen Ford Escort. Noch mal warten auf den Lappen? Niemals! Spontan fasste Peter einen Entschluss: Auf der Straße war niemand zu sehen, und es war auch schon fast dunkel. Aus unzähligen Krimis wusste Peter, dass es hauptsächlich auf das Verwischen der Spuren ankam. Und was beseitigte Spuren am besten? Die reinigende Kraft des Feuers!

Peter fuhr also zur Tankstelle, wo ihn natürlich jeder kannte. Seelenruhig kaufte er fünf Liter Benzin in einem Kanister. Vielleicht war Peters Blutalkohol inzwischen auf 1,3 Promille gesunken. Offenbar reichte der Wert aber noch aus, um sich besonders clever zu fühlen. Immerhin dachte Peter noch daran, die Nummernschilder abzureißen, als er den Wagen in der nahen Kiesgrube mit Benzin übergoss. Nicht wissend, wie schnell sich Benzindämpfe ausbreiten, hätte er sich dabei fast selbst entzündet. Als er nämlich sein Sturmfeuerzeug an das Auto halten wollte, explodierten die Gase mit einer solchen Wucht, dass sie ihm die Augenbrauen absengten.

Schnell brannte der Wagen lichterloh, und nachdem sich Peter das Schauspiel eine Weile angesehen hatte, ging er heim und schlief zufrieden ein. Am nächsten Morgen wurde er von der Polizei geweckt. Für die Behörden war der Fall schnell gelöst. Zudem ließen Peters versengte Augenbrauen keine Fragen offen. Natürlich verlor er seinen Führerschein. Diesmal für fünf Jahre. Dabei hatte er noch großes Glück, denn abgesehen von seinem eigenen Auto hatte er wenig Schaden angerichtet. Der zerstörte Zaun war kaum der Rede wert.

Peter verlor seinen Führerschein danach noch zwei Mal. Beim dritten Mal lieferte er sich, wieder betrunken und diesmal auf einer 750er Honda unterwegs, eine wilde Verfolgungsjagd mit der Polizei. Die Sache endete mit einem zermatschten Motorrad und einem verstauchten Knöchel. Beim vierten Mal war endgültig Schluss, und ein Richter entzog ihm den Führerschein für immer. Wer insgesamt viermal seinen Führerschein wegen Fahrens unter Alkoholeinfluss verliert, muss ein notorischer Trinker sein, da waren sich alle einig. Das Kuriose daran aber war, dass ausgerechnet Peter, als einer der wenigen in meiner Familie, später kein dauerhaftes Alkoholproblem entwickelte.

Von jeher war Peter das schwarze Schaf der Familie. Man fand es niedlich, wenn als Kind sein Mund nach dem Essen bis zu den Ohren mit Schokocreme verschmiert war. Man fand es auch niedlich, wenn seine Beinchen mit Pflaster übersät waren, weil der kleine Tollpatsch andauernd hinfiel. Als beides mit 16 immer noch so war, fand es keiner mehr niedlich.

Peter war irgendwie anders. Doch was genau machte dieses Anderssein aus? Bis heute frage ich mich, ob Peter tatsächlich intellektuell benachteiligt war oder ob er an einer anderen Störung litt, die wir nicht erkennen konnten. Nach psychoanalytischer Sichtweise hat Peter für mich eine Ich-Schwäche, denn auf sich selbst gestellt und ohne Bezugsperson, die ihm sagte, wo es langging, implodierte bei Peter jeglicher Zielimpuls.

Diese Störung war jedoch nicht sofort erkennbar, weil Peter immer dann recht normal erschien, wenn ein Mensch in der Nähe war, der als Taktgeber fungierte und für eine Struktur sorgte. Peter war eine Art Seelenparasit, der, sofern er einen Wirt hatte, über weite Strecken unauffällig wirkte. Bei näherem Hinsehen erkannte man aber, dass der Wirt zunehmend verschliss, denn dieser lebte ja zwei Leben. Und das kostete sehr viel Energie. Peter war ein lieber Kerl. Wenn man ihm Aufträge erteilte und das Ergebnis überwachte, führte er sie auch aus. Ohne Auftrag jedoch machte Peter nichts. Sicherlich, eine Dose Ravioli konnte er öffnen und auslöffeln. Er konnte auch Zigaretten drehen. Eine nach der anderen. Aber Aschenbecher leeren, Klo putzen oder Fingernägel schneiden, ohne dazu den Auftrag erhalten zu haben, konnte er nicht.

Peters erste Wohnung, ein kleines Apartment in Buxtehude, mutierte innerhalb weniger Wochen zu einem Saustall. Nur der vierteljährliche Großeinsatz seiner Eltern verhinderte die Eskalation zur Messie-Wohnung. Mit Müllsäcken, Putzeimern und Gummihandschuhen bewaffnet, kamen Helga und Ewald angereist und schufteten einen Tag lang in Peters Wohnung. Dabei entsorgten sie Unmengen an Dosen, Pizzaschachteln, Zigarettenkippen, Altpapier und reinigten auch das Klo, das eine gelblich-braune Gesamtfarbe angenommen hatte.

Das Saustallphänomen ist ja durchaus bekannt bei Twens, die ihre erste Wohnung bezogen haben. Doch bei Peter war dies keine Phase. Das merkten irgendwann auch seine Eltern, und deshalb waren beide froh, als Peter endlich seine erste Freundin hatte. Schnell zogen Heike und Peter zusammen. Fortan wurde die kräftige Heike zu Peters neuer »Mutti«. Wie ein Wirbelwind fegte sie nach vollem Arbeitstag durch die gemeinsame Wohnung, um zu putzen und den Müll zu entsorgen; natürlich hatte sie zuvor noch eingekauft. Peterle saß derweil auf dem Sofa, blätterte in Motorradkatalogen und rauchte, so wie er es den ganzen Tag schon gemacht hatte.

Offiziell war Peter »selbstständig«, zumindest glaubte Heike dies erstaunlich lange. Und tatsächlich stand vor dem Haus ein schicker weißer Kombi, auf dem mit großen bunten Buchstaben »Farbstudio Müller« prangte. Im Kofferraum fanden sich zwar eher Motorradteile und keine Farbdosen, doch dies schien Heike gar nicht aufzufallen.

Die ganze Sache begann bereits, als Peter die Schule verließ. Was sollte nur aus ihm werden? Aufgrund der schlechten Schulnoten und seines hölzernen Auftretens fand er keine Lehrstelle. Onkel Ewald hatte seinen Malerei-Meisterbetrieb längst an den Nagel gehängt, um nur noch als Künstler zu arbeiten, doch dann meldete er wieder ein Unternehmen an. Einzig, um Sohn Peter in die Lehre nehmen zu können. Fortan führte Ewald neben seiner Künstlerexistenz noch ein »Peterleben«, eines, von dem er dachte, so müsste Peter leben.

Dabei hatte er Peter nie gefragt, ob er dieses Leben wirklich wollte. Doch da Peter keinen eigenen Lebensimpuls zu haben schien, erhob er natürlich auch keine Einwände. Offiziell ging Peter also in die Lehre, doch in Wirklichkeit sorgte sein Meister und Vater dafür, dass er die Lehrzeit irgendwie durchstand. Sofern überhaupt Aufträge zu bewerkstelligen waren, erledigte sie Ewald allein, wobei Peter allenfalls Handlangerdienste leistete. Auf sich gestellt, tat Peter nichts. Dazu gibt es eine Anekdote, die meine Mutter oft erzählte: Als Peter immerhin im »dritten Lehrjahr« war, erhielt die Malerfirma Müller den förmlichen Auftrag, die neue Wohnung meiner Mutter zu tapezieren. Zunächst sollte Peter einen kleinen Flur tapezieren, kaum größer als zwei Quadratmeter. Und diese Arbeit sollte an einem Tag erledigt werden, was durchaus machbar war.

Meine Mutter erzählte das Ergebnis immer wieder: Frühmorgens hatte Ewald Sohn Peter in der Wohnung abgesetzt, den Tapeziertisch aufgebaut und alle Materialien bereitgestellt. Als meine Mutter dann am Abend nach Hause kam, war Peter verschwunden. In der Wohnung war nicht das Geringste passiert.

Sie fragte sich, ob Peter überhaupt da gewesen war. Dann entdeckte sie das Klopapier. Es war um zwei Meter abgerollt, und im Papier befand sich ein langes Muster fein aneinandergereihter Brandlöcher, verursacht von unzähligen gerauchten Zigaretten. Peter hatte den ganzen Tag rauchend auf dem Klo verbracht und das Muster vollendet. Dann hatte er pünktlich Feierabend gemacht.

Ewalds Fürsorge ging schließlich so weit, dass er Peters Gesellenprüfung manipulierte, indem er die Gesellenstücke selbst anfertigte. In der praktischen Prüfung fiel Peter trotzdem durch, ich meine, insgesamt drei Mal. Irgendwann wurde Peter doch noch Geselle. Zumindest auf dem Papier.

Ewalds Plan, Sohn Peter nach erfolgreicher Gesellenprüfung in die Arbeitswelt zu entlassen, um sich fortan nur noch der eigenen Kunst zu widmen, ging natürlich nicht auf, denn nach der Lehrzeit ging es erst richtig los. Die Firma musste, Peter zuliebe, weitergeführt werden. Offiziell wurde es nun Peters Firma, er bekam ein eigenes Auto, einen tollen Schriftzug, eine schöne Visitenkarte und eine Firmenhomepage.

Aber sofern Peter überhaupt jemals einen Auftrag allein ausführte, hatte das Ergebnis zwei Varianten. Variante A: Der Kunde meldete sich nie wieder. Variante B: Der Kunde meldete sich wütend, und Vater Ewald musste nachbessern. Trotzdem tat die ganze Familie so, als sei Peter irgendwie untergekommen, als sei er versorgt und als sei er ein funktionierendes Mitglied der Gesellschaft. Dabei war »funktionieren« ökonomisch gemeint.

Peters Feigenblatt der »Selbstständigkeit« fiel schließlich von selbst ab. Nach etlichen Jahren Mimikry war Ewald irgendwann zu müde und zu krank, um für zwei zu leben. Fast blind und kaum noch in der Lage, die Arbeitsstellen zu erreichen, gezeichnet von Alkoholmissbrauch und Diabetes, entließ er Peter in die Freiheit. Auf sich gestellt, gab Peter »seine« Firma augenblicklich auf. Freundin Heike verließ ihn nur wenige Wochen später. Ohne seine Wirte wurde Peter das, was er im Grunde schon immer war: ein kettenrauchender Dauerbezieher von Hartz IV, der in einer verwahrlosten Wohnung Ravioli aus der Dose löffelte.

NACHTLEBEN
| 1987 | Hamburg-Eppendorf

Die kleine Wohnung, die Peter renovieren sollte und in der meine Mutter nach der Trennung zunächst gelebt hatte, übernahm dann ich. Noch während meiner Arbeit im Bundeswehrkrankenhaus Hamburg zog ich dort ein. Im Gegensatz zu meiner Mutter sollte ich recht lange dort wohnen, so lange, dass ich noch Jahre später von dieser Wohnung träumte.

Es war immer derselbe Albtraum: Ich war wieder im Schrammsweg gelandet. Nachdem ich erfolgreich in die Welt gestartet war, an wunderbaren Orten gelebt und ein reiches Leben geführt hatte, musste ich eines Tages doch wieder zurück, dahin, wo ich hergekommen war: in das dunkle Verlies, die Schrammsweg-Wohnung.

Meist wachte ich dann auf und war heilfroh, dass es nur ein Traum war. Doch was wollte mein Unterbewusstsein mir damit sagen? Der Schrammsweg stand für eine Zeit großer Anstrengungen und geplatzter Hoffnungen, für Depressionen, Neuorientierung und erneutes Scheitern. Der Schrammsweg stand vor allem aber auch für den tragischen Tod meiner »zweiten Schwester«, meiner Cousine Ina, die Wand an Wand mit mir wohnte und sich hier umbrachte. Für mein Unterbewusstsein genug Gründe, immer wieder vom Schrammsweg zu träumen.

In den 33 Quadratmeter großen Hinterhofbehausungen konnte man eigentlich nur als Single wohnen. Zudem standen die Häuser sehr dicht, ein Sonnenstrahl verirrte sich höchst selten in die ewig dunklen Wohnungen. Das Klo samt Minidusche erinnerte an Nasszellen in Wohnmobilen; es wurde nachträglich eingebaut und war so winzig, dass man besser »rückwärts einparkte«. Die Wohnungen waren somit klassische Wohnungen »fürs Erste«. Wohnungen also, für jede Art des Übergangs, für Zwischenzeiten, in denen man noch nicht weiß, wie es weitergehen soll. Im Schrammsweg wohnten Studenten, junge Landeier, verlassene oder gegangene Ehefrauen, verlassene oder gegangene Ehemänner oder sonstige Menschen in Übergangssituationen. Alle hier hatten einen Traum. Und die meisten gingen, wenn sich ihr Traum ganz oder teilweise erfüllt hatte.

Meine Mutter ging schon nach recht kurzer Zeit, denn ihr Traum, in das Einfamilienhaus zurückzuziehen, erfüllte sich schnell. Mein Vater konnte sich den Unterhalt des Hauses nicht mehr leisten und räumte das Feld. Nun sollte der Ort, an dem meine Mutter noch vor wenigen Jahren heimlich und verschämt mit Liebhaber Eberhard in der Küche gesessen hatte, ihr ganz offizielles neues Heim mit ihrem ganz offiziellen neuen Ehemann werden.

Eine Freundin aus dem Schrammsweg ging, weil sie ihr Studium als Informatikerin erfolgreich abgeschlossen und gleich einen Job gefunden hatte und sich nun eine große Altbauwohnung leisten konnte. Andere Singles gingen, weil sie einen neuen Partner gefunden hatten. Hier und dort zog jemand aus, und alle, die gingen, beschworen im Nachhinein die »tolle Zeit« im Schrammsweg. Sie lobten die Gemeinschaft, die Feiern im Sommer und das studentische Leben – aber natürlich nur im Rückblick. Die Jahre vergingen, und mit ihnen waren diejenigen, die nicht gingen, immer deutlicher zu erkennen. Denn wer hier länger als fünf Jahre wohnte, hatte ein Problem. Wer hängen blieb, dessen Traum war geplatzt. Ich blieb. Ziemlich lange. Ina blieb auch, noch länger.

Die erste Zeit im Schrammsweg nutzte ich meinen frisch erworbenen Berufsabschluss als Masseur. Ich identifizierte mich zwar nie wirklich mit dem Beruf, doch vorerst verdiente ich gutes Geld damit. Nach meiner Dienstzeit im Krankenhaus war ich zum Privatmasseur für superreiche Hamburger Kaufleute aufgestiegen. Das Beste am neuen Job war: Ich brauchte nicht früh aufzustehen. Mein erster Kunde war Generalimporteur der größten amerikanischen Jeansmarke für Europa. Er besaß einen eigenen Golfclub in Marbella, und nachdem er mich einige Male getestet hatte, reichte er mich im Hamburger Golfclub herum.

Wie zuvor mein Vater fuhr nun ich abends an die Elbchaussee oder zur Außenalster in die Villen der Superreichen. Und wie er trug ich dabei blütenweiße Arbeitskleidung, doch statt Kochmesser schleppte ich eine schwere Koffermassagebank heran.

Meine Rolle gefiel mir von Anfang an nicht. Der Auftritt in den weißen Klamotten war reine Maskerade, aber die Kunden liebten es. Sie kannten es nur so. Von ihren Kreuzfahrten auf der »M.S. Europa«. Komischerweise kauften sie mir den Starmasseur ab, sie fanden mich kompetent, charmant und witzig. Wie ich diese Wirkung erzielte, war mir ein Rätsel.

Während sich die Herrschaften in ihren Kellerschwimmbädern vergnügten, Saunagänge absolvierten und zwischendurch Champagner schlürften, ackerte ich ihre Fettmassen und ihr welkes Fleisch durch. Ernsthaft bedürftig war hier niemand. Meine Tätigkeit diente weniger der Gesundheitspflege als vielmehr einem hedonistischen Lifestyle.

Niemand verstand, als ich den lukrativen Job von einem Tag auf den anderen schmiss. Abrupte und radikale Kündigungen waren jedoch meine Spezialität. Vor meiner Arbeit als Privatmasseur war ich als Masseur in einem Hamburger Krankenhaus tätig. Der Chefarzt war begeistert: »Endlich mal jemand, der das hier auf den aktuellen Stand bringt«, hatte er kurz vor meinem Verschwinden noch gesagt. Dann, in einer Mittagspause, kam ich von der Personalkantine am Parkplatz vorbei. Spontan fasste ich in meine Hosentasche und zog den Autoschlüssel hervor. Ich stieg in mein Auto, startete den Motor und fuhr davon.

Dass ich dies mittags tun würde, hatte ich morgens selbst noch nicht gewusst. Die weiße Krankenhauskleidung, die ich noch trug, brachte ich nicht zurück. Den Umkleideraum des Krankenhauses betrat ich nie mehr. Hier hing ein ganz besonderer Wochenkalender: Jedem Wochentag war ein Smiley-Sticker zugeordnet. Der Montag-Smiley war ein trauriger Tropf, seine Mundwinkel hingen bodenlos nach unten. Mittwochs hatte der Smiley immerhin schon einen neutralen, geraden Strich als Mund. Der Freitag-Smiley war der fröhlichste, er grinste in voller Breite. Das Schlimme jedoch war: Die Smileys spiegelten tatsächlich auch mein Stimmungsprofil während der Arbeitswoche. Offiziell kündigte ich nie im Krankenhaus, noch holte ich je meine persönlichen Sachen ab, noch ging ich ans Telefon. Die Personalabteilung kam vermutlich irgendwann zu dem Schluss, ich wäre Opfer einer Entführung durch Außerirdische geworden.

Abgesehen von meiner uneingestandenen und unbewussten Überforderung war die Kluft zwischen meiner Realität und dem, was ich fühlte und was ich wirklich wollte, viel zu groß. In Wirklichkeit wollte ich Künstler werden. Über meine Anfänge als Kunstmaler schrieb ich bereits in *Die Heldenreise des Künstlers:*

»Eines Tages, auf dem Gipfel meiner Orientierungslosigkeit, schenkte mir mein Onkel Ewald ein Buch: Malerei und Grafik aus der DDR von Axel Hecht. Die darin gezeigten Gemälde von Hartwig Ebersbach trafen mich wie ein Blitz. Die hyperexpressive Serie ›Widmung an Chile‹ zeigte zwölf erschossene, blutverschmierte Menschen, die Ebersbach nach Polizeifotos gemalt hatte. Ich wusste sofort: Wenn Malerei das kann, will ich das auch. Die Kraft, die von einer derartigen Malerei ausging, zog mich intuitiv an. Im Nachhinein halte ich es für symptomatisch, dass ausgerechnet blutverschmierte und verstümmelte Körper die Initialzündung für meine eigene Malerei waren. Auf jeden Fall ging ich schnurstracks in den Baumarkt und kaufte mir Hartfaserplatten und billige Abtönfarben. Ohne mich jemals vorher mit Zeichnungen, Farblehre, Bildaufbau, Perspektive oder sonstigen handwerklichen Fragen beschäftigt zu haben, begann ich zu malen. Die ersten Monate malte ich Bilder aus Kunstbänden ab. Immerhin wunderte mich, wie schnell meine Gemälde eine gewisse Ähnlichkeit mit den Vorlagen hatten. Und angesichts meiner Isolation und ohne reale Vergleichsmöglichkeiten hielt ich meine ersten Gehversuche in der Malerei für talentiert. Mit der Zeit verwandelte sich meine kleine Hamburger Wohnung in ein Atelier, erst gab ich das Wohnzimmer, später auch das Schlafzimmer auf. Meinen Lebensunterhalt verdiente ich mit Taxifahren, denn Anfang der Achtzigerjahre konnte man damit durchaus noch Geld verdienen. [...] Es folgten Jahre mehr oder weniger einsamer Malerei. Irgendwann erreichte ich einen nahezu manisch-depressiven Zustand: Meine Malerei war getrieben von Wollen und Zensur. Ich war inzwischen hyperexpressiv, aber ebenso hyperautoaggressiv. Egal, was ich gemalt hatte, jedes Mal, bevor der Morgen graute, kratzte ich die Ölfarbe in den Müll. Mein innerer Zensor konnte das Ergebnis nicht ertragen. Auch der Malvorgang selbst war alles andere als lustvoll. Von Denken und Bewertungen getrieben, machte ich Angebote über Angebote. Einige Bilder malte ich fünf, manche zehn Mal. [...] Doch nur wenige dieser Werke überlebten meinen damaligen Zensor. Natürlich sehnte ich mich nach dem Zustand unschuldiger Wahrhaftigkeit meiner Malanfänge zurück. Ich trank Rotwein, hörte krachende Musik und rauchte ohne Unterlass (Zigaretten kaufte ich damals nicht schachtel-, sondern stangenweise). Tatsächlich überwand ich damit den Zustand der Blockade temporär – doch nur, um in nüchternem, rationalem Zustand alles wieder zu verlieren.«

Alte Freunde machten Karriere, gründeten Familien und bauten Häuser – ich wohnte weiter im dunklen Schrammsweg auf 33 Quadratmetern. Mit der Zeit wurde mein Hang zu einem vampirartigen Nachtleben zum Lebensprinzip. Ich malte nur noch nachts und für meinen

Lebensunterhalt fuhr ich auch nachts Taxi. So kam es, dass ich in den Wintermonaten überhaupt kein Tageslicht sah. Obwohl ich mit dem Taxifahren weniger verdiente als mit meinem Job als Luxusmasseur, war dies allemal authentischer. Außerdem liebte ich das Autofahren immer noch sehr.

Den Hamburger Taxischein hatte ich zusammen mit meinem besten Freund Mark gemacht. Über Jahre verliefen unsere Unternehmungen und Orientierungen derart eng und synchron, dass man uns bisweilen Homosexualität unterstellte. Doch uns verband anderes. In Wirklichkeit fanden wir im anderen einen seltenen und wertvollen Spiegel, mit dessen Hilfe wir uns weniger einsam fühlten. Marks desaströse Herkunftsfamilie konnte in puncto Trauma locker mit meiner mithalten, zudem hatte Mark einen unerklärlichen Drang zum Selbstausdruck, zur Sinnsuche und zur Bildung. Wir teilten also Interessen und Neigungen, die sich aus unserer sozialen Herkunft keineswegs erschlossen.

Mark wollte ein »berühmter Schriftsteller« werden. Ich wollte ein »berühmter Maler« werden. Für unsere Träume und Überzeugungen ernteten wir Missachtung und Spott und erduldeten ökonomischen Mangel, aber durch unsere Solidarität ließ sich vieles ertragen. Und wenn wir in weinseligen Nächten über Marks Buch oder meine Bilder sprachen, kamen wir uns ein wenig vor wie die Figuren in einem Henry-Miller-Roman.

Mark, der damals einen deutlichen Bildungsvorsprung hatte, »erzog« sich nebenbei seinen Gesprächspartner, indem er mich mit Büchern über Philosophie, Psychologie und Weltreligionen versorgte. Unterdessen blieben unsere Bemühungen, als Künstler Fuß zu fassen, ohne jedes Echo. Mark fand keinen Verleger und ich keinen Galeristen.

Dafür erlebten wir einige Abenteuer im Taxi. Nachttaxi zu fahren bedeutet früher oder später eine gewisse Nähe zum Hamburger Kiezleben. Geht es am frühen Abend noch kreuz und quer durch die Stadt, konzentriert sich ab zwei Uhr nachts alles auf zwei Stadtteile: das

Bahnhofsviertel St. Georg und den Kiez rund um die Reeperbahn. Irgendwann entwickelt sich eine merkwürdige Vertrautheit innerhalb der nächtlichen Subkultur, zu der Tresenbedienungen, Taxifahrer, Huren und Zuhälter gehören. Gegen fünf oder sechs Uhr morgens trafen sich eh alle im Schlachthofviertel zu einem saftigen Steak im Kultrestaurant »Erika«.

Die leichten Mädchen nach ihrer Schicht in die Randgebiete wie Mümmelmannsberg zu fahren und als Lohn wahlweise einen Blowjob oder Kokain angeboten zu bekommen war nur am Anfang exotisch. Irgendwann hatten wir alles durch. Wir fuhren blutende junge Männer nach einer Messerstecherei in die Klinik, wurden von fiesen Kampfhunden angehechelt, die als Pfand im Wagen warten mussten, bis Herrchen mit der Kohle zurückkam, oder verteilten 16 gackernde Hühner vom Fischmarkt auf sechs chinesische Restaurants.

Kotze zu wischen war nichts Besonderes. Man war heilfroh, wenn niemand in die Lüftungsschächte gereihert hatte. Langweilig war der Job nie. Nach einigen Jahren war es dann so weit: Unmerklich wurden unsere Künstlerträume kleiner, und eines Tages fanden wir uns in einem »Taxiunternehmer-Kurs« der Hamburger Handelskammer wieder. Ziel des Kurses war es, endgültig Taxiunternehmer zu werden, und zwar mit eigenem Auto. Im Taxigewerbe gibt es nämlich zwei Sorten Fahrer: die »Jobber« und die, die es wirklich ernst meinen. Das sind die mit den dicken Bäuchen und der Brotdose. Die Abgekündigten.

Hatte uns das Leben wirklich so kleingekriegt? Waren wir wirklich bereit, unsere Träume fahren zu lassen und wie alle anderen einfach »nur Geld« zu verdienen? Mit den letzten drei großen Zielen: »Feierabend«, »Wochenende« und »Urlaub«? Unweigerlich musste ich wieder an die Smileys im Umkleideraum des Krankenhauses denken. Wie oft hatten wir über die Kollegen am Taxiposten gelästert, die wie wir studentisch angefangen hatten und jetzt mit desillusionierten Gesichtern und als alte Säcke an den Posten saßen, mit kaputtem Rücken und Raucherlunge. Und das sollte auch unser Schicksal sein?

Es war Mark, der zuerst die Reißleine zog. »Niemals! Niemals werde ich im Taxi enden!« Mark brach den Unternehmerkurs ab, als wäre sonst eine Grenze überschritten worden, von der es kein Zurück mehr gab. Mark hatte recht. So konnte es wirklich nicht weitergehen. Nicht nur mit dem Taxifahren, auch mit dem Künstlerdasein, denn das Taxifahren sollte der Künstlerexistenz ja lediglich dienen und diese nicht ersetzen.

Unsere Krise war weit größer als die Taxifrage: Was sollte wirklich aus uns werden? Mit welchem »Beruf« könnten wir uns identifizieren, sodass aus der Tätigkeit keine Selbstverleugnung, sondern Berufung würde? Da wir uns beide für Medizin und Psychologie interessierten, schien es zum Künstler wenigstens eine Alternative zu geben: Therapeut. Auch wenn es auf den ersten Blick nicht danach aussieht, Künstler und Therapeuten haben vieles gemeinsam.

Doch plötzlich brach eine neue Zeitrechnung an. Nicht nur für mich, sondern für alle Deutschen. In Hamburg roch es jetzt jedes Wochenende nach Zweitaktöl, und in jedem Winkel parkten Trabbis. Alles war im Wandel, auch meine bisherige Einstellung zum Leben. Ich hatte bis dahin im Kalten Krieg gelebt. Beide Deutschländer strotzten vor Raketen und atomarer Verminung. Doch mit einem Schlag war all dies vorbei, die Mauer war gefallen. Keine Heldenstorys von Hauptbootsmännern mehr, die uns bei der Marine noch erzählt hatten, wie sie im Morgengrauen mit ihren Schnellbooten in den Rostocker Hafen gerast waren, um Fotos »vom Feind« zu machen.

Der Kalte Krieg war vorbei. Und langsam begann sich auch mein Planungshorizont zu verlängern. Mein Zynismus und mein Desinteresse am Leben wurden kleiner, und meine Ziele wurden erwachsener: Ich begann eine therapeutische Vollzeitausbildung zum Heilpraktiker.

Wundersamerweise kam mir mein Berufsabschluss als Masseur jetzt sehr zugute. Mit meiner medizinischen Vorbildung wirkte ich auf dem neuen Terrain sogar überaus gradlinig. Dass ich mich eigentlich nie als Masseur, sondern immer als Kunstmaler gefühlt hatte, verschwieg ich. Mein innerer Künstler ging zunächst ins Exil, und ich wurde Heilpraktiker, einige Jahre sogar in eigener Praxis.

MARILYNS ENDE
| 1999 | Hamburg-Eppendorf

Wäre meine Cousine Ina blond gewesen, hätte sie als Marilyn-Monroe-Double arbeiten können. Dies lag jedoch weniger an der optischen Ähnlichkeit als vielmehr an ihrem Gestus. Während meiner langen Jahre im Schrammsweg war Ina meine Nachbarin. Sie lebte einen Eingang weiter in einer baugleichen Wohnung. Nach ihrem italienischen Sündenfall hatte sich ihr Leben dramatisch verändert. Es war Schluss mit Luxuswohnungen und Weltreisen. Stattdessen wohnte sie mit ihrem Sohn Linus aus der Ehe mit Aron und ihrem zweiten Ehemann Günther auf 33 Quadratmetern. Ich fragte mich all die Jahre, wie das nur gutging. Bis sich im März 1999 schließlich herausstellte: Es ging nicht gut.

Während meiner Zeit als unbekannter Maler baute ich in meiner kleinen Küche einen Bartresen ein. Mein ganzer Stolz waren Glasregale, die von unten schick beleuchtet wurden, damit Flaschen wie Blue Curaçao auch gut zur Geltung kamen. Die schöne Ina war eine meiner liebsten Gäste. Sie liebte den schwarzen Tresen mit den drei Barhockern, und gemeinsam genossen wir so manchen Cocktail, den ich mithilfe meines Cocktailsets zubereitete.

Tagsüber kam Ina oft an meinem Fenster vorbei, wenn sie einkaufen ging. Es war mir ein Rätsel, warum Ina keinen Großeinkauf machte, um für einige Tage Ruhe zu haben. Jeden Nachmittag, man konnte die Uhr danach stellen, hörte ich das Tack, Tack, Tack ihrer hohen

Absätze durch den schmalen Hinterhof schallen. Und nach kurzer Zeit wieder »tack, tack, tack«, wenn sie zurückkam. In ihrer rechten Hand trug sie einen Jutebeutel, der immer nur mit Kleinigkeiten gefüllt war. Mit ihrer Linken hielt sie die Hundeleine, an deren Ende der kleine Tari trippelte, ein Tibet-Terrier, den Ina von ihrer Weltreise aus Nepal mitgebracht hatte. Mal war Ina die Butter ausgegangen, dann fehlten Käse oder Brot, irgendetwas war es immer. Inas neuer Mann, ein netter und redlicher Tischler, tat alles, um seine schöne Frau glücklich zu machen, denn Ina war immer noch anspruchsvoll. Insgeheim hatte sie ihren La-dolce-vita-Traum keineswegs aufgegeben. Natürlich war es mit einem Tischler unmöglich, auch nur annähernd an den Standard aus Arons Zeit aufzuschließen. Und doch, Ina hatte einen Plan: Wenn man eisern rechnete, sich hier in Hamburg nichts gönnte und mit dieser Miniwohnung viel Geld einsparte, könnte man vielleicht doch noch zu einem Häuschen in Italien kommen.

Tatsächlich war Ehemann Günther fleißig und durchaus erfolgreich in seinem Beruf. Zudem war er geschickt und als Handwerker konnte er für Inas Traum ökonomischen Mangel mit Schweiß und Fleiß wettmachen. Gesagt, getan. Ausgerechnet am Fuße von Arons großem Anwesen in den ligurischen Bergen kauften Ina und Günther eine kleine Ruine, nicht viel größer als Arons Geräteschuppen. Über viele Jahre wurde jeder Cent in das Projekt investiert.

Für sechs Wochen Sommerurlaub in Italien lebten Ina, Günther und Linus für den Rest des Jahres in quasi indischen Verhältnissen in ihrem Hamburger Zuhause. Und obwohl es die Familie finanziell dringend nötig gehabt hätte und es auch für das Italienprojekt überaus hilfreich gewesen wäre, ging Ina nicht arbeiten. Anfangs hieß es, Linus sei noch zu klein. Einige Jahre später unterlag Ina dann dem typischen Syndrom von Müttern, die zu lange dem Erwerbsleben ferngeblieben waren: Isolation und Selbstwertmangel ließen ohne therapeutische Hilfe keinen (Wieder-)Einstieg in die Arbeitswelt zu. Doch eine Therapie kam für Ina niemals infrage. Die Jahre vergingen, und Ina sah ihre

Aufgabe darin, für ihren schwer arbeitenden Mann und für Linus' Erziehung da zu sein.

Doch dann kam endlich der Sommer. Im Sommer lebte Ina auf. Italien! Wie schön das Leben doch sein konnte! Für sechs Wochen. Dann musste Ina wieder elf Monate das karge Leben im dunklen Hinterhof ertragen. Mit der Zeit sprach Ina immer öfter vom Rentenalter. Dabei war sie damals keine 36 Jahre alt. Ina erzählte immer wieder, wie schön es erst werden würde, wenn Linus groß wäre. Wie es sein würde, wenn das Haus in Italien eines Tages fertig wäre. Wie toll es sein würde, wenn sie dann für immer dort bleiben könnte. Im Licht! In der Sonne!

Mir kamen diese Geschichten damals schon merkwürdig vor. Immerhin würde es bis zu Inas Rentenalter noch Jahrzehnte dauern. Nach einigen Jahren begann sich Inas Aussehen zu verändern. Sie war keineswegs dick, aber ihr Gesicht wirkte, als sei sie dick. Das einst so schöne Gesicht wirkte irgendwie zu breit, teigig und geschwollen. Ich sprach Ina darauf an. »Ja, das mag sein«, sagte sie. »Ich habe eine Hormonstörung, doch jetzt nehme ich Tabletten, und dann geht das wieder weg.« Es ging aber nicht wieder weg.

Irgendwann kam der Tag meines Auszuges aus dem Schrammsweg. Nach vielen Jahren entkam endlich auch ich der dunklen Behausung. Ich hatte meine Malerei vorerst an den Nagel gehängt und war nun Heilpraktiker. Eine Dozentur für Naturmedizin bescherte mir etwas mehr Einkommen, und so zog ich in eine größere Wohnung, die sogar einen Garten hatte.

Ina sah ich die nächsten zwei Jahre kaum. Obwohl ich schon länger nicht mehr im Schrammsweg wohnte, ging ich im Spätsommer 1998 ein letztes Mal zu einem typischen Hinterhof-Sommerfest. An der obligatorischen Bierbank-Garnitur sitzend, kam ich mit einem neuen Mieter ins Gespräch. Einige Tische weiter sah ich Ina. Ihre Bewegungen wirkten unkoordiniert, das Gesicht war aufgeschwemmt, das Augen-Make-up verschmiert. Sie trug ein viel zu enges Schlauchkleid aus früheren Tagen. Nun betonte es jede Speckrolle und wirkte einfach nur grotesk. Auch die roten Lippen waren leicht überschminkt. Ihre einstmals so kokette Körpersprache verkam zur Karikatur. Immer noch drehte sie den Kopf zur Seite, lachte zu laut, leckte sich die Lippen und setzte ihre Spezialwaffe ein, den »Diana-Blick«.

»Das ist deine Cousine?!« Mein Gesprächspartner lachte laut auf. »Na, an der hat hier wohl schon jeder mal geschnuppert.« Augenblicklich wurde ihm klar, was er da gesagt hatte. Vergeblich versuchte er, sich zu korrigieren. »Nein, nein, ich meine, die ist ja wirklich sehr nett.« Ich kann mich nicht erinnern, ob ich an diesem Tag überhaupt mit Ina sprach. Wahrscheinlich nicht. Es war das letzte Mal, dass ich meine Cousine sah.

Die Beerdigung war feierlich. Inas Ex-Ehemänner, Aron und Günther, waren beide gekommen. Es gab keinen Streit. Ohnehin waren Aron und Günther ja Nachbarn, in Italien. Aron hatte längst wieder geheiratet.

Im Anschluss an die Trauerfeier lud er unsere Familie sogar noch zu einem kleinen Umtrunk in seine großzügige Stadtvilla ein. Fast hatte man es vergessen. Für wenige Stunden bekam unsere Familie wieder eine Idee von Reichtum. Wieder saßen wir an Arons großem Holztisch, wunderschön gedeckt in dem riesigen Haus. Dies alles hätte Ina haben können. Stattdessen fristete sie ihr Dasein auf 33 Quadratmetern und lebte für einen Traum, der sich niemals erfüllen sollte. Kaum jemand am Tisch sprach darüber, woran Ina eigentlich gestorben war. Ja, sie war wohl irgendwie krank gewesen. Hormone oder so. Dann kam sie ins Krankenhaus. Irgendwie wurde es dort immer schlimmer. Und dann, davon war mein Onkel Ewald überzeugt, haben die Ärzte irgendeinen groben Fehler gemacht. Etwas auf der Intensivstation lief schief, und Ina musste an die Dialyse. Dann kam es zu einem Kreislaufversagen. Ja, letztlich hat Gott es so entschieden. Das war höhere Gewalt. Dagegen ist kein Kraut gewachsen. Man muss es akzeptieren.

Meine stille Tante Helga, Inas Mutter, glaubte dies nicht. Seit diesem Tag wuchs in Helgas Brust ein Geschwür aus Gram und Schmerz. Noch ahnte keiner, dass sie die Nächste sein würde im Reigen des Todes, den Ina eröffnet hatte.

Über Inas Beerdigung schrieb mir meine Schwester später: »Auf Inas Trauerfeier stand ich auf und ging hinaus. Der Pastor hatte zum dritten Mal betont, was für eine schöne Frau sie gewesen war. Ja, er habe sogar ein Foto von ihr, das er behalten wolle. Und aus den Lautsprechern der Kapelle tönte *I am what I am* von Gloria Gaynor.«

Einige Monate später traf ich zufällig Inas Witwer Günther beim Einkaufen. Wir schauten uns kurz an, und Günther sagte nur: »Na, Kaffee trinken?« Spontan gingen wir in die Cafeteria des Kaufhauses. Eine Weile saßen wir uns schweigend gegenüber. Ich sah Tränen in Günthers Augen, in meinen stiegen ebenfalls welche auf. »Es waren 59 Flaschen.« Ich verstand nicht gleich. »Ich habe beim Entrümpeln der Wohnung 59 Flaschen entsorgt. Ich meine keine Wein- oder Bierflaschen. Nur hartes Zeug. Cognac, Whisky, vor allem aber Wodka.«

Irgendwie hatte ich immer geahnt, was Ina tatsächlich jeden Tag in ihrem Einkaufsbeutel hatte und warum sie stets noch eine »Kleinigkeit« besorgen musste. Bislang hatte Günther noch nicht erzählt, wie er Ina in der Wohnung gefunden hatte. Jetzt tat er es.

Linus war bereits seit Wochen bei seinem Vater Aron in Italien gewesen. Günther hatte sich ebenfalls in der letzten Zeit vor Inas Tod zurückgezogen. Auch wenn er sich nicht vollständig trennte, war ihm doch irgendwann ihr Alkoholproblem zu viel geworden. Er zog aus dem Schrammsweg aus und wohnte bei einem Freund. Ina war jetzt viel allein in der Wohnung.

Vergeblich hatte Günther versucht, sie anzurufen. Als er sie zwei Tage lang nicht erreichen konnte, kam ihm die Sache komisch vor. Er fuhr in den Schrammsweg und öffnete die Wohnungstür. Die Wohnung sah wüst aus. Offenbar hatte Ina noch vollkommen planlos angefangen zu renovieren. Überall standen von den Wänden abgerückte Möbel. Sie hatte damit begonnen, die Raufasertapete zu streichen, die jetzt völlig fleckig aussah. Inmitten dieses Chaos lag Ina leblos auf dem Teppichboden. Um ihren Kopf hatte sich eine Lache aus dunklem Blut gebildet, der helle Teppich hatte den größten Teil davon aufgesogen. Hals, Brust und T-Shirt waren schwarz von geronnenem Blut. Ina war bewusstlos, der Puls fast nicht mehr tastbar.

Die entsetzliche Szene erinnerte an eine Gewalttat. So stirbt keiner freiwillig. Zuvor hatte Ina tagelang exzessiv getrunken. Ihr war wohl bewusst geworden, dass niemals mehr funktionieren würde, was in jungen Jahren so leicht funktioniert hatte. Ihre weibliche Währung war aufgebraucht. Sie war pleite. Die Männer lachten über sie. Sie war zur Hinterhofschlampe verkommen, über die man Witze riss. Ihr zweiter Mann hatte sie verlassen. Ihr Sohn Linus lebte kaum noch bei ihr. Ihre Leber war zu einem harten Klumpen geworden. Das Blut ihrer Magen- und Speiseröhrenvenen, das nur über eine intakte Leber abfließen kann, hatte begonnen, sich zu stauen. Irgendwann war der Druck so groß, dass einige Venen platzten. Inas Magen lief voll Blut. Als der Magen kein Blut mehr aufnehmen konnte, musste sich Ina übergeben. Schwallweise kotzte sie dunkelrotes Venenblut. Das war peinlich. Sie musste jemanden anrufen. Andererseits ging es ihr nach dem Kotzen auch schon wieder besser. Wenn nur diese unsagbare Müdigkeit nicht wäre. Irgendwann legte sich Ina auf den Teppich. Mit einem Blutalkoholpegel von 3,0 Promille schlief sie ein. Für immer. Ina wurde 38 Jahre alt. Ich liebte sie sehr.

TRAURIGER KÜNSTLER

| 2005 | Friedrichstadt

Eigentlich hatte es mein Onkel Ewald als Künstler weit gebracht. Immerhin schaffte er es über lange Strecken, seine Familie ausschließlich mit kreativer Arbeit zu ernähren. Trotzdem reichte das Geld nie ganz. Schleichend bauten sich Schuldenberge auf, die immer wieder Befreiungsschläge erforderten. Dafür entwickelte mein Onkel mit der Zeit eine recht elegante Methode: Zunächst stoppte er die aufgelaufenen Schulden, indem er sein geerbtes und schuldenfreies Haus mit Hypotheken belastete. Später verkaufte er das Haus, löste die Hypotheken ab und zog von Hamburg aus gesehen weiter in den Norden, dahin, wo Eigentum billiger war.

Dies wiederholte er insgesamt vier Mal, dann war Deutschland zu Ende, und mein Onkel Ewald war es auch.

Als Hans im Glück war er immerhin mit einem Haus im Wert von einigen Hunderttausend Mark in Neu Wulmstorf gestartet. Doch als er starb, hinterließ er ein baufälliges Häuschen im hohen Norden Deutschlands, das nach Verkauf und Abzug der Restschuld gerade noch so viel einbrachte, dass seine Beerdigung bezahlt werden konnte. Zumindest vermachte er seinem Sohn Peter keine Schulden.

Das erste Haus wurde Ewald bereits zu Lebzeiten seiner Eltern überschrieben. Ganz dem patriarchalen Prinzip folgend, besagte die Vereinbarung: Meine Mutter erhielt eine unbedeutende Summe, die kaum zur Anzahlung des neuen Grundstücks reichte. Unsere

Familie zog daraufhin fort, und mein Vater baute ein kleines Einfamilienhaus.

Ewald erhielt stattdessen ein Grundstück mit zwei Häusern darauf, alles bezahlt, allerdings mit der Verpflichtung, seinen Eltern Wohnrecht auf Lebenszeit einzuräumen.

Was zunächst nach einer prima Abmachung zugunsten Ewalds aussah, entpuppte sich für ihn jedoch schnell als Bumerang, denn die Kontrolle und moralische Okkupation durch seine religiösen Eltern fand erst mal kein Ende.

Bereits als Kind hatte Ewald eine ebenso natürliche wie hochbegabte Neigung zur Malerei. Schon im österreichischen Zwischenlager der VoMi, als die Familie darauf wartete, einen polnischen Hof zugewiesen zu bekommen, begann er zu malen. Wann immer Ewald Papier oder Pappe in die Hände bekam, malte er sein Lieblingsmotiv: die eigene Mutter mit ihrer schneeweißen Haarsträhne. Seit dieser Zeit wusste Ewald, was er werden wollte: Kunstmaler!

Meine Großeltern verstanden das Anliegen des jungen Ewald so: Er wollte Maler werden, nun gut. Warum nicht? Es gab bestimmt viel anzumalen im grauen Nachkriegsdeutschland, und so wurde Ewald kurzerhand in eine Malerlehre gesteckt.

Doch Ewald hatte Glück. Der Malermeister, bei dem er in die Lehre ging, war selbst ein begeisterter Kunstmaler. Wann immer es die Auftragslage zuließ, gingen Meister und Geselle in die freie Natur, um künstlerisch zu malen. Trotzdem wurde Ewald zunächst ein guter Handwerker, sehr penibel und genau. Schnell machte er seinen Meisterschulabschluss und fand Arbeit als Betriebsmaler, eine leichte Arbeit, die es ihm gestattete, nebenbei seiner künstlerischen Arbeit nachzugehen.

Ewald richtete sein erstes Atelier ein. Auf dem Grundstück meiner Kindheit gab es fortan zwei Gartenhäuschen: Eines für meinen leiblichen Vater, der hier seinen Taubensport betrieb, und ein weiteres für meinen Onkel, der hier malte.

Mein »zweiter Vater« war mir zugewandter als mein leiblicher Vater. Er brachte mir bei, dass es noch eine Welt hinter den Dingen gab. Ein Stein war nicht einfach ein Stein und ein Stück Holz nicht einfach ein Stück Holz. Konnte man in der Maserung des Holzes nicht ein Gesicht erkennen? Oder hatte dieser Stein nicht die Form eines Kopfes? Während der gemeinsamen Urlaube in Dänemark lief ich mit meinem Onkel den steinigen Strand von Nyborg ab und entdeckte einen Schatz nach dem anderen.

Gleich zu Beginn der kreativen Karriere meines Onkels schnappte eine Falle zu, in die schon viele Künstler getappt sind: Erfolg mit Kunst in einem Anwendungsbezug. Dieser Erfolg verlangte nach Wiederholung und Reproduktion. Das war klasse, denn damit konnte man Geld verdienen. Und das war übel, denn künstlerische Entwicklung und echte Innovation blieben auf der Strecke.

Mein Onkel illustrierte christliche Kinderbücher, Geschichten aus der Bibel. Nach anfänglichem Hin und Her wechselte er zu einem großen christlichen Verlag, die Bücher wurden weltweit übersetzt, und ein Buch folgte auf das nächste. Nach erster Freude über den Erfolg als Illustrator – als Betriebsmaler hatte Ewald längst gekündigt – stellte sich zunehmend Frust ein.

Viele Jahre illustrierte Ewald nun naive christliche Kinderbücher, doch von Mal zu Mal verlängerten sich seine Abgabefristen. Ewald quälte sich, zum einen mit einer veralteten und sehr aufwendigen Maltechnik, zum anderen mit inneren Widerständen. Immer öfter entwickelte er Ausweichmanöver. Eigentlich wollte er parallel zu den Buchillustrationen freie künstlerische Werke schaffen. Doch zunächst musste das Atelier aufgeräumt werden. Oder es musste umgeräumt werden. Oder noch besser – es musste ganz neu eingerichtet werden. Die etlichen Umzüge taten ihr Übriges – nach jedem Umzug brauchte der akkurate Ewald etwas länger, bis alles wieder seinen Platz gefunden hatte. Und hatte endlich alles seine Ordnung, drohte schon der nächste Umzug. Zwischendurch war da noch Peter. Immer wieder brauchte Peter Hilfe, seine Pseudofirma musste ja am Laufen gehalten werden.

Doch letztlich waren alle Aktivitäten vorgeschoben. Ewalds wirkliches Problem war der Streik seines kreativen inneren Kindes. Es befand sich im Joch der Anwendung und wehrte sich recht erfolgreich gegen seine kreative Ausbeutung. Nur unter größtem Druck, nach Aufschub und juristischer Abmahnung durch den Verlag, gelang es schließlich doch noch, die Kinderbücher fertigzustellen. Immer öfter kam Ewald zu dem Schluss: Rotwein half.

Natürlich stimmte das Verhältnis zwischen Zeitaufwand und Entlohnung bei dieser Art des Vorgehens kaum noch. Die Schulden häuften sich, und der nächste Befreiungsschlag wurde fällig. Doch Ewalds Methode des Häuserverkaufens hatte anfangs einen Haken: Seine Eltern Wilhelmine und Jakob hatten Wohnrecht auf Lebenszeit. Die Spannungen nahmen zu. Immer noch gab es die moralische Okkupation durch die Eltern, die sich aufgrund des Wohnrechts kaum abschütteln ließen.

Nach dem Tod seiner Mutter Wilhelmine sah Ewald endlich die Chance zur großen Befreiung. Mit dem despotischen Vater allein wurde die Situation für ihn nahezu unerträglich. Ewald setzte alles daran, dem Vater das Wohnrecht abzutrotzen, schließlich mit Erfolg und ohne Gegenleistung. Fortan lebte mein Großvater in einer kleinen Mietwohnung, die er von seiner bescheidenen Rente selbst bezahlte. Mit weit über 80 Jahren erlernte er tapfer alles, was man zum Singleleben braucht. Der alte Vater kochte sich täglich eine Mahlzeit, wusch seine Wäsche und putzte die Wohnung – sein Sohn erreichte diese Selbstständigkeit nie.

Ewald besuchte den Vater möglichst selten. Jakobs kraftvolle Selbstständigkeit und bloße Existenz waren Menetekel genug. Wie ein Virus fraß sich die vermeintliche Untat in Ewalds Seele. Endlich konnte er seine Häuser verkaufen, wann und so oft er wollte, doch frei vom Vater war er trotzdem nicht. Doch Rotwein half auch hier.

Dann kam der vielleicht größte Schicksalsschlag, von dem sich Ewald nie wieder erholen sollte: Inas früher Tod. Bis heute kann ich mir nicht vorstellen, dass Ewald die selbst gestrickte Legende bezüglich der Ursachen wirklich glaubte. Aber etwas in ihm musste Inas Quasi-Suizid als höhere Gewalt deuten, und von einem ganzheitlichen Standpunkt aus gesehen, stimmte dies ja auch. Für Ewald war Ina in erster Linie Opfer des Räderwerks einer modernen Uniklinik, denn hier starb sie schließlich, nachdem sie noch einige Tage im Koma gelegen hatte. Schuld waren falsche Entscheidungen, zu viele Ärzte, defekte Technik, eine allergische Reaktion ... All dies gibt es wirklich, und täglich passiert so etwas in modernen Kliniken. Aber war es wirklich Ina passiert? Natürlich war es für Ewald leicht, das Vorangegangene auszublenden. Er hatte Inas Verzweiflung und Verfall nicht direkt erlebt. Er sah nicht, wie sie tagtäglich lostrippelte, um sich eine Flasche zu kaufen. Und Günther, Inas Mann, hätte nie gewagt, ihm zu erzählen, in welchem Zustand er Ina in der Wohnung aufgefunden hatte.

Ewald sah seine Tochter erst in der Klinik wieder, als sie bereits im Koma lag und ihr Körper von Tag zu Tag aufgeschwemmter und unförmiger wurde. So konnte er sich vormachen, die Ursache läge genau hier, in dieser Klinik. Vorher war doch alles gut gewesen – oder nicht?

Wie Ewald über den frühen Tod seiner Tochter dachte – oder besser denken wollte –, zeigte sein Abschiedsbrief an Ina, geschrieben kurz nach ihrem Tod. Ich fand den Brief zwischen Traumnotizen in seinem Nachlass:

»Eine Woche, bevor Du ins Krankenhaus kamst, hatte ich einen kurzen Traum, eigentlich war es nur ein Traumbild: Ich war im Begriff, ein weißes Schiff zu besteigen. Auf der Gangway, noch nicht ganz auf dem Schiff, aber auch nicht mehr an Land, blieb ich stehen und drehte mich um. Ich sah eine Frauengestalt, in Weiß gekleidet, die mir folgte. Ich ging nicht weiter und wartete auf sie. Heute denke ich, diese Frauengestalt warst Du. Mein liebes Mädchen. Wir hätten Dich so gerne noch hier bei uns behalten, aber es durfte offenbar nicht sein. Wir wissen nicht warum, und das ist so schwer zu ertragen. Deine Mutti und ich haben so viel um Dich geweint, und wir weinen immer noch. Wir versuchen uns zu trösten, indem wir uns sagen, dass Du es dort, wo Du jetzt bist, gut hast und dass Du frei von allem Kummer bist. Wir werden immer an Dich denken, solange wir hier sind, und in unserem Herzen bist Du immer bei uns. Mir tut es leid, dass ich Dich nicht öfter in den Arm genommen und Dir gesagt habe, wie sehr ich Dich liebe. Wir waren uns sehr ähnlich, darum gab es auch mal Streit zwischen uns. Aber wir haben uns auch bald wieder vertragen, dass weißt Du. Ich möchte Dich trotzdem um Verzeihung bitten, wenn ich Dich verletzt habe. Ich weiß, Du vergibst mir, liebe Ina. Ich bin sicher, wir werden uns wiedersehen! Wo auch immer. Auf der neuen Erde oder woanders. Der liebe Gott wird uns wieder zusammenführen, mein Kind. Ich wünsche Dir dort, wo Du jetzt bist, Licht, Freude, Wärme und Frieden. Tari bleibt erst mal bei uns, aber ich glaube, das weißt Du alles. Ich liebe Dich. Bis bald. Dein Papa.«

Nach Inas Tod fand Ewald eine weitere Beschäftigung im Atelier, den Ina-Schrein. Auf seinem Arbeitstisch entstand eine Ina-Gedächtnisfläche, eine liebevoll arrangierte Devotionalien-Sammlung von Steinen, Bildern und Blättern. Zudem hatte Ewald auch Tari übernommen, Inas Hund. Immer mehr zog sich Ewald in sein Atelier zurück. Währenddessen blätterte seine Frau Helga in Versandhaus-Katalogen und bestellte Tischdecken, Geschirr und sonstige Haushaltswaren, die bereits doppelt und dreifach vorhanden waren. Nur gut, dass meine Tante kein Internet hatte, denn sonst hätte sie ihrer Kauflust vollends frönen können. Eigentlich lebte Helga nur noch für die schönste Woche des Jahres, wenn sie mit Schwägerin Katja und einer gemeinsamen alten Freundin nach Dänemark fuhr.

In seinem letzten Atelier hat Ewald dann meines Wissens überhaupt nicht mehr gearbeitet. Kreative Blockaden, schlechtes Gewissen wegen des einsamen Vaters, der mit dem Alleinleben zunehmend überfordert war, und die Trauer um Ina hatten Ewald im Griff. Hinzu kam der körperliche Verfall aufgrund einer verschleppten Diabetes: Teillähmungen in den Beinen, Muskelschwund, Unterschenkelgeschwüre, Netzhautablösung, drei leichte Schlaganfälle, Bluthochdruck und Herzrhythmusstörungen. Und – Rotwein half immer noch.

In Ewalds Nachlass fand ich später einen Zettel mit folgenden Zeilen, die er in dieser Zeit geschrieben haben muss:

– Gefangen –
Gefangen, verstrickt.
Gefangen in Denkvorgaben.
Gefangen in scheinbarer Ausweglosigkeit.
Gefangen im Suchen nach Festigkeit.
Gefangen in Verzweiflung!
Und doch ... das Suchen nach einer Lösung, einer Gewissheit, einer Befreiung zählt.
– sicher –

DREI FRAUEN IM SAND
| 2009 | Lemvig, Dänemark

Wie ihr Bruder Ewald war auch meine Mutter eine große Steinesammlerin. Auf ihrer Terrasse lag halb Dänemark herum, und jedes Jahr wurde der Landklau größer. Jeden Sommer fuhr meine Mutter mit ihrer Schwägerin Helga und ihrer Schulfreundin Maria nach Lemvig in ein kleines Holzhaus am Nordseestrand. Diese Urlaube wurden zu einer Institution, sodass die dänischen Vermieter, die längst zu Freunden geworden waren, meiner Mutter einen Schlüssel für das Häuschen überließen. Die drei Frauen kannten sich seit frühester Jugend, und es gab wohl nur wenig, was sie nicht miteinander besprachen.

Meine Mutter übernahm innerhalb des netten Trios die Führung. Sie plante, kaufte ein und war auch die Einzige, die überhaupt in der Lage war, die weite Strecke mit dem Auto zu bewältigen. Ihre Rolle war dabei ganz natürlich entstanden, denn verglichen mit ihren Freundinnen hatte sie sich am stärksten emanzipiert. Obgleich meine Mutter viele Jahre gebraucht hatte, um sich von meinem Vater zu trennen, gelang ihren Freundinnen eine Trennung gar nicht oder erst sehr spät. Meine Mutter war es auch, die ihre Hausfrauenrolle als Erste abstreifte. Und obwohl sie ihren Bruder Ewald sehr liebte, gelang es ihr und ihrer Schwägerin, so zu tun, als sei Ewald einfach nur der Ehemann von Helga, über den man lästern oder sich beklagen durfte. Meine Mutter kannte die Schwächen ihres Bruders nur zu gut, und so hatte Helga manchmal in ihr sogar eine Verbündete.

Vor ihrer Abreise hatte meine Tante Helga stets viel zu tun. Ganz mit ihren Pflichten als Hausfrau identifiziert, kochte sie sieben Mahlzeiten für Ewald vor und fror diese ein. Jede Tupperdose erhielt ein Etikett mit einer Wochentag-Angabe, denn selbst während ihrer Abwesenheit glaubte Helga noch, entscheiden zu müssen, was Ewald an welchem Tag zu essen hatte. Trotz ihrer Fürsorge rief Ewald mindestens einmal am Tag in Dänemark an. Vielleicht weil er sich einen Tee kochen wollte und dann nachfragte, woran er erkennen konnte, wann das Wasser kocht ... Derartige Vorkommnisse amüsierten die Frauen, und sie waren sich mal wieder einig, dass Männer eine Spezies für sich sind.

Es gab aber auch Themen, bei denen meine Mutter Helga gegenüber vorsichtig war. Inas früher Tod, dessen wahren Grund meine Mutter sehr wohl kannte, wurde kaum offen angesprochen. Meine Mutter schützte Helga und beließ es bei der Legende, Ina sei wohl irgendwie krank gewesen. In den nächsten Dänemarkurlauben vertraute Helga meiner Mutter jedoch ihrerseits ein kleines Geheimnis an: Etwas in ihrer linken Brust fühlte sich komisch an. Im ersten Jahr war es kaum merklich, eher ein Störgefühl, eine Art Ziehen. Im Jahr darauf gab Helga zu, man könne etwas fühlen, wenn man die Brust genauer untersuchte. Doch wirklich weh tat es nicht und groß war es auch nicht. Im nächsten Sommer konnte Helga nicht umhin zuzugeben, dass sich ein Knoten in der Brust gebildet hatte; er war jetzt deutlich tastbar.

Dann, es war im vierten Jahr nach der ersten Wahrnehmung, brach die Haut an der Brust auf. Erst hatte sie sich komisch zusammengezogen und verfärbt, wenige Wochen später brach ein dunkelblaues Geschwür aus der nässenden Wunde hervor. Was das nur sein konnte? Erst jetzt ging Helga zum Arzt.

Derartig verschleppte Mammakarzinome sehen Onkologen heutzutage nur noch selten. Man muss schon mit Gewalt verdrängen oder sehr lebensmüde sein, um es so weit kommen zu lassen. Früh erkannt, sind derartige Erkrankungen mittlerweile ganz gut behandelbar. Aber in diesem Stadium? Helga erhielt zunächst alles, was die moderne Schulmedizin zu bieten hat: Brustamputation, Bereinigung der Achsellymphknoten, Chemotherapie, Bestrahlung, das volle Programm. Und tatsächlich, nach großer Tortur erholte sie sich. Für wenige Jahre sah es so aus, als hätte Helga ihren Preis bezahlt.

Auf einen Gedanken, der mir naheliegend erschien, kam aber weder Helga noch sonst jemand aus der Familie, nämlich dass es zwischen ihrer Krebserkrankung und Inas Tod einen Zusammenhang geben könnte. Dass vielleicht Helgas bodenlose innere Verzweiflung und ihre Schuldgefühle eine jahrelange Abwehrschwäche verursacht haben könnten, die dann schließlich zu einer Erkrankung in genau dem Organ führte, das sie als Inas »Mamma« auswies.

Dann plötzlich ging es ganz schnell. Helga wurde erneut krank. Diesmal lief die Erkrankung aus dem Ruder. Der Krebs kam zurück, und zwar überall zugleich. Schwerstkrank trat Helga dennoch ihren letzten Urlaub in Dänemark an. Helga und meine Mutter wussten, dass dies ihr letzter gemeinsamer Urlaub sein würde. Im Jahr zuvor konnte Helga wenigstens noch den Weg bis zum Strand mitgehen, auch wenn sie damals schon keine eigentlichen Spaziergänge mehr unternehmen konnte. Sie saß gern auf dem Holzsteg und beobachtete das Meer. Hier hatte sie vor vielen Jahren schon gesessen, damals noch mit Ewald, der sich in dieses Häuschen in Lemvig verliebt hatte.

Diesmal aber hatten sich die Frauen verschätzt. Keine wollte wahrhaben, wie schlecht es Helga inzwischen wirklich ging. Eigentlich war die lange Fahrt schon zu viel für sie gewesen. Längst hatte der Krebs ihre Lymphknoten verklebt. Helgas Beine wurden dick, und eine Thrombose bahnte sich an. Die Krankheit zeigte sich unbarmherzig und verwehrte den Frauen den Abschied.

Auf dieser Reise wurde meine Mutter zur Krankenschwester, und schließlich musste der Dänemarkurlaub vorzeitig abgebrochen werden.

Bald darauf begann meine Mutter, sich zu verändern. Ihre Freundin, Schwägerin und Weggefährtin würde in Kürze sterben, das war nun klar. Was hatten die beiden Frauen nicht alles geteilt in fünfzig Jahren? Seit der Doppelhochzeit 1960 hatte man sich begleitet, viele Jahre zusammen gewohnt, unzählige Urlaube gemeinsam verbracht, Kinder bekommen, sich guten Jakobs-Kaffee gekocht, Kuchen gebacken, Kleider genäht und Weihnachtsbäume geschmückt. Etwas in meiner Mutter starb mit Helga. Meine Mutter war für mich immer die Säule der Familie gewesen. Allen hatte sie Halt und Struktur gegeben. Sie war stets für jeden da, mit Rat und Tat. Doch das war plötzlich vorbei.

Helga starb schließlich unter Qualen, auch Morphium half nur noch bedingt. Vielleicht wäre es ihr in einem Hospiz besser ergangen, doch sie blieb bis zuletzt zu Hause bei ihrem inzwischen fast blinden Ehemann, der mit der Situation völlig überfordert war.

Peter, der seinen Eltern in den Norden gefolgt war und in einem Nachbarort wohnte, war keine Stütze. Nur selten ließ er sich blicken, und wenn, dann stand er nur hilflos herum. Ab und an half er Ewald beim Einkauf, dann besorgte sich Ewald gleich einen ganzen Karton Rotwein, das war günstiger als einzelne Flaschen im Tante-Emma-Laden um die Ecke. Und in dem Maße, wie sich bei Helga die Morphiumdosis erhöhte, steigerte Ewald seine Rotweindosis.

HAUS SONNENSCHEIN

| 2011 | Norderstapel

»Gehen Sie einfach durch! Er liegt bestimmt im Gemeinschaftsraum auf dem Sofa. Das ist sein Lieblingsplatz. Da liegt er immer!« Die Pflegerin lachte, als hätte sie einen Witz zum Besten gegeben. Ich bekam kaum Luft. Es roch nach Urin, Erbrochenem, Chlor und dampfgegartem Essen, das so zerkocht war, dass es garantiert keine Vitamine mehr enthielt. Ich versuchte, möglichst flach zu atmen, was mir nicht gelingen wollte, denn dafür war ich viel zu aufgeregt. Auf dem schmalen Gang standen eine Bahre und ein Rollstuhl, gleich daneben lagen Müllsäcke. Ich ging weiter und erreichte schließlich den »Gemeinschaftsraum«. Der Raum war kaum mehr als die Ausbuchtung des Flures. Auf der einen Seite befand sich eine Glaskanzel, in der eine genervte Pflegerin Unterlagen sortierte. In ihre Arbeit vertieft, würdigte sie mich keines Blickes. An der gegenüberliegenden Wand standen zwei Rollstühle, in denen jeweils ein alter Mensch saß. Die Gesichter konnte ich nicht erkennen, so tief hingen ihre Köpfe. Am einzigen Tisch im Raum saßen ebenfalls zwei Leute. Eine alte Frau schob mit dem Handrücken einen bonbonbunten Tablettenspender über den Tisch. Ich konnte kaum glauben, dass ich in Deutschland war. So sah es also in einem ganz normalen Alten- und Pflegeheim aus. Zumindest für die, die sich nichts Besseres leisten konnten.

Dann sah ich ihn. Lang ausgestreckt lag mein Onkel Ewald auf dem einzigen Sofa im Raum und schaute Richtung Fernseher, immerhin ein moderner Flachbildschirm, der fest an der Wand verschraubt war. Nun verstand ich, was die Pflegerin gemeint hatte: Dies war sein Platz, sein letzter Raum. Und wirklich, das angeranzte Sofa war noch das Beste hier. Unverkennbar gehörte es ihm. Wehe, Ewald kam vom Klo zurück und ein anderer Bewohner hatte sich darauf niedergelassen, der konnte dann aber was erleben! Dabei brauchte er mit seinem Schlurfgang und dem Gehwägelchen endlos lange für seine Wege, denn nach zwei Schlaganfällen, jahrelang missachtetem Diabetes und chronischem Alkoholmissbrauch funktionierten die Beine von Ewald kaum noch. Und sein Gehirn funktionierte auch nicht mehr richtig. Dafür aber seine Stimme. Ewald war hier der Brüller. Und er brüllte: »Nur weil ich nicht mehr gehen kann, verstehe ich doch, was hier vor sich geht! Im Kopf bin ich ganz klar!«

Doch je lauter er brüllte, desto lauter lachten die Schwestern. »Ja, ja, Ihr Onkel ist schon eine Marke! Der hält uns hier ganz schön auf Trab!«

Unsere Blicke trafen sich nicht, dafür sah Ewald zu wenig. Trotzdem erkannte er mich sofort an meiner Stimme. Er richtete sich langsam auf und drehte sich mir zu. Ich schaute in sein Gesicht: Ohne zu fragen, hatte man ihm den Vollbart, den er Jahrzehnte getragen hatte und der Teil seiner Identität gewesen war, einfach abrasiert. Fast zynisch hatten ihm die Pflegerinnen dafür einen fiesen Oberlippenbart stehen lassen, der viel zu lang nach unten auslief. Diese Bärte kannte ich. Und zwar von meiner Bildserie über Kriminelle in den USA, die ich gerade gemalt hatte. Genau so sah mein Onkel Ewald nun aus!

Ich erschrak, denn erst vor wenigen Tagen war ich in diese Gesichter regelrecht hineingekrochen. Ich hatte sie studiert, gezeichnet und porträtiert. Ich wollte ihr Wesen ergründen. Die unendlich traurigen Gesichter waren sich alle sehr ähnlich. Die Augen zeugten von unbändiger Angst und gleichzeitig von unbändigem Hass.

Ich malte die Serie nach Polizeifahndungsfotos aus dem Internet und nannte sie »Most Wanted«. Viele der Häftlinge waren über die Jahre mehrfach fotografiert worden. Doch auf dem Höhepunkt ihrer kriminellen Karrieren sahen alle irgendwie gleich aus. Angsteinflößende Tartaren-Bärte, irrsinnig geweitete Augen in tiefen Höhlen, unklarer Blick, eingefallene Wangen. So sehen Verbrecher aus, könnte man meinen. Doch jetzt erst, als ich Ewald anschaute, verstand ich, wonach ich in meiner Malerei gesucht hatte: So sahen gebrochene, süchtige und lebensmüde Menschen aus.

Schon vor Helgas Tod hatte Ewald zu viel Rotwein getrunken. Von Diabetes und Blindheit gezeichnet, hatte er trotzdem jeden Tag im Atelier gesessen, um zu »arbeiten«. Tief über die großen Schubladen seines Grafikschranks gebeugt, hatte er versucht zu erkennen, was er früher einmal gemacht hatte. Dabei hatte er mit einer beleuchteten Handlupe irgendwelche Zettel oder Zeichnungen sortiert und schon am frühen Morgen Rotwein getrunken.

Meine Tante als ehemalige Krankenschwester hatte ihn gezwungen, wenigstens einmal am Tag den Blutzucker zu messen. Obgleich längst vom Krebs zerfressen und auf Morphium angewiesen, hatte ihm Helga tapfer noch jeden Mittag etwas zu essen gekocht.

Einmal in der Woche fuhr dann das kranke Ehepaar zum Einkaufen in die nächste Stadt. Mit dem Auto. Mein Onkel sah fast nichts mehr, denn in beiden Augen hatte sich die Netzhaut fast vollständig abgelöst. Doch er hatte Helga. Im zweiten Gang und mit höchstens 40 Stundenkilometern krochen die beiden über die Landstraße. Helga sah für Ewald und übersetzte im Simultanverfahren, was zu tun war. Als mir mein Cousin Peter einmal das bizarre Verfahren schilderte, musste ich spontan ans Dschungelcamp denken: »Mehr links! Links, links, links, gut. Rechts! Ewald! Mehr rechts, rechts, rechts, Stopp! Rot! Immer noch Rot ...« Nach Helgas Tod konnte Ewald dann nicht mehr Auto fahren. Andere potenzielle Beifahrer weigerten sich, Helgas bewährte Simultanmethode zu übernehmen.

Nach dem Tod meiner Tante ging es dann rapide bergab mit Ewald.

Nun gab es überhaupt keinen Grund mehr, irgendetwas zu limitieren. Er gab sich auf. Doch diese Selbstaufgabe hatte auch etwas Böses. Etwas in ihm war unendlich enttäuscht, verbittert und aggressiv. Er liebte schlechte Nachrichten, begann, sich über die politische Lage zu echauffieren, entwickelte paranoide Wahnvorstellungen, war davon überzeugt, dass sein Telefon abgehört wurde, und trat in eine für mich abwegige Partei ein.

Ewald beklagte sich über die großen Betrüger dieser Welt: internationale Konzerne, Steuerhinterzieher, die USA, und überhaupt das ganze »neoliberale Gesocks«. In Wirklichkeit beklagte er sich aber über sein Leben, um das er sich betrogen fühlte. »Hast du das gehört?!«, fragte er in einem unserer letzten Telefonate. »Das Knacken in der Leitung! Nun hören sie mich wieder ab. Sie wissen es. Ich bin ein gefährlicher Mann!« Wobei mit »sie« vermutlich der amerikanische Geheimdienst gemeint war. Ungeachtet dessen nahm ich Ewald nach wie vor ernst. Die schleichende psychische Auflösung seiner persönlichen Integrität war ein ungeheuerlicher Vorgang, den ich jedoch viel zu lange verkannte.

Ohne meinen Onkel wäre ich vermutlich kein Kunstmaler geworden. Auch wenn er mich nie unterrichtet hat und meine Malerei nicht das Geringste mit seiner zu tun hat, war er der Meister und ich sein Schüler. Einer, der seinen Meister erlösen wollte. Dabei wäre dem Künstler Ewald Müller niemals über den Pinsel gekommen, was mir über den Pinsel (oder Spachtel) kommt. Doch zu keiner Zeit hätte er mich für das, was ich tue, verdammt.

Ich hatte in der Familie fortgeführt, wofür er angetreten war und was er niemals vollenden konnte. Er konnte es nicht vollenden, weil er um seine Kindheit betrogen worden war, weil er später zu viele Skrupel hatte und schließlich zu süchtig war, um in Form zu bringen, was er wirklich fühlte. Die lebenslange Kluft zwischen dem, was er sagen wollte, und dem, was er sagen konnte, erzeugte einen Schmerz, den er betäuben musste. Und während es in meiner Kindheit noch so aussah, als sei mein Vater Andreas der einzige Alkoholiker in der Familie, stellte ich später fest, dass alle Kriegskinder tranken. Der eine früher, die andere später.

Meine Mutter, die unendlich darunter litt, dass bereits ihre Schwägerin und beste Freundin Helga gestorben war, kam nicht mehr an ihren Bruder heran. Am Tiefpunkt von Ewalds Niedergang zerrieb sie sich zwischen missglückten Abgrenzungsversuchen und Selbstvorwürfen. Damals war mir noch nicht klar, wie sehr meine Mutter Katja ihrem geliebten Bruder nachfolgte, und zwar in allem. Und dazu gehörte inzwischen längst auch ihr eigener Rotweinkonsum.

Zu dem Zeitpunkt, als meine Karriere als Kunstmaler nennenswert in Gang kam, redete Ewald bereits vom verdächtigen Knacken in der Telefonleitung, und er sah fast nichts mehr. Endlich war ich im Begriff, das zu erreichen, was sich Ewald sein Leben lang gewünscht hatte, erst für sich selbst, dann für mich. Nun fand ich Beachtung, gewann einen internationalen Kunstpreis, wurde von einigen Sammlern gekauft und verdiente tatsächlich Geld mit meiner Malerei. Ich malte nackte Frauen am Kreuz. Und Familien mit Gasmasken. Und Kinder mit roten Knebelbällen im Mund. Ich malte blutüberströmte Menschen mit einem Beil im Kopf. Oder einen schwarzen Vogel, der die Leber eines Gekreuzigten frisst.

Ich malte vier Meter breite Bilder mit Jesus darauf, der seinen Kindern nichts anzubieten hat außer seinen eigenen Schmerz. All dies malte ich jetzt – für ihn. Und er sah es nicht mehr.

»Haus Sonnenschein«, der Name des Pflegeheims war ebenso zynisch wie der neue Bart meines Onkels. Der Fernseher dröhnte, man verstand kaum sein eigenes Wort. »Lass uns mal hier weggehen«, schlug Ewald vor. Ich half ihm, sich zu erheben vom viel zu tiefen Sofa. Seine Füße waren taub, er schaffte es nicht, in seine Latschen zu schlüpfen. Gleichgültig und auf blanken Socken schlurfte er los in

Richtung seines Zimmers. Es maß keine zehn Quadratmeter, trotzdem standen zwei Betten darin. Sie standen so dicht, dass man sich von einem zum anderen Bett die Hand reichen konnte. Die völlig lieblose, pragmatische Atmosphäre erinnerte mich an meine Zeit bei der Bundeswehr.

Im Zimmer angekommen, legte sich Ewald sofort auf sein Bett. Etwas anderes konnte man hier auch gar nicht tun. Ich setzte mich zu ihm, an seine Seite. Sein Oberkiefer war eingefallen, er trug keine Zahnprothese. Zudem verfremdete der merkwürdige Bart sein Gesicht. Obwohl wir niemals körperlichen Kontakt hatten, bis auf einen Händedruck bei der Begrüßung, fanden sich nun unsere Hände wie von selbst. Ich streichelte seine Hand und schaute ihm in die Augen. Und ich erkannte, dass er mich sah! Er begann leise zu weinen. Ich weinte auch. Wir wussten beide, dass dies unsere letzte Begegnung sein würde.

Plötzlich sprach er ganz ruhig und wirkte für mich auch vollkommen klar. »Mein Lieber, wir sehen uns wieder. Wenn nicht in diesem, dann in einem anderen Leben, das glaube ich ganz fest.«

»Ja, das glaube ich auch«, antwortete ich ruhig. Dann sagte er: »Ich bin etwas müde, ich glaube, ich muss schlafen.« Ich stand auf, ging zur Tür und wandte mich noch einmal zu ihm um. Mein Onkel sagte: »Ach, Raymond, bitte, kannst du mir noch einen Gefallen tun? Deck mich doch bitte zu, mir ist etwas kalt.«

Ich ging zu ihm zurück und legte eine babyblaue Kunstfaserdecke über meinen müden Onkel. Die Decke war statisch aufgeladen und knisterte laut.

In Ewalds Nachlass fand ich später einen zusammengeknüllten Zettel. Kaum zu entziffern, las ich die vermutlich letzte dahingekritzelte Notiz meines Onkels:

»Lasst uns den Wein von Dir suchen, oh Herr,
um ihn zu bergen.

Und für mich such ich, oh Herr,
von Dir das volle Glas.
Und für mich such ich, oh Herr,
von Dir das volle Glas.«

DAS DRAKE
| 1958 | Chicago, Illinois, USA

Als begabter Koch hatte sich mein Vater in immer bessere Häuser vorgearbeitet. Nach seiner Lehre im Hamburger Rathauskeller ging es zunächst nach Frankfurt am Main in den Frankfurter Hof. Er kam bei Tante Elise unter, der Schwester seiner verstorbenen Mutter. Die kinderlose Bürgerstochter nahm ihren hübschen Neffen nur allzu gern unter ihre Fittiche. Jetzt erst, unter dem Einfluss Elises, begriff mein Vater, aus welcher Familie seine Mutter stammte: In Frankfurt gab es Bildung, Kultur und etwas Geld. Viele Jahre später würde mein Vater diesen Vorteil nutzen. Im nächtlichen Streit an der knarzenden Kellertür würde er meine Mutter mit Vergleichen ihrer beider Herkunftsfamilien quälen.

Tante Elise erkannte das musikalische Talent meines Vaters und sorgte für privaten Klavier- und Gesangsunterricht. Ihr Ziel war nichts Geringeres als die Aufnahme am Konservatorium. Für Elise war die Arbeit ihres Neffen als Koch eigentlich unakzeptabel.

Doch für einen Kurswechsel war es bereits zu spät. Andreas verdiente sein erstes eigenes Geld, und er war durchaus erfolgreich in seinem Beruf. Schließlich folgte er einem lukrativen Angebot in die Schweiz und ging nach St. Moritz.

Bereits nach einem Jahr wurde ihm Europa zu klein. Er nutzte die Reputation des Hauses in St. Moritz und setzte zum Sprung über den Atlantik an. Noch in der Schweiz unterschrieb mein Vater einen Vertrag mit dem berühmten Drake Hotel in Chicago. Wenige Wochen darauf sollte er mit dem Schiff die größte Reise seines Lebens antreten.

Zuvor jedoch machte er noch eine Rundreise zu seinen drei Brüdern, um sich zu verabschieden. Wundersamerweise hatten alle drei den Krieg überlebt, der Letzte auf seiner Liste war sein ältester Bruder Franz.

Im Krieg war Franz Bordfunker eines Jagdbombers gewesen. Nach dem Krieg konvertierte er zum adventistischen Glauben und heiratete Ella, eine Bessarabiendeutsche. Nun traf es sich, dass genau an dem Abend, als mein Vater aus der Schweiz eintraf, um seinen Abschiedsbesuch abzustatten, Ella Besuch von der Tochter ihrer Cousine Wilhelmine bekam.

Die bildhübsche Katja, gerade 17 Jahre alt, besuchte ihre Großtante. Das war's. Mein Vater begegnete meiner Mutter, und anstatt sich wie geplant von seinem Bruder zu verabschieden, führte er das junge Mädchen ins Kino aus. Er hatte schließlich keine Zeit zu verlieren, sein Schiff nach Amerika ging schon in wenigen Tagen.

Nur ein Jahr zuvor war meine Mutter noch mit dicken geflochtenen Zöpfen herumgelaufen und hatte ausgesehen wie ein russisches Bauernmädchen. Doch jetzt trug sie eine tolle Hochsteckfrisur entsprechend der Mode der 1950er-Jahre, und ihre Anmut erinnerte an die junge Audrey Hepburn.

Umgekehrt machte auch der junge blonde Mann aus St. Moritz mit seinen ehrgeizigen Amerika-Plänen Eindruck auf meine Mutter. Was folgte, war eine großartige Liebesromanze. Tägliche Luftpostbriefe belegen, dass sich auch in einer Zeit ohne Smartphone Kontakte über 7000 Kilometer pflegen ließen.

Die große Liebe konnte allerdings meinen Vater nicht von seinem Vorhaben abbringen. Unbeirrt startete er seine Karriere in den USA, lernte akzentfrei Englisch, trat in die U.S.-Army ein, wurde während der Ausbildung Lehrgangsbester und konnte sich sein Kommando aussuchen. Er wählte natürlich Deutschland und kam in schmucker Uniform als GI nach München. Kaum auf deutschem Boden gelandet, heiratete er meine Mutter, und wenig später kam meine Schwester Sabine in einem amerikanischen Armeekrankenhaus zur Welt. So weit, so gut.

Die Zeit der romantischen Luftpostbriefe war vorbei. Nun begann eine wirkliche Beziehung. Mehr noch, es begann eine Ehe, und zwar gleich mit Kind. Das war komplizierter als gedacht. Andreas war sich während der Fernbeziehung so sicher gewesen, dass er diese junge Frau liebte. Nun waren beide in München, und in Katjas Armen lag ein kleiner Rotschopf, der immerzu brüllte.

Nach seinem Militärdienst ging mein Vater nach Chicago zurück. Meine Mutter und Sabine begleiteten ihn. Zwei Jahre sollte meine Mutter das Leben in der Fremde ertragen, dann kam es zum Machtkampf um den Lebensmittelpunkt. Scheinbar gewann ihn meine Mutter, sie kehrte mit dem Kind nach Deutschland zurück, und mein Vater würde ihr wenig später folgen.

Ende der 1950er-Jahre orientierten sich die Luxushotels in Kanada, den USA und Australien an europäischen Standards. Die nahezu militärische Hierarchie einer amerikanischen Hotelküche beschäftigte zu dieser Zeit in den »Offiziersrängen« gern Europäer, oft Italiener, Franzosen oder Deutsche. Insbesondere gelernte Köche aus Deutschland besetzten Führungspositionen als Postenchef (Chef de Partie), wenn nicht gar als Stellvertretender Küchenchef (Souschef). Darunter folgte ein Heer aus Jungköchen und darunter wiederum ein Heer aus Helfern, meist Mexikanern oder Schwarzen. Für sie war der Postenchef eine Art Gott.

Mein Vater genoss die Zeit im Drake. Hier war er jemand. Der kleine Hamburger Junge hatte die Welt erobert, und nach oben schien die Skala offen. Gemeinsam mit seinem besten Kumpel Horst ging es stetig bergauf. Beide waren von St. Moritz in die USA ausgewandert, und zusammen gingen sie durch dick und dünn.

Horst arbeitete als Kellner, mein Vater als Koch. Als ich 21 Jahre alt wurde, 1984, reiste ich in die USA. Mein Vater hatte mir die Telefonnummer von Horst mitgegeben und gesagt, wenn ich in irgendwelche Schwierigkeiten geriete, sollte ich Horst anrufen. Nachdem ich in New York gestrandet und dort fast unter die Räder gekommen war, war es so weit. Ich brauchte Hilfe, und in meiner Verzweiflung rief ich Horst an.

Was nun passierte, überraschte mich. Ohne mich überhaupt zu kennen, organisierte Horst für mich umgehend einen Flug nach Chicago. Am Flughafen angekommen, wurde ich von einer schwarzen Limousine abgeholt und zu einem Golfhotel gebracht. Dort bekam ich ein Luxuszimmer, und das Personal behandelte mich wie einen König. Ich erhielt einen eigenen Wagen und freies Essen in drei Chicagoer Luxusrestaurants.

Der Golfclub und die drei Restaurants gehörten inzwischen Horst. Wenn ich am Abend mit Horst ausging, fühlte ich mich wie der beste Freund des Paten in einem Film von Martin Scorsese. Dies also war der Maßstab. Das hatte mein Vater aufgegeben.

Nach der Trennung von meiner Mutter, sozialem Abstieg und mühevollem Hinüberretten bis zur Rente schaffte es mein Vater schließlich doch noch, ein kleines Haus zu kaufen. Das Häuschen lag in der Elbmarsch, in den Moorwiesen bei Cuxhaven. Leider hatte es einen Schönheitsfehler. Mein Vater konnte sich das Haus leisten, weil es um 85 Zentimeter im Moor versunken war. Allerdings nur auf einer Seite. Dadurch stand es schief, sodass einem beispielsweise die Fenster – wenn man es denn wagte, sie zu öffnen – quasi aus der Hand gerissen wurden. Das Gefälle war zu stark.

Als mein Vater dieses verdächtig günstige Häuschen kaufte, spielte ihm seine Wahrnehmung einen Streich: Bei der Besichtigung sah man deutlich, dass es zwischen Haus und angrenzendem Stall einen optischen Knick gab. Irgendetwas stimmte nicht. Doch für meinen Vater war es der Stall, der schief stand. Und das war ja nicht so schlimm.

Hier lebte mein Vater nun, allein, das heißt mit seinen hundert Tauben, die in einem völlig geraden Stall wohnten. Mit weit über 80 Jahren feierte er immer noch große Erfolge im Brieftaubensport. Wenn seine Taube 08414 Erste wurde und er einen Pokal aus Plastik erhielt, schnitt er die Meldung aus der Brieftaubenzeitung aus und schickte sie mir.

Einmal im Jahr besuchte sein Freund Horst ein Golfturnier in Deutschland. Dann schaute er auch bei seinem alten Kumpel Andreas vorbei. Der mehrfache Millionär schlief für eine Nacht auf einer Pritsche vor dem Taubenschlag, zwischen Säcken mit Kalk und Kraftfutter.

Mein Vater hatte den Gegenbesuch bei Horst, der inzwischen in Florida lebte, nie erwidert. Vielleicht lag dies daran, dass mein Vater den krassen Vergleich beider Lebensrealitäten scheute. Doch die Wahrheit war viel banaler: Wer sollte in der Zwischenzeit die Tauben versorgen?

Damals in Chicago waren die Kumpels keine Kinder von Traurigkeit. Zwar war Andreas verliebt in das Flüchtlingsmädchen aus Bessarabien, das er kurz vor seiner Abreise kennengelernt hatte, doch Deutschland war weit weg. Und nach ihrem Dienst gingen die jungen Männer natürlich aus. Mein Vater entdeckte damals eine ganz neue Leidenschaft: den Rollschuhtanz. Musikalisch wie er war, erlernte er diesen Sport sehr schnell. Er trat in einen Verein ein und tanzte sogar einige Wettbewerbe mit.

Viele Jahre später, ich muss so 9 oder 10 Jahre alt gewesen sein, entdeckte ich die schwarzen Lederrollschuhe meines Vaters auf dem Dachboden. Wie einen Schatz aus einem fernen Land grub ich sie aus. Ich fand sie in einem olivgrünen U.S.-Army-Seesack. Obgleich mein Vater keinen Blick dafür zu haben schien, behandelte ich beide Fundstücke wie Reliquien. Auf dem U.S.-Seesack konnte man noch abgerissene Aufkleber von der Überfahrt nach Deutschland erkennen.

Den gleichen Seesack trug auch Elvis Presley, als er 1958 auf der »USS General Randall« in Bremerhaven ankam. Noch mehr als der tolle Seesack begeisterten mich aber die Rollschuhe. Sie schienen wirklich aus einer anderen Welt zu stammen. Ich selbst hatte auch Rollschuhe. Es waren kleine Blechplatten mit Lederriemen, die man sich unter normale Schuhe schnallen konnte. Die Rollen waren so schlecht gelagert, dass sie sofort stehen blieben, sobald man daran drehte.

Die Rollen der schwarzen Wunderrollschuhe aber drehten sich ewig weiter! Stieß man sie nur einmal an, drehten sie sich minutenlang. Dabei machten sie ein klares, surrendes Geräusch. Stellte ich meine Schuhe den amerikanischen Schuhen gegenüber, prallten zwei Welten aufeinander. Die Schuhe meines Vaters wurden für mich zum Symbol einer besseren Welt. Einer Welt, die ich nie kennenlernen durfte und die auch für meinen Vater ein für alle Mal verloren war.

MARSCHLAND
| 1963 | Buxtehude

Februar 1963, Krankenhaus Buxtehude. Seit 24 Stunden war ich auf dieser Welt. Meine Mutter lag allein in ihrem Zimmer und ich getrennt von ihr in meinem Bettchen auf der Säuglingsstation. An der Tür ihres Zimmers klopfte es, meine Mutter rief laut: »Herein!« Ihr Bruder Ewald betrat den Raum; im Arm hielt er einen großen Blumenstrauß, um seiner Schwester zu meiner Geburt zu gratulieren. Doch kaum sah meine Mutter ihren Bruder, fing sie furchtbar an zu weinen. Geschüttelt von einem Heulkrampf, wandte sie sich von ihm ab und vergrub ihr Gesicht im Kissen. Es dauerte Minuten, bis sie sprechen konnte. Ewald glaubte zu wissen, was passiert war. Offensichtlich hatte seine Schwester ein totes oder behindertes Kind zur Welt gebracht. Er versuchte, sie zu trösten, sprach davon, dass sie doch noch so jung sei und das Leben weiterginge. Da erst klärte seine Schwester ihn auf: »Nein! Nein! Es ist alles in Ordnung. Der Junge ist gesund!« Ewald verstand nun gar nichts mehr. Und Katja erklärte: »Ich dachte nur, es wäre Andreas.«

Meine Mutter war allein ins Krankenhaus gefahren, hatte mich tapfer zur Welt gebracht und dabei die Hölle einer schweren Geburt durchgestanden. Nun wartete sie bereits seit 24 Stunden darauf, dass sich endlich ihr Ehemann zeigen würde. Dass er kommen würde, um sie und ihr gemeinsames Kind zu sehen.

Doch mein Vater kam nicht. Und als dann die Tür aufging und der eigene Bruder und nicht der sehnlichst erwartete Ehemann erschien, brach sie zusammen. Es passierte etwas, das sich in meinem späteren Leben fortsetzen sollte. Mein Vater reagierte doch. Allerdings nur, weil man ihm Feuer unter dem Hintern gemacht hatte. Wutentbrannt war Ewald nach Hause gefahren, um ihn zur Rede zu stellen. Überliefert ist es nicht, aber es würde mich nicht wundern, falls es Ewald war, der meinen Vater mit Blumen versorgte, ihn in den Wagen zerrte und höchstpersönlich ins Krankenhaus schleppte.

Zumindest für eine Stunde ließ mein Vater seine Tauben Tauben sein und erschien doch noch im Buxtehuder Krankenhaus – weil »man das so macht« und er keinen allzu großen Ärger haben wollte. Nicht aber, weil es seinem inneren Bedürfnis entsprach.

Hinter dem alten Krankenhaus in Buxtehude lag das sogenannte Alte Land. Der wenige Kilometer breite Marschlandstreifen zieht sich von Geesthacht bis nach Cuxhaven und markiert das ehemalige Flussbett der Elbe. Im Prinzip ist die Elbmarsch ein auf Meereshöhe liegender Schlickstreifen mit eigenem Subklima. Im Frühjahr und Herbst sind hier Nebelscheinwerfer durchaus kein Luxus. Und wer unter Rheuma leidet, ist hier auch nicht besonders gut aufgehoben.

Hausbesitzer können sich glücklich schätzen, wenn sie in diesem Schwemmland noch eine Elementarversicherung bekommen. Sticht man mit einem Spaten in die feuchten Wiesen, bildet sich im Spatenloch schon nach kurzer Zeit ein kleiner Tümpel. Die Frösche freut das.

Erdhöhlen kann man allerdings nicht bauen, das lernte ich als Kind schnell. Auf dem Wiesenland kann man nur Obstbäume züchten und Kühe weiden lassen. Hier also wurde ich geboren, hier wuchs ich auf. Meine Familie blieb dem grünen Schlickstreifen zeit ihres Lebens treu, auch wenn sie dennoch mehrfach umzog. Und wann immer ich den Blick in den Himmel über die feuchten Marschwiesen hinweg erhob, kreiste direkt über mir meine schärfste Konkurrenz: der Brieftaubenschwarm meines Vaters.

Als ich 1963 in Buxtehude geboren wurde, war die letzte große Flutkatastrophe im Hamburger Marschland gerade ein Jahr her. 1962 brachen die Hamburger Deiche, und viele Menschen starben. Damals begann der kometenhafte Aufstieg des couragierten Hamburger Innensenators Helmut Schmidt, der später »mein« Bundeskanzler werden sollte. Die Flutkatastrophe war immerhin so dramatisch, dass sie sogar im US-Fernsehen übertragen wurde. So konnte mein Vater, der zu dem Zeitpunkt noch im fernen Chicago weilte, die Ereignisse in Hamburg verfolgen, betrafen sie doch auch seine Ehefrau und junge Familie.

Kurz vor der Jahrhundertflut hatte meine Mutter mitsamt meiner zweijährigen Schwester Sabine eine viermotorige Super-Constellation-Maschine der American Airlines bestiegen und war nach Deutschland zurückgekehrt.

Meine Mutter war nun einmal keine Amerikanerin, sie wollte auch keine werden und würde niemals eine sein; das hatte sie in den zwei Jahren herausgefunden, denn trotz allem Komfort blieb Chicago eine monströse Stadt für sie. Sicher, in einer Zeit, als sich die Familie zu Hause noch über einer Waschschüssel wusch und das Klo aus einem Donnerbalken auf dem Hof bestand, hatte Katja in Amerika ein Luxusbad, Zentralheizung, Klimaanlage und einen Kühlschrank, in dem sie hätte wohnen können.

Und in den Supermärkten, wie man sie in Deutschland gar nicht kannte, erhielt man Milch, Saft oder Weißbrot in unverschämt großen Packungen. Der Einkauf wurde sogleich von übereifrigen Schwarzen, die jeden Blickkontakt mieden, eingepackt und zum riesigen Auto geschleppt, in dem allein auf dem Vordersitz vier Leute Platz fanden.

Doch all dies beeindruckte meine Mutter wenig. Chicago blieb ihr fremd. Die Frauen sprachen eine Micky-Mouse-Sprache, die Sommer waren brutal heiß, die Winter eiskalt, und durch die Straßen fegte ein beängstigender Wind.

Meine Mutter war einsam. Eigentlich verbrachte Katja die Tage nur in der Wohnung und passte auf ihre kleine Tochter Sabine auf.

Freunde hatte sie kaum. Die amerikanische Kultur erschien ihr so anders, oberflächlich und maßlos. Im deutschen Viertel von Chicago war es zwar leichter, klarzukommen. Der Frisör kam aus der Pfalz und der Schlachter aus Bayern, doch all dies nützte nichts – Katja hatte unsägliches Heimweh. Mutter Wilhelmine und Bruder Ewald fehlten ihr zu sehr.

Ganz im Gegensatz zu meiner Mutter war mein Vater in Amerika angekommen. Er beherrschte die Sprache, verdiente gut und feierte das Leben. Aus seiner Sicht war es in den Staaten prima, gab es hier doch von allem so viel mehr. Bis Katja ging. Und so wurde das Jahr der großen Flutkatastrophe zugleich auch das Jahr unserer Familienkatastrophe, dem ehelichen Ur-Trauma meiner Eltern. Denn in dem Jahr vor meiner Geburt fochten meine Eltern einen Machtkampf aus, den mein Vater schließlich verlieren sollte. Das Jahr meiner Geburt markierte das Jahr seiner Kapitulation. Nachdem meine Mutter mit der Tochter nach Deutschland zurückgekehrt war, erfolgte ein intensiver Briefwechsel, bis mein Vater seine vielversprechende Karriere in den USA abbrach und ebenfalls zurück nach Deutschland zog. Und ich wurde zum Symbol seiner Niederlage. Mein Vorname Raymond, der in den 1960er-Jahren in der Bundesrepublik recht exotisch klang, ist Ausdruck dieses Machtkampfs. Zum Zeitpunkt meiner Geburt hatte nämlich mein Vater seinen USA-Traum noch nicht ganz begraben.

Vor dem Hintergrund seiner Niederlage wundert es nicht, dass mein Vater nicht freiwillig ins Krankenhaus kam, um mich zu begrüßen. War er in den USA als leitender Chefkoch im renommierten Drake Hotel tätig gewesen, bekam er nun in Deutschland kaum neue Arbeit. Kurz vor meiner Geburt fand er dann doch etwas. Ein »Koch« wurde gesucht, für die Autobahnraststätte Hollenstedt. Nach seinem bisherigen, sehr ansehnlichen Karriereweg stand mein Vater jetzt in einer Frittenbude an der A1 Fahrtrichtung Bremen und warf wahlweise Pommes oder Frikadellen ins ranzige Fett.

Im Vergleich zur Wohnung in Chicago wohnte er nun beengt und primitiv auf einem kleinen Hof in Neu Wulmstorf. Mit von der Partie waren fortan Schwager Ewald, der hier den Ton angab, und der grimmige Schwiegervater, der aussah wie Rasputin.

Angesichts dieser Lage ersann das Unbewusste meines Vaters einen Plan, der ihm zumindest seine psychische Migration erlaubte. Schon als Kind hatte er zusammen mit seinem Bruder Brieftauben gezüchtet. Das Hobby ließ er sehr bald wieder aufleben. Mein Vater wählte damit eine Freizeitbeschäftigung, die sich wie kaum etwas anderes dafür eignete, sich vollkommen aufsaugen zu lassen. Selbst passionierte Modelleisenbahner, die für viele Tausend Stunden in ihren Hobbykellern verschwinden, können hier nicht mithalten.

GOTT UND APOLLO 11

| 1969 | Neu Wulmstorf

Ähnlich wie später Eberhard, der Liebhaber meiner Mutter, konnte auch mein Großvater Jakob stundenlang stehen. Doch dies war keineswegs die einzige Gemeinsamkeit der beiden. Selbstgerechtigkeit, Sturheit und ein vermeintlich untrügliches Wissen von Richtig und Falsch verband sie außerdem. Vermutlich erkannte meine Mutter Katja unbewusst das Muster ihres Vaters in Eberhard wieder, was die Entscheidung für ihren zweiten Mann wesentlich beeinflusst haben dürfte.

An diesem Sonntag, dem 20. Juli 1969, gab es Eberhard noch nicht auf der Bildfläche unserer Familie. Doch genauso wie später Eberhard stand nun mein Opa Jakob bereits seit Stunden bei uns im Wohnzimmer. Dieses breitbeinige Stehen hatte etwas Aggressives. Im Stehen nahm er mehr Raum ein, als wenn er sich hingesetzt hätte; zudem vermittelte seine Position Unruhe und Dominanz gegenüber den Sitzenden.

Mein Großvater setzte sich so gut wie nie, wenn er uns besuchte. Breitbeinig blieb er im Türrahmen stehen, vergrub die Hände in den Hosentaschen, schüttelte leicht den Kopf und gab ab und an ein zischendes Geräusch von sich, so etwas wie »tsizzzzisis«.

Das Geräusch drückte seine Missbilligung aus, denn fast immer, wenn er herüberkam, um nach dem Rechten zu sehen, wurde er bitter enttäuscht. Da mein Großvater zweifelsfrei wusste, was man zu tun hatte, um ins Paradies zu kommen, wusste er auch, wie man garantiert nicht ins Paradies kam. Dass er dort landen würde, stand außer Frage. Doch mit den Jahren bekam diese Tatsache einen Makel, der ihm mehr und mehr zu schaffen machte. Zwar hatte er seinen Platz im Paradies sicher, er würde auf der blühenden Wiese sitzen, wo Wölfe und Löwen Gras fraßen, doch wie es jetzt aussah, wäre er dort ziemlich allein.

Irgendwann fand ich heraus, dass seine vermeintliche Sorge um unser Seelenheil egoistischer Natur war. Immer, wenn er mitbekam, dass wir ein Gebot übertraten, fühlte er förmlich, wie Gott einen Strich auf unserer Sündenkartei machte. Und jedes Mal fühlte er sich im zukünftigen Paradies ein klein wenig einsamer. Schweinefleisch gegessen? Böse Sünde! Weihnachtsbaum aufgestellt? Götzenanbetung! Zigarette geraucht? Den Tempel Gottes verunreinigt! Rockmusik gehört oder Karten gespielt? Sich dem Teufel an den Hals geworfen! Alkohol getrunken? Dämonen angelockt!

Schlussendlich waren wir alle Kandidaten für die Hölle, wobei Adventisten nicht wirklich an die ewige Hölle glauben. Aber egal, des ewigen Todes waren wir auf jeden Fall. Meine Mutter spätestens, als sie meinen Vater verließ. Über alles andere hätte man mit Gott vielleicht noch reden können, aber Ehebruch?!

Abgesehen von den alltäglichen Geboten wusste mein Großvater Jakob aber auch ganz genau, was Gott vorhatte, wann er es tun würde und was er global den Menschen erlaubte und was nicht. Grundsätzlich galt: Gottes Zorn und der Weltuntergang waren innerhalb der nächsten zwei Jahre zu erwarten. Was Gott aber bis dahin den Menschen garantiert nicht erlauben würde, war, diesen Planeten zu verlassen.

Wo käme man denn da hin? Womöglich machten sich die Menschen einfach aus dem Staub und wenn Gott mit ihnen abrechnen wollte, war keiner mehr zu Hause? Und so gab es für meinen Großvater keinen Zweifel: Die Sache mit der Mondlandung musste scheitern.

Heute war es so weit. Seit Tagen schon hatte uns Professor Heinz Haber auf das Ereignis vorbereitet. Sondersendungen wie »Was sucht der Mensch im Weltraum« liefen pausenlos. Als Kind verstand ich natürlich kaum etwas davon. Ich meine, mich aber zu erinnern, dass Haber statt Weltraum immer »Weltenraum« sagte. Unser kleines Wohnzimmer war modern, es hatte einen Schwarzweißfernseher. Und es war nicht modern, in der Ecke stand noch ein Kohleofen. In ihn hatte ich als Dreijähriger mehrfach feierlich meinen Nuckel geworfen, um nachts festzustellen, dass meine Entscheidung übereilt war.

Vor dem Wohnzimmersofa stand ein Couchtisch aus dunklem Furnierholz. Gegen Abend durften wir Kinder, bereits bettfertig, noch das Sandmännchen gucken.

Aber heute war alles anders. Allein die Aussicht, länger wach bleiben zu dürfen, war etwas ganz Besonderes, vielleicht noch aufregender als die Mondlandung selbst.

Jedenfalls wurde die Frage der Mondlandung zu einem Lackmustest für das Weltbild meines Großvaters, und er scheute sich nicht, sich dabei weit aus dem Fenster zu lehnen: Niemals würde Gott es erlauben, dass die Menschen den Mond betraten – Punkt!

Weltweit fieberten die Menschen mit der Besatzung der Apollo 11, und seit Tagen gab es kaum ein anderes Thema. Die ARD übertrug das Spektakel in einer 27-stündigen Sondersendung, und mein Großvater stand bereits seit einigen Stunden im Türrahmen unseres Wohnzimmers. Er schaute gebannt auf den Fernseher, genau wie eine halbe Milliarde anderer Menschen.

Doch er wartete nicht auf die Mondlandung. Er wartete auf den Zorn Gottes. Er wartete darauf, dass die Raumfähre verglühen würde, dass sie explodieren würde, als Menetekel für alle Zeiten! Jetzt zählte die Stimme im Fernseher die Meter des Anflugs herunter. »Noch 1500 Meter! 900 Meter! 500 Meter!«

Langsam musste sich Gott beeilen mit der Explosion, es wurde eng. Doch statt Explosion und Feuerregen sagte die Stimme nüchtern: »Triebwerk abgeschaltet!« Und kurz darauf hörte alle Welt den Satz von Neil Armstrong: »The Eagle has landed!«

Ich glaube, mein Großvater hat die nächsten fünf Stunden nicht mehr abgewartet. Gegen vier Uhr morgens sagte Armstrong dann den noch berühmteren Satz: »Das ist ein kleiner Schritt für einen Menschen, aber ein großer Sprung für die Menschheit!«

Armstrong betrat den Mond. Entweder hatte Gott seinen Einsatz verpasst, oder dies hier war Betrug. Fassungslos, mit einem lauten »Tsizzzzisis« und nahezu sicher, es könne sich nur um Betrug handeln, verließ mein Großvater seinen Posten. Hätte es damals schon das Internet gegeben, vermutlich hätte er sich den Verschwörungstheoretikern angeschlossen, die heute noch behaupten, die Mondlandung wurde in einem geheimen TV-Studio gedreht.

Auf dem überschaubaren Grundstück in Neu Wulmstorf standen zwei Häuser, ein kleines, in dem meine Großeltern lebten, und ein neues typisches Siedlungshaus, das auf zwei Etagen ausgebaut war. Oben wohnte die Familie meines Onkels Ewald, unten wohnten wir. Permanente Grenzverletzungen durch meinen Onkel oder meine Großeltern waren für uns Kinder normal. Meine Schwester erinnert sich an diese Zeit so:

»Es ist Sommer. Das Planschbecken ist im Garten aufgebaut, alles blüht, es ist warm und sonnig und schön. Mama hat von ihrem wöchentlichen Einkaufsbummel in der Stadt für die beiden Jungs jeweils eine Wasserspritzpistole mitgebracht. Raymond ist fünf, Peter drei Jahre. Die Pistolen sind aus buntem Hartplastik, die eine ist rot und die andere blau. Sie haben einen weißen Abzug und auf der Rückseite einen kleinen weißen Stöpsel, wo das Wasser eingefüllt wird. Der Wasserstrahl ist fein und dünn, er reicht weit und ist sehr zielsicher. Die Jungen sind begeistert und schaffen es sogar, die kleinen Hummeln zu treffen, die um die Blumen herumtanzen, oder Ina und mir, die wir uns etwas weiter entfernt aufstellen, in den Mund zu zielen. Das Wasser schmeckt eklig nach Plastik, und wir spucken es wieder aus. So vertreiben sich die Jungen mit diversen Wasserspielen den Tag, bis es Abend wird. Onkel Ewald kommt von der Arbeit, fährt mit seinem Auto auf den Hof und steigt aus. Als er die beiden Jungen, seinen Sohn und seinen Neffen, mit den Wasserpistolen sieht, bricht ein Sturm los. Er reißt den Kindern dieses ›Kriegsspielzeug‹ aus den Händen und brüllt. Er brüllt oft, das ist sein Markenzeichen. Erst brüllt er die Kinder an und dann seine Schwester, meine Mutter. Es gibt einen mordsmäßigen Krach. Raymond versteckt sich, wie üblich bei einem Streit der Erwachsenen, hinter dem Vorhang im Kinderzimmer. Er versteht überhaupt nichts. Stunden später geht Mama noch mal hoch zu Onkel Ewald. Raymonds wunderbares Spielzeug, das ihm seine Mutter geschenkt und das ihm so große Freude bereitet hat, bleibt konfisziert. Am nächsten Abend kehrt Onkel Ewald mit zwei komischen, eiförmigen, labbrigen Weichplastikteilen von der Arbeit heim, die er den Jungen feierlich überreicht. Die sonderbaren Gebilde stellen ebenfalls Wasserspritzpistolen dar, sind jedoch kein Vergleich zu den Präzisionsteilen der Vorgängerversion. Die Jungen müssen das weiche Gehäuse als Ganzes zusammendrücken, um einen schlappen, müden, breit sprühenden Strahl herauszuquetschen. Es hat keinen richtigen Abzug, und von Treffsicherheit und Reichweite ist keine Rede mehr. Einen Abend später erhalten die beiden Jungen aus Ewalds Hand die ursprünglichen Wasserspritzpistolen wieder zurück.«

Meine Eltern waren offiziell als gläubige Adventisten getauft und spielten das fromme Leben auf dem Hof pro forma mit. In Wirklichkeit waren sie aber recht weltlich, zumindest tranken sie Alkohol, aßen Schweinefleisch und arbeiteten manchmal auch samstags – für Adventisten drei Todsünden. Trotzdem wagten sie es nicht, sich gegenüber meinen Großeltern gerade zu machen. Stattdessen führten sie ein Doppelleben.

Nun mag es noch angehen, dass man schnell den Wein versteckt, wenn der Vater heranschlurft, oder dass man nicht bekennt, was man gerade gekocht hat. Aber am Samstag ließ sich unzweifelhaft feststellen, ob man nun wirklich Adventist war oder nicht. Der Samstag war ein heiliger Tag, und vormittags musste man in die Kirche zur Sabbatschule gehen. Meine Eltern hassten diesen »schönsten Tag der Woche«, bestimmt hätten sie lieber ausgeschlafen, als sich in voller Montur in die Kirche zu quälen.

Der Samstagmorgen war deshalb auch für uns Kinder ein einziger Horror. Ohne zu wissen, was wir verbrochen hatten, wurden wir aus unseren Betten gezerrt, und natürlich war die Laune meiner Mutter dabei unterirdisch. Denn die Mimikry, als Adventist zu gelten, war in den späten 1960er-Jahren durchaus noch mit Aufwand verbunden.

Wenn ich Fotos aus dieser Zeit betrachte, sehe ich einen kleinen traurigen Jungen mit steif gebügeltem Hemd in einem Wollanzug, dem zu allem Überfluss noch eine enge Fliege um den Hals gewürgt wurde.

Das »Sich-schön-Anziehen« am Samstagmorgen war entsprechend der Laune meiner Mutter rau und unmissverständlich. Hier wurde gezerrt, dort wurde gerupft, und vermutlich kam dabei auch der typische Oberarmgriff zur Anwendung, mit dem man Kinder wie eine Schlenkerpuppe mutwillig hin und her bewegt.

Es kam, wie es kommen musste. Während ich still in mich hinein litt und mich wie eine Schaufensterpuppe anziehen ließ, war das Maß bei meiner Schwester Sabine irgendwann voll. Sie fing an zu weinen oder wurde wütend. Oder beides. Darauf hatte meine Mutter nur gewartet, plagte sie sich doch ganz allein mit den Kindern ab.

Sie widmete sich nun ganz und gar Sabine, woraufhin sich Sabine auf den Boden warf, mit den Beinen strampelte und wie am Spieß schrie. Damit standen die Rollen für uns Kinder fest: Raymond war der »liebe, ruhige« und die rothaarige Sabine die »aufsässige und schwierige«. Diesen Rollenzuschreibungen sollten wir fortan nicht mehr entkommen. Doch gerecht wurden sie uns nicht.

Dabei war unsere frühkindliche Erziehung pädagogisch kaum besser. In meinem Buch *Die Heldenreise des Künstlers* erwähnte ich auch die Erziehungsmethoden des Dritten Reichs. Ich beschrieb die federführenden Methoden der schwarzen Pädagogik Johanna Haarers mit ihren »Ratschlägen« zur Kindererziehung: Man müsse Kinder in der Wiege allein lassen, damit sie sich »ausschreien« (sonst würden sie zu Tyrannen). Man müsse »ihren Willen brechen«, sie nach festen Zeiten füttern und andere Grausamkeiten. Mit meiner Mutter sprach ich über solche Dinge eigentlich nicht. Doch nachdem sie mein Buch *Die Heldenreise des Künstlers* gelesen hatte, sprach sie mich ausgerechnet auf diese Passagen an. Zu meinem Entsetzen sagte sie: »Tja, so war das damals. Hab ich auch noch so gemacht. Man wusste es nicht besser. Höchstens mal hochgenommen, wenn es gar nicht anders ging. Dann musste aber auch schnell ein Bäuerchen kommen und wieder gut sein.«

Mein Vater bekam vom samstäglichen Kinderdrama verhältnismäßig wenig mit. Selbstverständlich war er bis zur allerletzten Minute auf seinem Taubenschlag. Meine Mutter, aufgespannt zwischen dem Bemühen, ihren Eltern gerecht zu werden, uns Kinder anzuziehen und meinen Vater noch rechtzeitig vom Taubenschlag ins Auto zu bekommen, war jeden Samstagmorgen am Rande eines Nervenzusammenbruchs.

Die morgendliche Stimmung im Auto auf der Bundesstraße 73 Richtung Harburg kann ich heute noch nachempfinden. Traurig, schweigend und leidend fuhr unsere kleine Familie an den endlosen Wohnblocks von Neugraben-Fischbek vorbei. Schon damals träumte ich mich in andere Realitäten und bewunderte die Lichter in den Häusern, besonders zu Weihnachten. Wie es den fremden Leuten wohl erging? Wahrscheinlich besser als uns. Zumindest durften sie zu Hause bleiben, denn sonst hätten sie ja kein Licht an.

1969, kurz nach der Mondlandung, führte die ständige Observation durch die alles sehenden und wertenden Augen meiner Großeltern und die Übergriffe durch meinen Onkel Ewald zu einer längst fälligen Entscheidung: Unsere kleine Familie verließ die Enklave.

1970 bezogen wir unser eigenes kleines Haus, das nur einen Schönheitsfehler hatte: die geräuschvolle Kellertür. Und natürlich zogen wir nicht allein um. In unserem Gepäck befanden sich über hundert Brieftauben, die sich ebenfalls verbesserten. Noch bevor unser Haus fertig eingerichtet war, bezogen sie ihren großen neuen Taubenschlag im Garten.

DER TAUBENSCHLAG

| 1975 | Stelle

Ein Brieftaubenzüchter schafft sich ein eigenes Universum. In diesem ist er Gott. Er erschafft Kreaturen, die ihm gänzlich ausgeliefert sind. Er gibt und er nimmt: Wärme, Wasser, Nahrung, Unterkunft und Sexualität. Wie ein römischer Gott trennt er frisch verliebte Paare, macht sich ihre Sehnsucht zunutze und schickt sie dann wie Gladiatoren in den Wettkampf. Wenn sie halbtot aus dem Kampf zurückkehren, nach einem 800 Kilometer langen Nonstop-Flug in sengender Hitze, leidet er mit ihnen.

Waren sie schnell und erfolgreich, päppelt er die halbtoten Tiere wieder auf, fotografiert sie und verleiht ihnen Orden. Haben sie verloren, rächt er sich. »Kopf ab!«, schreit die rote Königin in *Alice im Wunderland*. Und auch im Wunderland Taubenschlag rollen die Köpfe, wenn Gott es so will.

Analysiert man den Mikrokosmos Taubenschlag, kommt man nicht umhin festzustellen, dass er von Archetypen nur so wimmelt. Mich wunderte stets, wie unerkannt dies ist, denn allgemein gilt Brieftaubenzucht ja eher als Hobby für schlichte Gemüter. Doch da sollte man sich nicht täuschen. Sofern Ehrgeiz zum Flugwettbewerb besteht, ist der erfolgreiche Betrieb einer Brieftaubenzucht eines der komplexesten und zeitaufwendigsten Hobbys überhaupt. Doch Vorsicht, in Gegenwart eines ambitionierten Brieftaubenzüchters sollte man den Begriff »Hobby« besser vermeiden. Brieftaubenzucht ist ein Sport.

Hochleistungssport, um genau zu sein. Doch im Gegensatz zu anderen Hobbys, sorry, Sportarten, entwickeln Hunderte Lebewesen Bedürfnisse, die man weder ignorieren noch an- oder abstellen kann. Schon die jeden Tag anfallende Pflege wie Fütterung, Krankenversorgung, Schädlingsbekämpfung und Schlagsäuberung kann bei einem professionellen Taubenschlag viele Stunden in Anspruch nehmen. Doch das wäre nur das normale Tagesgeschäft. Hinzu kommen spezielle Zeiten wie Wettbewerbe, Nachzucht mit Anpaarung und vieles mehr, die eigentlich einen Fulltimejob bedeuten. Nicht umsonst leisten sich die Starzüchter der Szene eigene Schlagpfleger, die rund um die Uhr für die Tiere da sind. Familien und Frauen von Brieftaubenzüchtern haben nur zwei Möglichkeiten: Entweder sie gehen in diesem Hobby auf – oder ohne dieses unter.

Der SWR-Dokumentarfilm *Goggelrobber*[6] zeigt passionierte Brieftaubenzüchter. Frau Back, die Ehefrau eines Züchters, äußerte sich darin wie folgt: »… und noch schlimmer sind die Brieftauben [ihr Mann züchtet nur Ziertauben] – ach Du lieber Gott! Wenn ich einen Brieftaubenzüchter geheiratet hätte, wäre ich schon fortgelaufen oder ich hätte ihn hie gemacht [umgebracht], eins von beiden. Die sind so fanatisch – das glauben Sie nicht! Die erzählen stundenlang nur von ihren Tauben.« Eine andere Brieftaubenzüchterfrau merkte an, was ich oben bereits beschrieb. Ihre Männer seien täglich für viele Stunden verschwunden, denn Tiere müssen tagtäglich versorgt werden. Und dies gilt natürlich rund ums Jahr. Für gemeinsame Wochenenden oder Urlaube mit der Familie stehen Brieftaubenzüchter deshalb nur höchst selten zur Verfügung. Im Film schwenkt die Kamera bei einem Brieftaubenzüchter über ein gerahmtes Bild mit einem Slogan an der Wand. In kitschigen Lettern stand dort: »Gott schütze uns vor Sturm und Wind und vor Tauben, die zu langsam sind.«

Die wenigsten machen sich klar, dass Brieftaubenzucht als Leistungssport knallharte Selektion nach darwinistischen Prinzipien bedeutet. Aus den schnellsten und stärksten Tieren sollen Nachkommen gezüchtet werden, so weit, so gut. Doch was passiert mit den schwächeren und weniger erfolgreichen Tieren? Man kann nicht über hundert Tiere halten, ohne eines Tages an ökonomische Grenzen zu stoßen. Soll man schließlich Dutzende »schwache« Tiere durchfüttern, tagtäglich ihren Dreck wegputzen und ihnen bis zu ihrem natürlichen Tod ein Gnadenbrot gewähren? Immerhin können Tauben durchschnittlich bis zu 12 Jahre alt werden. Und wäre dies für das starke Volk, das man ja eigentlich züchten will, überhaupt sinnvoll? Viele passionierte Brieftaubenzüchter lernen daher eine spezielle Technik zur Endlösung dieser Frage: den »Kopf-ab-Griff«.

Mein Vater zeigte mir den Griff. Er geht so: Mit der linken Hand umfasst man die ganze Taube, sodass die Flügelspitzen eng anliegen, zugleich werden die Beinchen zwischen den Fingern fixiert. An der rechten Hand spreizt man Zeige- und Mittelfinger zu einer Art Zange, die das Köpfchen der minderwertigen Taube umgreift. Dann drückt man die Finger am Hals zusammen, dreht dabei die Hand ruckartig um und zieht schnell beide Hände voneinander weg. Et voilà – die Haut des Taubenhalses reißt ab, und der Halswirbel trennt sich unter der Schädelbasis. In der einen Hand hat man dann den Kopf des Tieres, das einem zum Abschied ganz verdutzt zublinzelt, und in der anderen Hand den Körper, der ohne Weiteres wegfliegen würde, wenn man ihn losließe. Doch dies wäre ein grober Anfängerfehler.

Mein Vater erklärte mir die Prozedur, als ich 13 Jahre alt war. Damals musste er für sechs Wochen verreisen und betraute schweren Herzens seine Familie mit der Versorgung seiner Tauben. Mein Vater war zu diesem Zeitpunkt Koch des VIP-Gästeraums des Verlegers Axel Springer. Springer hatte zwar einen Leibkoch, dennoch kannte mein Vater ihn persönlich. So kam es vor, dass mein Vater auf Gut Schierensee oder auf Springers gleichnamige 205-Tonnen-Jacht ausgeliehen wurde.

In diesem Fall nun kreuzte die »Schierensee« im Mittelmeer, und mein Vater war für sechs Wochen ihr Smutje. Ausgerecht wir drei, meine Mutter, meine Schwester und ich, sollten in dieser Zeit seine heißgeliebten Tauben versorgen. Das Symbol und der Grund unserer Vernachlässigung oblag nun unserer Obhut – ob das eine gute Idee war?

Wie es der Zufall wollte, ging kurz vor der Abreise meines Vaters eine üble Viruserkrankung für Tauben um. Alle Brieftaubenzüchter des Landkreises waren ganz aufgeregt und voller Sorge um ihren wertvollen Bestand, denn das dumme Virus machte keinen Unterschied zwischen hochwertigen und minderwertigen Täubchen. Vor seiner Abreise erklärte mir mein Vater also, was zu tun war. Immerhin war ich in seiner Abwesenheit ja der Mann im Haus.

»Also, du gehst jeden Tag in den Schlag und schaust dir für eine Weile die Tauben genau an. Wie sie so hin und her gehen. Wie sie trinken und wie sie fliegen. Und wenn du eine Taube siehst, die beim Gehen so komisch mit dem Kopf wackelt, dann hat sie das Virus. Diese Taube musst du unbedingt fangen und töten, damit sich die anderen nicht anstecken!«

Mein Vater stieg in den Springer-Learjet, und ich ging auf den Taubenschlag, um die verhassten Tiere zu beobachten. Hier wackelte eine mit dem Kopf und dort auch. Irgendwie wackelten alle mit dem Kopf, fand ich. Mich wundert heute noch, dass ich kein Massaker anrichtete. Grund genug hätte ich gehabt. Stattdessen machte ich eine Erfahrung, die mich noch jahrelang verfolgen sollte.

An einem Nachmittag – mein Vater war bereits etliche Tage weg – ging ich auf den Taubenschlag und sah eine Taube, die wirklich anders wackelte als die anderen. Diese Taube wackelte nicht nur mit dem Kopf, sie ging, als sei sie besoffen. Dieses Tier war offensichtlich krank. Und ich musste sie nun töten, auch das stand fest. Allerdings erschien mir die Methode des Kopfabreißens zu brutal. Ich wollte kein warmes Tier in meiner Hand halten, ihm den Kopf samt Haut vom Hals reißen und fühlen, wie sein Leben entschwand. Deshalb suchte ich nach einer anderen Lösung. Ich entschied mich für eine klassische Distanzwaffe, mein Luftgewehr der Marke Diana. Ich ging also in den Keller, holte mein

Gewehr, lud es mit einer 4,4-Millimeter-Diabolo-Kugel und legte an.

Doch schnell wurde klar, dass mein Vorhaben keineswegs so leicht umzusetzen war wie gedacht. Nicht umsonst werden Delinquenten vor einem Erschießungskommando festgebunden. Die Taube ließ sich einfach nicht anvisieren. Dies war etwas anderes, als auf eine Zielscheibe zu schießen.

Ich eierte herum, verlor die Nerven und irgendwann schoss ich auf gut Glück. Es passierte rein gar nichts. In der Annahme, die Taube nicht getroffen zu haben, fragte ich mich, ob meine Methode wirklich so clever war; da bemerkte ich plötzlich unter dem linken Flügel der Taube etwas Blut. Geschockt darüber, die Taube doch getroffen zu haben, lud ich schnell nach, denn ich wollte nicht, dass das Tier litt.

Nun legte ich noch hektischer an, zielte auf den Kopf, schoss – und traf. Die Kugel ging glatt durch das Auge der Taube. Doch zu meinem Entsetzen war das Ergebnis keineswegs ihr Tod. Nun begann die Taube, leise zu röcheln; Blut triefte aus dem Schnabel und verteilte sich auf dem Schlagboden. Das Tier lief jetzt blind hin und her, stieß hier und da an und gab blubbernde Geräusche von sich.

Mir wurde innerlich heiß, und es war klar, dass ich binnen Sekunden eine Lösung finden musste. Jetzt würde ich um ein unmittelbares Töten nicht herumkommen. Doch noch immer war mir die Kopf-ab-Methode zuwider. Und so rannte ich in den Keller, um eine andere Waffe oder irgendein Gerät zu finden, mit dem ich das arme Tier erlösen konnte.

Ich fand schließlich ein Beil und erlöste das Tier, indem ich es mehr oder weniger zerhackte. Faktisch war das Ergebnis nun wesentlich grausamer, als wenn ich gleich die Kopf-ab-Methode angewandt hätte.

Was letztlich in einer Blutorgie endete, verfolgte mich lange. Ich quälte mich mit der Mordsache herum, denn etwas in mir wusste ganz genau, dass es durchaus andere Möglichkeiten gegeben hätte. Ich hätte die kranke Taube auch isolieren können. Dann hätte ich einfach abwarten können, bis sie von allein starb.

Aber etwas in mir wollte die Taube auch erschießen. Die Taube hatte den Tod verdient. Sie war das Sühneopfer ihrer ganzen Sippe, die mich zeit meines Lebens um meinen Vater gebracht hatte, denn zeit meines Lebens lebte mein Vater in einem anderen Land. Meine Mutter hatte den Machtkampf von 1962 nur scheinbar gewonnen. Physisch war mein Vater aus Amerika zurückgekehrt, jedoch nur, um psychisch in seinem selbst geschaffenen Kontinent Taubenschlag zu migrieren.

SCHLAUE SABINE
| 1979 | Hamburg-Grindelberg

Schlaue Sabine. Dicke Sabine. Unglückliche Sabine. Sabine machte Abitur. Das war ungewöhnlich. Fast ein wenig unerhört. Woher hatte sie das nur? Warum wollte sie nicht Krankenschwester werden? Was war daran schlecht? Dass seine Tochter Sabine Abitur machte, erzeugte bei meinem Vater wesentlich mehr Unbehagen als die Tatsache, dass ich nach der Schule gar nichts machte.

In unserer Familie ist es weniger bizarr, nichts zu tun, als Abitur zu machen. Vater Andreas und Schwester Sabine, die »Oberschlaue«, das ging gar nicht zusammen. Und je schlauer Sabine wurde, desto böser wurde mein Vater. Und je böser mein Vater wurde, desto mehr verachtete ihn Sabine.

Längst hatten sich Allianzen gebildet, meine Mutter war die Gute, mein Vater der Böse. Ab und an, wenn es mal wieder zu heftig wurde, hielten wir Kriegsrat. Meine Mutter konnte sich unserer uneingeschränkten Solidarität sicher sein. Besonders der von Sabine. Die kluge Sabine wurde zur besten Freundin meiner Mutter – gegen den Vater, der immer unmöglicher wurde.

Familienfeste oder Feiern wurden zur Zitterpartie. Zum Glück ging Vater Andreas trotz der Gäste zunächst mal auf den Taubenschlag. Irgendwann war er leider mutig genug, um doch noch auf dem Fest zu erscheinen. Dann wurde es peinlich. Manchmal nur ein wenig, weil er einfach nur Quatsch redete. Doch manchmal griff er unsere Mutter auch vor den Gästen an, und was sich früher nur nachts im Keller abspielte, wurde dann öffentlich ausgetragen.

Die Gäste waren zutiefst peinlich berührt, verließen das Fest oder versuchten, unseren Vater zu bremsen. Wir Kinder starben jedes Mal vor Scham. Besonders Sabine begann, unseren Vater zu hassen. Die beiden redeten kaum mehr miteinander. Und mein Vater ertrug Sabines Blicke nicht. Am sonntäglichen Mittagstisch spiegelte sie ihm blanke Verachtung. Im Gegenzug versuchte er, sie zu demontieren, zog sich auf an kleinsten Fehlern und beleidigte sie, selbst wenn er nüchtern war.

Inzwischen war Sabine dick geworden. Das ursprünglich zierliche, hübsche Mädchen maß 1,65 und wog nun stolze 80 Kilo. In selbst genähte, weite Kleider gehüllt, versteckte sie ihren Körper und bekam etwas Unnahbares. Hinzu kam ihr scharfer Verstand, der jungen Männern schnell zu anstrengend wurde.

Mit 12 Jahren besaß ich eine Doppel-Acht-Kamera. Mit ihr drehte ich damals »Trickfilme« in der Stop-Motion-Technik, dabei ließ ich kleine Figuren über den Teppich laufen und gegeneinander kämpfen. Manchmal filmte ich aber auch meine kluge Schwester, wenn sie diskutierte. Auf einer Aufnahme sieht man Sabine mit einem hübschen jungen Mann. Er erinnerte mich an Mark Spitz, ein Schwimm-Idol der 1970er-Jahre und erfolgreichster Sportler der Olympischen Spiele von München. Dieser wiederum hatte etwas von Tom Selleck alias Magnum, denn beide trugen diesen feschen Oberlippenbart.

Im Film also sitzt Mark Tom Magnum Spitz Selleck, das Bild von einem Mann, meiner Schwester gegenüber. Was man sieht, wirkt wie Realsatire, aber der Film ist gänzlich unbearbeitet. Man sieht, wie Sabine redet und redet, wild gestikuliert, ab und an ein Buch hochhält, um dann weiterzureden.

Ich filmte ihre Hände und ihren Mund, der sich ohne Unterlass bewegte. Dann ein Schwenk zu Magnum, er sagt nichts, nickt gelegentlich. Dann wieder Sabine, die redet und redet. Dann wieder Magnum, der nun eine Denkermiene aufsetzt, während sein gestreckter Zeigefinger den tollen Oberlippenbart kreuzt.

Magnum Mark Spitz kam nie wieder zu uns nach Hause. Es sollte mich auch nicht wundern, wenn später Ina das Rennen machte. In der Regel mögen Magnums Mädchen mit Diana-Blick und großen Brüsten. Meine Schwester Sabine sollte jedenfalls viele Jahre keinen richtigen Freund haben. Stattdessen würde sie immer unglücklicher werden. Und klüger. Und dicker. Und während Cousine Ina bereits wilde Feten feierte, herumknutschte und erste Erfahrungen mit Alkohol sammelte, las Sabine noch mehr Bücher.

Dabei hatte Sabine durchaus Romanzen. Sehr heftige sogar. Allerdings nur in ihrer Fantasie, die sie mit Liebesromanen befeuerte. Die verschlang sie regelrecht. Und dazu Milka-Schokolade.

Dann entwickelte Sabine plötzlich als Einzige der Enkelgeneration ein reges Interesse an Religion. Ausgerechnet die orthodoxe Religion unserer Großeltern, der Adventismus, wurde ihre neue geistige Heimat. Immerhin gehörte Sabine zu den »moderneren« Adventisten, soweit man dieses Wort in dem Zusammenhang überhaupt benutzen kann. Zumindest nahmen die aufgeklärteren Adventisten nicht mehr jeden Satz der Bibel wortwörtlich – gegenüber der bessarabischen Glaubensauslegung war das ein großer Fortschritt.

Trotzdem bekam Sabine strenge Züge. Schnell übernahm sie Verantwortung und wurde Leiterin der Jugendgruppen der großen Advent-Gemeinden in Hamburg. Das Abitur in der Tasche und die Bibel in der Hand, studierte Sabine zunächst mal Theologie.

Sabines verantwortungsvolle Aufgabe brachte es mit sich, dass sich auch bei uns zu Hause immer mehr junge Christen trafen. Dies war die Zeit der Potlucks und Nudelsalate, Sabines Spezialität.

Wie sich damals die Alkoholsucht meines Vaters und die Treffen der Jugendgruppen bei uns zu Hause vereinbaren ließen, ist mir im Nachhinein ein Rätsel. Ich weiß jedenfalls, wie peinlich es uns Kindern war, wenn wir Freunde zu Besuch hatten und mein Vater von der Arbeit heimkam. Ich schlug meinen Freunden dann vor, noch irgendwo hinzugehen, oder sorgte auf andere Weise dafür, dass sie meinem Vater nicht begegneten.

Seit jeher verfolgte Sabine der Ruf, »schwierig« und »emotional« zu sein. In Wirklichkeit sorgte ein Überdruckventil dafür, dass Sabine ihre nahezu täglichen suizidalen Impulse nicht wirklich umsetzte, denn in Wahrheit war Sabine hochgradig depressiv, traurig und selbstmordgefährdet. Während sich bei mir suizidale Impulse höchstens unbewusst Bahn brachen, indem ich schnell und riskant Motorrad fuhr, entwickelte Sabine eine offene Todessehnsucht.

In den Nächten, in denen ich mir die Beine auf dem Motorrad abfror, verließ auch Sabine heimlich das Haus. Ihr Ziel war die nahe gelegene ICE-Bahnstrecke der Trasse Hamburg–Lüneburg. Hier legte sie sich ganz dicht an die Bahngleise. So dicht, dass sie den Luftdruck und die Vibrationen der Schnellzüge spüren konnte, wenn diese vorbeidonnerten. Das beruhigte sie. Denn was sie dann wirklich spürte, war eine verlockende Alternative zu ihrem Leben – der Tod.

Doch Sabine war nicht nur depressiv, sie war auch wütend. Und diese Wut brach gelegentlich aus. Dann konnte es passieren, dass Sabine einem Mückenspray ins Gesicht sprühte oder einen Kaffeebecher nach einem warf. Doch wehe, meine Mutter bekam mit, wenn Sabine ihre Wut rausließ: »Mein liebes Fräulein! Säg dir nicht den Ast ab, auf dem du sitzt!«, bekam Sabine dann zu hören. Und das war ja gerade Sabines Problem. Denn ihr Ast war eben dieses Zuhause – in dem der Vater auf seinem Taubenschlag soff und die Mutter mit Eberhard in der Küche poussierte.

Doch eines Tages wurde Sabine eine gänzlich andere, eine so faszinierende und tolle Schwester, wie ich es mir vorher nie hätte vorstellen können. Scheinbar aus dem Nichts trat Sabine in eine neue Lebensphase ein: Sabine wurde weltlich. Und weiblich. Und attraktiv. Sabine wurde schlank und – Sabine trank. Jetzt feierte sie Feste. Wenn auch spät, so kamen nun doch noch einige Magnums zum Zug. Sabines Wandel von der »Heiligen zur Hure« vollzog sich schnell und radikal. Rührte sie in ihrer heiligen Zeit keinen Tropfen Alkohol an, trank sie bei ihrem ersten Kontakt mit Rotwein fast die ganze Flasche. Und etwas in ihr dachte vom ersten Moment an: »Wie geil ist das denn?« Überflüssig zu sagen, dass Sabine dazu noch Kettenraucherin wurde. Zigaretten, Feuerzeug und Tabakdose gehörten fortan zu ihrer Standardausrüstung. An ihren Erstkontakt mit Alkohol erinnerte sich meine Schwester später so:

»Der Abend vor meinem 22. Geburtstag. Eine große Party ist für den nächsten Tag anberaumt, die erste in meiner eigenen Wohnung, die ich mir mit Ina teile. Die Clique aus Bayern ist einen Tag zuvor herauf in den hohen Norden gekommen, und alle helfen bei den Vorbereitungen und Einkäufen. Mitgebracht haben sie einen Neuzugang, Martin. Ich verstehe mich mit ihm auf Anhieb prima. Am Abend dann wollen wir nach Verrichtung des aufwendigen Tagewerks in meinen Geburtstag hineinfeiern. Meine erste Erfahrung mit Alkohol, mit 22 Jahren minus einem Tag. Ein mordsmäßiger Spaß. Ich amüsiere mich königlich und bin so ausgelassen wie noch nie. Und Martin ist mein Gespiele dabei. Wir machen Quatsch, wir tanzen, wir schäkern und spaßen. Bis mir schlecht wird und ich mich und meinen neuen, cremefarbenen Teppich mit Rotwein vollkotze. Ich hänge benebelt über der Kloschüssel und denke: Aha. Am nächsten Morgen finde ich mich fast nackt, mit einem unbeschreiblichen Brummschädel in meinem Bett wieder und meinen einteiligen Hosenanzug eingeweicht in der Badewanne. Und ich denke nochmals: Aha, so, so. So ist das also mit dem Alkohol, wirklich ein netter Spaß, abgesehen von den Folgen. Dann sei mal schön vorsichtig, dass aus dem Spaß nicht ernst wird, und du nicht zu dem wirst, was dein Vater ist, nämlich Alkoholiker. Denn dann ist der Spaß vorbei, und den willst du dir doch nicht nehmen lassen, nicht wahr?«

Sabine wohnte inzwischen im verrufensten Viertel von ganz Hamburg, gleich hinter dem Hauptbahnhof, in St. Georg. Wollte man Sabine besuchen, musste man sich erst mal zwischen Huren und Dealern einen Weg bahnen. Natürlich studierte Sabine längst keine Theologie mehr. Mittlerweile, und dies hatte zunächst ihr Leben gerettet, folgte Sabine einem inneren Impuls zu ihrer gefühlten Bestimmung. Bei einer Aufführung eines Theaterstücks, damals noch in der Christengemeinde, hatte Sabine eine Vision.

Ihre erste Erfahrung als Schauspielerin war etwas gänzlich anderes als alles, was sie vorher erlebt hatte. Das Erlebnis war so lebendig und authentisch, dass Sabine wusste, was sie wirklich werden wollte: Schauspielerin! Und obwohl ein Studium an der staatlichen Hochschule für Musik und darstellende Kunst als nahezu unerreichbar galt, bewarb sie sich – und wurde sofort angenommen. Damit begann Sabines zweites Leben. Umzug nach Hamburg-St. Georg, Studium, Schauspiel, Feiern mit Kollegen, Jobben im Jimmys.

Sabine surfte auf einer völlig neuen »deutschen Welle«, eine Zeit mit Blue Curaçao im Glas und Falko, Nena und Hubert Kah im Radio. Den kleinen Bruder freute es. Allzu gern nahm ich an Sabines Premierenfeiern teil, trank mit Jan Fedder Bier an der Bar oder freute mich über erste Rezensionen zu den Theaterstücken. Doch diese unbeschwerte Phase währte nicht sehr lange. Etwas in Sabine strengte sich über alle Maßen an. Sabine konnte jetzt zwar mitspielen auf der Bühne des Lebens, sie hatte Kontakte, nahm am Leben teil und machte alles, was junge Leute eben so machen. Aber etwas in ihr war zu dünnhäutig, zu verletzt und zu unsicher, um dieses Spiel auf Dauer spielen zu können.

Wie im Zeitraffer machte Sabine nun alle Stadien einer selbstzerstörerischen Künstlerkarriere durch. Dabei ist hohe Selbstdarstellung, gepaart mit hohem Selbstzweifel, eine bekanntermaßen gefährliche Mischung. Denn wer sich selbst nicht beklatschen kann, leidet darunter, wenn dies andere tun.

Nach einem Gastauftritt in Leningrad[7] kam Sabine wie verwandelt zurück. In Russland war ihr klar geworden, dass die Ausübung ihres Berufs ihr Leben frühzeitig beenden würde. Längst schon hatte sie nach den durchzechten Nächten nicht genug. Und wenn im Morgengrauen die Kollegen nach Hause wankten, ging Sabine noch zur Tankstelle, um sich einen weiteren Absacker zu holen. Sabine war innerhalb kürzester Zeit zur Alkoholikerin geworden. Dabei war sie sich ihrer Sucht voll bewusst und die Parallelen zu unserem Vater zog sie selbst:

»Mein Leben war rund um den Alkohol eingerichtet, sodass es nicht auffiel und ich es mir leisten konnte, jeden Abend – und das tat ich zum Schluss tatsächlich, zumindest fast jeden Abend – betrunken nach Hause zu wanken. Oftmals war es nicht abends, sondern bereits heller Morgen, und es war eine Leichtigkeit für mich, mir einzureden, ich führte das schöne, interessante und bunte Leben eines Bohemiens, gewürzt mit einem Hauch Verachtung für all die lächerlichen Spießer, die ich auf ihrem Weg zur Arbeit traf. Doch eines Nachts, während ich in Schlangenlinien über den Bürgersteig torkelte, fiel mir auf einmal ein Kindheitserlebnis ein: Papa ist wieder mal sehr spät heimgekommen. Mama war den ganzen Abend gereizt und ungeduldig. Mehrmals ist sie vergebens zum Bahnhof gefahren, um ihn abzuholen, und jedes Mal hatte er wieder nicht im Zug gesessen, obwohl er zuvor angerufen und gesagt hatte, er säße im nächsten Zug.

Ich liege schon im Bett und lausche mit riesigen Ohren in die Dunkelheit auf die Ereignisse im Haus. Ich höre Papa im Keller rumoren und dann die Kellertür knarzen. Ich setze mich auf und knie mich auf mein Bett, um aus dem Fenster zu sehen. Ich sehe, wie das Licht durch die offene Tür unten in den Garten fällt und den schmalen Plattenweg beleuchtet, der durch die Beete nach hinten in den Garten führt. Am Ende des Weges steht der Taubenschlag.

Papa will noch seine Tauben versorgen. Ich sehe ihn aus der Tür treten, mit der Futterdose in der Hand, und sein Schatten verdunkelt den Lichtkegel. Er schafft es nicht, den geraden Weg zu gehen, sondern tritt mal rechts, mal links wankend in die Beete.

Ich beginne, von Schmerz geschüttelt, lautlos zu weinen. Na und? Wen juckt's? Was soll's? Dann bist du eben so geworden wie dein Vater. Das ist der Lauf der Welt. Wenigstens hast du keine Kinder, denen du dich zumutest, rechtfertigte ich mich schlingernd, meinen Heimweg suchend.«

Nach einem Klinikaufenthalt war Sabine trocken. Für immer. Und sie war keine Schauspielerin mehr. Für lange Zeit. So wurde nach wenigen Jahren des lebendigen Aufflackerns und scheinbarer Unbeschwertheit aus Sabine zunächst mal das, was sie bereits vor dieser Phase war: eine ziemlich unglückliche Frau, die Jahre brauchte, um ihren kreativen Anspruch in Bahnen zu lenken, die sie nicht umbrachten. Weder ich noch Sabine kamen in unserem Leben auch nur in die Nähe einer bürgerlichen Existenz. Nie kam es für uns infrage, zu heiraten oder gar Kinder zu kriegen. Als Mann kann ich meinen »freiwilligen Entschluss« zur Kinderlosigkeit natürlich immer wieder verlängern, meine Schwester kann das nicht. Zu diesem Thema schreibt sie:

»Seit ich stramm auf die 40 zuging und mein Entschluss, keine Kinder zu bekommen, in absehbarer Zeit kein freier Entschluss mehr sein würde, sondern ein biologisches Diktat, begann meine Geradlinigkeit ein wenig zu schlingern. Als ich dann durch Unachtsamkeit oder Leichtsinnigkeit oder aber auch durch unbewusste Inszenierung in die mögliche Nähe einer etwaigen Schwangerschaft gelangte, bekam ich zu spüren, auf welch einem psychisch hochexplosiven Feld ich mich da bewegt hatte. Ich hatte es riskiert, den Wunsch und die Sehnsucht nach einem Kind ein kleines bisschen zuzugeben. Und als der Schwangerschaftstest negativ war, war ich in erster Linie enttäuscht, wollte es nicht recht glauben und bibberte so lange, bis ich dann meine Tage bekam.

Meine Regel war bereits vorbei, ich hatte am Abend den verhinderten Vater des nicht gezeugten Kindes getroffen, mit dem mich ein äußerst dünnes, lose geknüpftes Band verbindet. Wieder zu Hause ließ ich noch einmal die Entwicklung der jüngsten Zeit Revue passieren und kam für den Bruchteil eines Augenblicks in die Nähe meiner Sehnsucht nach Liebe und Partnerschaft und Kindern und Familie. Von einem Moment auf den anderen krampfte sich mein Unterleib zusammen. Ein mörderischer Schmerz zwang mich buchstäblich zu Boden, mein Gesichtsfeld zog sich zusammen, mir wurde schwindelig und übel. Weil ich fürchtete, mich übergeben zu müssen, kroch ich auf allen vieren ins Badezimmer. Ich konnte vor Schmerzen nicht mehr aufrecht gehen. Zusammengerollt lag ich auf dem Fußboden neben der Kloschüssel, die sich als überflüssig erwies, und bekam Todesangst. Der Schmerz war bestialisch. Und die ganze Zeit war mir bewusst, dass der Grund für diesen absolut realen, direkten, unmittelbaren und körperlichen Schmerz in meiner vorherigen Überlegung lag und mit meiner Sehnsucht zu tun hatte. Eins, zwei, drei, Neurose, Sucht, Psychose, du lässt auch nichts aus, dachte ich schwer atmend zwischen all meiner Todesangst hindurch. Ich begab mich wieder auf allen vieren zurück ins Wohnzimmer und rief mitten in der Nacht meinen Bruder an. Sobald ich anfing zu sprechen, verflog die panische Angst, und der Schmerz begann, sich auf ein erträgliches Maß zurückzuziehen. Er verließ mich die Nacht über nicht und den nächsten Tag auch nicht, aber er wurde schwächer. Ich ging zweimal zum Arzt, um eine vielleicht doch organische Ursache auszuschließen, und bekam bestätigt, dass es keine gab. Mit krampflösenden Zäpfchen und einer Wärmflasche und dem festen Vorsatz, das Kinder-Thema nicht mehr so nahe an mich heranzulassen, genas ich von diesem Schub. Dass das nicht die Lösung des offensichtlichen Konflikts war, vergaß ich aber nicht.«

CORNED BEEF
| 1945 | Hamburg-Altona

Heiligabend, 24. Dezember 1945. Der elfjährige Andreas saß mutterseelenallein zu Hause, denn seine Mutter war tot. In der winzigen Küche war es bitterkalt. Um den großen Ofen anzumachen, gab es weder ausreichend Holz noch Kohle. Doch Andreas war voller Vorfreude. Vater Otto hatte ihm versprochen, am Abend nach Hause zu kommen und darüber hinaus sogar einen Weihnachtsbaum mitzubringen!

Otto Unger konnte sich tagsüber nicht um den Jungen kümmern. Es gab Wichtigeres zu tun. Den ganzen Tag war er unterwegs auf Kranken- und Altenbesuch. Trotz leeren Magens und unterernährt stapfte der überzeugte Adventistenprediger durch den Schnee, um auch an diesem Tag seinen Dienst zu verrichten. Gerade an diesem Tag. In seiner neuen Gemeinde in Hamburg-Altona war er der Mann für die Alten und Kranken. Er stand an den Betten der Todgeweihten, und davon gab es viele im Hungerwinter 1945.

Schon lange vor dem Zweiten Weltkrieg hatte Otto seinen sicheren Beamtenstatus bei der Kieler Wasserschutzpolizei aufgegeben. Der gute Posten war mit Ottos neuer Kirche nicht kompatibel. Frisch konvertiert zum adventistischen Glauben, wollte Otto jeden Samstag frei haben. Und obwohl die Kollegen auf seiner Dienststelle überaus verständnisvoll reagierten und ihre Dienste so oft tauschten, dass für Otto eine neunzigprozentige Freistellung herauskam – Gott verlangte hundert Prozent.

Der sture Sachse kündigte. Und nicht nur das, er verklagte sogar den Staat, weil er seinen Beamtenstatus aus religiösen Gründen verloren hatte. Das Erstaunliche war – er bekam Recht! Ihm wurde eine erhebliche Abfindungssumme zugesprochen.

Was wollte Gott Otto damit sagen? Otto vernahm, dass Gott ihn ganz haben wollte. Nicht bloß als einfaches Gemeindemitglied bei den Adventisten, nein, er wollte ihn an vorderster Front als Prediger und Hirte einer Gemeinde!

Für die Abfindungssumme schien es daher nur eine richtige Verwendung zu geben: das Predigerseminar Marienhöhe bei Darmstadt. Otto nahm das Geld und ließ sich zum Prediger ausbilden. Der soziale Status der Familie fiel rapide. Fünf Mäuler wollten gestopft werden, doch zunächst kam kaum Geld herein.

Amalies Frankfurter Familie reagierte empört. Hatten sie Otto als Beamten gerade noch akzeptiert, war ihre Toleranz nun endgültig ausgereizt. Schließlich wurde Amalie sogar enterbt. Nur ihre Schwester Elise hielt heimlich zu ihr und unterstützte die Familie mit versteckten Zuwendungen.

Mein Großvater Otto reagierte mit einer ähnlichen Hingabe an das Schicksal wie mein anderer Familienzweig. »Gottes Wille« oder eben das, was man dafür hielt, stand über allem. Und hatte Gott inzwischen nicht wirklich immer wieder die Hand über Otto gehalten? Im Ersten Weltkrieg, im matschigen Graben an der Westfront, als Otto einen Kopfschuss erlitt. Oder während der Schlacht im Skagerrak, im dunklen U-Boot, als Otto einen Herzmuskelriss hatte.

Und wie viele Schutzengel standen für ihn erst im Zweiten Weltkrieg parat? Als Invalide überlebte Otto zunächst mal unzählige Bombennächte in Hamburg, und dies, obwohl er fast nie in den Bunker ging, offiziell, weil dies sein Herzleiden nicht zuließ. Dann wurde er trotz seines Herzleidens erneut zur Marine eingezogen, doch als gläubiger Adventist verweigerte Otto inzwischen den Dienst an der Waffe.

Der Kommandant der Musterungsbehörde bekam Schnappatmung und stellte den Kriegsveteran Otto vor die Wahl: »Sie wollen keine Waffe mehr tragen? Kein Problem, auf einem Minenräumer brauchen Sie das auch nicht. Entweder Sie akzeptieren dieses Kommando, oder es kostet mich einen Anruf, und Sie werden abgeholt.«

Die Wahl hieß also KZ oder Minenräumschiff, was eigentlich ein Todeskommando war. Und wirklich, Otto wurde einem Boot zugeteilt, das kurze Zeit später auf eine Seemine lief und explodierte. Alle an Bord starben. Nur Otto war ausgerechnet bei dieser Fahrt nicht an Bord gewesen. Konnte es an Gottes schützender Hand noch Zweifel geben?

1945 löste Otto seine Bringschuld ein. Unermüdlich versah er seinen Dienst an den Schwachen und Kranken. Selbst nachdem er gerade seine geliebte Frau Amalie beerdigt hatte und zwei seiner Söhne im Krieg geblieben waren, denn Franz und Oskar wurden Weihnachten 1945 beide noch vermisst.

Sohn Franz war während des Krieges Bordfunker einer Junkers Ju 88 gewesen und wurde dreimal abgeschossen. Die Ju 88, als leichter und schneller Jagdbomber geplant, wurde gegen Kriegsende häufig vom Himmel geholt. 1935 setzten die Ingenieure der Ju 88 allein auf Geschwindigkeit, um den Jägern zu entkommen, was anfangs auch gelang. Doch gegen Ende des Krieges war das schlecht gepanzerte Flugzeug eine allzu leichte Beute geworden.

Jedes Mal war Franz der brennenden Maschine nur um Haaresbreite entkommen; bis auf einmal, da hatte sich sein Fallschirm nicht richtig geöffnet. Die Fallgeschwindigkeit war so hoch, dass er sich beide Beine und das Becken brach. Als er Stunden später aus tiefer Bewusstlosigkeit erwachte, konnte er kaum atmen, denn über ihm lagen tote Kameraden. Man hatte auch ihn für tot gehalten und auf einen Leichenberg gelegt. Irgendwann hörte er eine Stimme, die rief: »He! Da lebt ja noch einer! Der da hat sich eben bewegt!«

Dann hatte man ihn aus dem bluttriefenden Leichenberg herausgezogen und in ein Lazarett gebracht. Nach dem dritten Abschuss war kein Kamerad mehr am Leben. Franz war bislang nicht sehr gläubig gewesen, und die neue, fromme Tätigkeit des Vaters war ihm eher suspekt. Doch damals schwor er sich, sollte er diesen Krieg überleben, würde er sich von den Adventisten taufen lassen. Vater Otto freute das sehr.

Doch noch wurde Franz vermisst. Keiner wusste, ob er vielleicht bei einem vierten Absturz gestorben war. In Wirklichkeit stand Franz eine lange und bittere russische Gefangenschaft bevor, die er nur knapp überleben sollte.

Mutter Amalie überlebte den Krieg ganze vier Wochen. Dann war ihr Lebensmut erschöpft. Sie war zu schwach und zu sehr in Sorge, um sich über das Kriegsende freuen zu können. Sie wog kaum mehr als 40 Kilogramm, alles Essbare hatte sie den beiden Jungs gegeben, die noch zu Hause lebten. Die jahrelangen Bombennächte, das Leben in Bunkern, Ersatzwohnungen und Gartenlauben und die ständige Sorge um ihre Söhne forderten ihren Tribut.

Bei Kriegsende war die ehemals schöne Frau nur noch ein Schatten ihrer selbst. Ihre Haut war aschfahl, und das einst füllige Haar war brüchig und grau geworden.

Der ausgezehrte und entkräftete Körper wurde schließlich Opfer einer banalen Mittelohrentzündung. Ihre zwei vermissten Söhne sollte sie nie wiedersehen, doch im Fieberwahn ihrer letzten Tage sagte sie immer wieder: »Ich weiß es ganz sicher, Otto, die Jungs leben noch!« Dann wanderten die Streptokokken von ihrem Mittelohr in ihre Hirnhäute, und vier Wochen nach der Kapitulation, am 10. Juni 1945, verstarb meine Großmutter. Ein wenig Nahrung, etwas Penizillin und die Nachricht, dass der eine Sohn in russischer und der andere in englischer Kriegsgefangenschaft war, hätten ihr Leben gerettet.

Mein Großvater hat seine Frau geliebt. Seine kleine Amalie, die aus so gutem Hause kam. Nun war der Krieg vorbei, dieser Krieg. Und mit einem anderen Krieg hatte alles angefangen. Damals, 1915, als Otto dieses kleine gelbe Postpaket bekam mit den grauen Handschuhen, der

Schokolade und dem Foto des schönsten Mädchens, das er jemals gesehen hatte.

Es war spät geworden an diesem Weihnachtsabend 1945. Otto hatte einen letzten Krankenbesuch gemacht und war auf dem Heimweg in die Schillerstraße. Am Platz der Republik verkaufte tatsächlich ein Mann so etwas Ähnliches wie Weihnachtsbäume. Offenbar hatte er Grünzeug mit dem Fahrrad aus dem Wedeler Wald geholt. In einer Ecke fand sich noch der klägliche Rest, ein kleiner Baumstamm mit nur einem Zweig an der Seite. Auf dem Boden lagen noch einige lose Zweige herum. Otto nahm diese Reste an sich und ging heim.

Sehnsüchtig wurde er schon von Andreas erwartet. Es war kalt in der Küche, doch das merkte Andreas kaum. Als nun endlich die Tür aufging und der Vater eintrat, sah Andreas den mehr als kläglichen Baum und schaute ungläubig zu seinem Vater. »Ich weiß Andreas, er sieht kaum aus wie ein richtiger Baum. Aber du wirst staunen, was wir gleich daraus machen! In der Kammer liegt ein Drillbohrer, und wir werden kleine Löcher in den Stamm bohren, dann stecken wir die losen Zweige hinein – und schon haben wir einen prima Weihnachtsbaum!«

Andreas schöpfte Hoffnung, denn das war vielleicht mehr wert als ein intakter Weihnachtsbaum. Dies versprach eine gemeinsame Aktion zu werden! Er würde mit seinem Vater etwas basteln. An diesem Abend hatte er seinen Vater ganz für sich allein. Das würde bestimmt ein schönes Weihnachten werden.

Dann holte der Vater etwas ganz Ungeheuerliches aus seiner Tasche, eine glänzende Büchse Corned Beef! Doch damit nicht genug. Aus der Tasche kam noch eine Papiertüte zum Vorschein, und darin waren – Nudeln! Dies würde ein unglaubliches Festessen geben. Vater Otto, der zuvor noch nie gekocht hatte, schlug vor, zunächst das Essen zuzubereiten, um sich danach dem Weihnachtsbaum-Bausatz zu widmen.

»Wie machen wir das Essen?«, fragte der Vater unsicher. Andreas hatte seiner Mutter oft zugesehen, kochen konnte nicht so schwer sein.

Und so machte sich der Junge munter ans Werk. Um den großen Küchenofen anzuheizen, wäre kaum genug Holz da gewesen, aber auf dem Ofen stand eine »Brennhexe«. Der kleine Mini-Ofen verbrauchte nur einen Bruchteil der Holzmenge, und man konnte darauf recht schnell einen Topf mit Wasser zum Kochen bringen. Einen Topf, wohlgemerkt.

Voller Eifer kochte Andreas Nudeln, Wasser und das Corned Beef zu einem einzigen steifen Brei zusammen. Das neu erfundene Gericht wurde so fest, dass man es mit der Gabel abstechen musste. Vater und Sohn ließen sich das Festmahl trotzdem schmecken, und noch Jahrzehnte später bekundeten sie einvernehmlich, es wäre das Beste gewesen, das sie jemals gegessen hatten. Nach dem lukullischen Teil des Abends – die Küche war inzwischen leidlich warm geworden – übermannte dann beide eine große Müdigkeit. Eigentlich war jetzt der Zeitpunkt für die Weihnachtsbaumaktion gekommen. Doch Vater Otto machte einen genialen Vorschlag: »Mein Junge, was hältst du davon, wenn wir die schönen Zweige nehmen und sie der Mutti morgen auf das Grab legen?«

Andreas war ganz begeistert von der Idee und fragte sich, warum er nicht selbst darauf gekommen war. »Au ja, Vati! Das machen wir!« Kurz drauf schliefen beide ein.

ZWEITES GLÜCK
| 1996 | Stelle

Warum wir keinen Verdacht schöpften, weiß ich heute nicht mehr. Wir hätten stutzig werden können, als wir von Eberhard, dem Freund meiner Mutter, zum Essen eingeladen wurden. Nun saßen meine Schwester und ich in einem biederen Gasthof an einer Verkehrskreuzung der Bundesstraße 4. Im Nachhinein muss ich feststellen, dass die Standardeinrichtung aus hellen Buchenmöbeln, Messinglampen und unverwüstlichem lila-blau gemustertem Hotelteppich eigentlich ganz gut zum Geist unseres Treffens passte. Meine Aufmerksamkeit galt noch dem Geruch von feuchtem Beton und frischer Farbe, da begann sich Eberhard merkwürdig zu räuspern. »Ja, also.« Tiefes Atmen. »Ich muss euch mal was sagen, ne, also: Ich und eure Mutter, also, wir haben geheiratet. So. Und nun Prost!«

Die kleine Ansprache hatte Eberhard offenbar Kraft gekostet, und er war sichtlich erleichtert, sie hinter sich gebracht zu haben. Den konsternierten Gesichtsausdruck meiner Schwester werde ich nie vergessen. Unterdessen sah meine Mutter verlegen von einem zum anderen, fing sich aber in Bruchteilen von Sekunden und übernahm nach Eberhards Pflichttext die Kür. »Ja, wisst ihr, warum auch nicht? Ich meine, wir wohnen jetzt schon so lange zusammen, und überhaupt, so hat doch alles seine Ordnung.«

Wer aus Liebe heiratet, schreit es in die Welt hinaus, sollte man meinen. Er feiert, lädt alle Freunde ein, macht Fotos, bedruckt damit

Tassen und T-Shirts, postet es im Internet, gibt Anzeigen auf, verschickt Hochzeitskarten. Doch Eberhard und unsere Mutter heirateten völlig inkognito und informierten noch nicht einmal die eigenen Kinder. Auch Jörg, Eberhards Sohn, erfuhr erst im Nachhinein von der Hochzeit.

Verschämt und als formaler Akt hatte die Hochzeit unter Ausschluss der Familie und jeglicher Öffentlichkeit auf dem Standesamt stattgefunden. Die einzigen Anwesenden waren die Trauzeugen, weil man die eben braucht. Äußerlich änderte sich nichts. Meine Mutter behielt sogar den Namen unseres Vaters.

Irgendwie überstanden wir dieses Treffen trotzdem höflich und freundlich. Vermutlich, weil uns erst viel später klar wurde, was passiert war. Die heimliche Hochzeit war für uns der Beweis, dass meine Mutter zwei Seiten hatte. Hätten wir zuvor noch Stein und Bein geschworen, alles mit ihr zu teilen und alles von ihr zu wissen, wurde jetzt deutlich, dass unsere Mutter sehr wohl selektiv entschied, wem sie was mitteilte.

In gewisser Weise fühlten wir uns hintergangen. Natürlich ging es nicht darum, die eigenen Kinder um Erlaubnis zu fragen. Es ging vielmehr darum, dass die Entscheidung meiner Mutter sehr ambivalent war. Sie traf ihre Entscheidung nüchtern, oder schärfer formuliert, sehr kalkuliert. Ein Informieren unsererseits, die wir ihre Ambivalenz sicher gespiegelt hätten, wäre ein zu großes Risiko für sie gewesen.

Eberhard war Beamter. Würde ihm mal etwas passieren, so stünde Katja ohne Trauschein mit ihrer schmalen Rente ganz allein da. War er aber ihr Ehemann, bekam sie eine stattliche Pension. Ohne Eberhard hätte sie das Einfamilienhaus aus erster Ehe, das inzwischen ihr allein gehörte, niemals halten können. Ihren jahrelangen Freund in den Status des Ehemannes zu erheben sicherte sie finanziell ab. So einfach war das.

Auf jeden Fall war die Hochzeit, auch Jahre später noch, ein eher peinliches Thema, das man gern vermied. Sosehr sich meine Mutter und ihr neuer Mann jetzt auch bemühten, ein »ganz normales Ehepaar« abzugeben, die Tatsache, dass Eberhard früher nur zwei Häuser weiter gewohnt hatte und jahrelang der heimliche Liebhaber meiner Mutter gewesen war, widersprach den Moralvorstellungen vieler Nachbarn. Etliche aus der Straße wendeten sich ab. Hatte man früher noch zusammen rauschende Feste in den Partykellern gefeiert, sprach man heute kein Wort mehr miteinander. Und begegnete man sich dummerweise mal im Supermarkt, wurden angestrengt die Sonderangebote in der Tiefkühltruhe in Augenschein genommen.

Inzwischen ging es meiner Mutter ökonomisch recht gut. Als sie noch arbeitete, verdiente sie ordentlich; hinzukam ein erheblicher Obolus, den sie Eberhard für das gemeinsame Wohnen abnahm. Mit dieser Pauschale erkaufte sich Eberhard allerdings auch alle Annehmlichkeiten der klassisch patriarchalen Rollenverteilung. Eigentlich ein Anachronismus, denn meine Mutter hatte sich bereits erheblich emanzipiert. Dennoch hatte Eberhard nach Hochzeit und Entrichtung seines Beitrages Vollpension gebucht, mit all you can eat, drink and wash. Kraftvoll, wie meine Mutter war, schaffte sie es trotz Berufstätigkeit, Eberhard diesen Rundumservice zu gewähren, und als sie später in Rente ging, sogar mühelos.

Entscheidend für meine Mutter war, dass am Ende des Tages ein Überschuss in der Kasse blieb. Und der konnte sich sehen lassen. Jeden Monat erwirtschaftete Katja nun überschüssiges Geld, das sie weder für sich selbst noch für Eberhard noch für den Unterhalt des Hauses ausgab.

Der Überschuss-Etat meiner Mutter diente ganz anderen Zwecken, nämlich der heimlichen Unterstützung ihrer Kinder und bisweilen auch ihres Bruders. Nicht zuletzt aufgrund ihrer Verbindung zu Eberhard entwickelte sich meine Mutter zur Geberin der Familie. Eine Rolle, in der sie aufging. Wir nahmen, und sie gab. Und alle psychologischen Strukturen, die sich gewöhnlich zwischen Geber und Nehmer zeigen, beeinflussten fortan auch unser Verhältnis.

Dass meiner Mutter ihre Rolle als Geberin gefiel, konnte ich gut verstehen. Sie war zu Recht stolz darauf, es überhaupt so weit gebracht zu haben. Als meine Mutter 1960 meinen leiblichen Vater heiratete, hatte sie nichts. Keinen nennenswerten Schulabschluss und keine Berufsausbildung. Alles, was sie hatte, waren mein Vater und später ihre Kinder. Eine Frau brauchte damals noch die Unterschrift ihres Mannes, wenn sie arbeiten gehen wollte. Oder wenn sie einen Kredit aufnehmen wollte. Mich wundert, dass Frauen damals überhaupt wählen gehen durften, denn in der Schweiz durften sie tatsächlich noch nicht einmal das.

In dieser sozialen Umgebung entdeckte meine Mutter ein winziges Schlupfloch, kaum mehr als eine Ahnung, doch letztlich führte sie dieser Weg allmählich in die Freiheit. Obgleich sie in ihrer Mutterrolle unterkühlt war, verfügte sie doch über eine natürliche soziale Kompetenz. Alles begann in einem christlichen Kindergarten der Adventgemeinde Hamburg. »Kindergärtnerin« war zu dieser Zeit eine relativ vage Berufsbezeichnung. In einer Gesellschaft, dominiert von patriarchaler Arroganz, begriff man »Kinderhüten« als Frauensache, was gab es da groß zu regeln? Und so nutzte manche Quereinsteigerin in diesen Beruf das ignorante System für sich.

Es gab ein Zeitfenster, in dem der Berufseinstieg ohne Erzieherausbildung möglich war. Meine Mutter nutzte es, arbeitete erfolgreich als Erzieherin, holte später ihren offiziellen Berufsabschluss nach und wechselte in die Behindertenarbeit. Hier fand sie ihre wahre Bestimmung. Als Leiterin einer Gruppe geistig Behinderter arbeitete sie viele Jahre in einer Behindertenwerkstatt. Soziale Kompetenz hat viel mit Verantwortungsbereitschaft zu tun. In Gruppen muss es jemanden geben, der für Struktur sorgt. Doch die Grenze zwischen Taktgeber, Manipulator und Co-Abhängigkeit ist mitunter durchlässig.

In weiten Teilen übertrug meine Mutter den Duktus der Taktgeberin ins Private. Manchmal scherzte sie selbst darüber, wenn sie sich dabei ertappte, wie sie ihren zweiten Mann in ihrem Berufston ansprach.

Ihre Arbeit mit geistig Schwerstbehinderten erinnerte bisweilen an die einer Dompteuse: Alles im Blick haben, ständige Kontrolle und eine Obertonstimme, die klare und einfache Kommandos gab. Schnell fand Katja heraus, dass auch ihr Ehemann auf diesen Modus ansprach. Ich vermute, meine Mutter dachte auch, so müsse frau mit Männern sprechen. Hatte ihre Mutter nicht genauso mit ihrem Vater gesprochen? Ein bisschen keifen, klare Ansagen, etwas Druck – Männer und Behinderte wollten offenbar so angesprochen werden.

Eberhard war sportlich, stur bis stoisch, aß Unmengen, schlief gut und dachte wenig. Der ehemalige Schauermann (Hafenarbeiter) hatte sich über den zweiten Bildungsweg zum Grundschullehrer hochgearbeitet. Nach gewonnener Klage um seinen Beamtenstatus zeigte Eberhard keine weiteren Karriereambitionen. Bis zu seiner Pension blieb er Lehrer für die Erst- und Zweitklässler und dies bei minimalem Stundeneinsatz, vollen Bezügen und zwölf Wochen Ferien im Jahr.

Einiges jünger als meine Mutter und somit nach dem Krieg geboren, waren Eberhard Flucht, Vertreibung und Bombennächte erspart geblieben. Ebenso wie mein Großvater war auch Eberhard recht zufrieden mit sich und der Welt. Beide Männer schauten oft ratlos auf ihre Frauen, die sich stets in anderen Sphären aufzuhalten schienen. Doch ein Gutes hatte die Sache – süchtig werden solche Männer nicht, denn Sucht sucht etwas. Diese Männer suchten nichts. Glaubten sie, doch alles zu haben und alles zu wissen.

Diese Suchtferne ist keine Leistung und hat nichts mit Disziplin zu tun. Wer sich selbst und das Leben nicht infrage stellt, braucht auch keine Kompensation. Und während die Suche nach dem Lebenssinn in meiner Mutter, Ewald, Ina, Sabine, meinem Vater und mir immer komplexere und damit auch süchtigere Strukturen zeugte, schaute mein Stiefvater Eberhard auf seine angeheiratete Familie wie ein Schwein ins Uhrwerk.

Durch seine Augen gesehen zu werden, mit seinem Maßband vermessen zu werden, das tat weh. Durch seine kurzsichtige Beamtenbrille betrachtet, waren wir einfach nur schwach. Was auch sonst? Schwager Ewald, ständig pleite und Möchtegernkünstler. Stiefsohn

Raymond – das Gleiche. Stieftochter Sabine, schwierig, beziehungslos und immerzu traurig. Und ohnehin, waren Katjas Kinder nicht beide mehr oder weniger desorientiert?

Keiner ging einer dauerhaften Beschäftigung nach. Keiner heiratete. Keiner baute ein Haus. Keiner bekam Kinder. Was war das nur für eine sonderbare Familie?

Doch Eberhards Sicht auf uns war sicher nicht das Schlimmste für meine Mutter. Auch wenn er so über unsere Familie dachte, traf es meine Mutter sicher mehr, was er über sie dachte. Eberhard hatte nichts zu kompensieren. Sein Tag lief nach Plan. Und während sich meine Mutter lebenslang auf einer emotionalen Achterbahn befand, die nach ständigen Ausgleichshandlungen verlangte, schaute Eberhard ratlos zu, wie in ihr Tonnen von Tabak, Koffein und Rotwein verschwanden.

Warum tat sie das nur? Eberhards Psychologie hatte dabei in etwa das Niveau des Buchhalters Allen Carr, der in seinem Ratgeber *Endlich Nichtraucher* zu dem Schluss kommt: Mit dem Rauchen aufzuhören ist die einfachste Sache der Welt! Man raucht einfach die letzte Zigarette – dann hört man auf.

Typen wie Carr oder Eberhard wären niemals auf den Gedanken gekommen, dass diese »Easy-Way-Methode« nicht auf jedermann anwendbar ist. Offenbar gibt es aber Menschen wie Sigmund Freud, Helmut Schmidt oder meine Mutter, die eher sterben, als mit dem Rauchen aufzuhören.

Jahrelang von den Augen dieser Fußballernatur und Beamtenseele betrachtet zu werden erinnerte meine Mutter an etwas, das sie bereits kannte. Und irgendwann begriff sie, dass sie durch Eberhard von ihrem Vater angesehen wurde. Ja, sie hatte ihren süchtigen Exmann Andreas verlassen. Und ja, jetzt hatte sie einen garantiert nicht süchtigen Mann. Doch in Wirklichkeit hatte sie in Eberhard ihren internalisierten Schatten geheiratet, den eigenen Vater, der sie tagtäglich daran erinnerte, wie schwach sie war.

BETONKOPF
| 1971 | Neu Wulmstorf

Nachdem mein Großvater nach Kriegsende einige Zeit im Bunkerabbruch gearbeitet hatte, fand er nie wieder in seinen eigentlichen Beruf als Sattler zurück. Das lag vermutlich auch daran, dass im Gegensatz zu Bessarabien Zaumzeug im Nachkriegsdeutschland kaum noch gefragt war. Wie viele kräftige Männer, landete Jakob schließlich in der Baubranche, die in der Nachkriegszeit boomte. Vom Handlanger arbeitete er sich zum Maurer hoch und diesen Beruf übte er dann bis zu seiner Rente aus. Dabei wechselte er nicht ein einziges Mal den Betrieb.

Einmal allerdings, es muss gegen Ende der 1950er-Jahre gewesen sein, kündigte mein Großvater seinerseits. Im Betrieb hatte es einen Streit mit dem Chef gegeben, vermutlich ging es dabei um religiöse Fragen, und mein Großvater hatte im heiligen Zorn für sich die Konsequenz gezogen. Meine Großmutter erzählte, er sei an diesem Tag schon mittags nach Hause gekommen und auch an den folgenden drei Tagen nicht zur Arbeit gegangen. Doch am dritten Tag stand plötzlich der Chef höchstpersönlich vor der Tür. Für meine Großmutter hatte er einen Blumenstrauß dabei und nun bekniete er meinen Großvater, in den Betrieb zurückzukommen. Zudem bot er eine saftige Gehaltserhöhung und einige Sonderprivilegien an. Unter Zureden meiner Großmutter willigte mein Großvater ein und blieb im Betrieb – bis er mit 65 Jahren in Rente ging.

Der Chef hatte ein sehr gutes Geschäft gemacht, denn faktisch arbeitete mein Großvater für zwei. Geächtet und gehasst von den Kollegen, versaute er regelmäßig den Standard. Wie ein Roboter und auf die Minute pünktlich, fing er jeden Morgen an zu mauern. Normalerweise hatte jeder Maurer einen Zuträger, der ihn mit Steinen und Mörtel versorgte. Mein Großvater brauchte zwei. Und wenn die anderen Männer im Bauwagen saßen, um Pause zu machen, zu rauchen oder Bier zu trinken, arbeitete er ganz allein weiter. Ob es regnete, stürmte oder schneite, war ihm egal. Jakob war ein Arbeitstier und außer Schwerstarbeit und Beten hatte er keinerlei Interessen.

Inzwischen hatte sich Sohn Ewald zu einem Künstler entwickelt. Er arbeitete auf dem Hof in einem kleinen Atelier. Vater und Sohn, Bauarbeiter und Künstler, gingen sich für Jahrzehnte aus dem Weg, schienen zwischen ihnen doch Welten zu liegen.

An seinem letzten Arbeitstag brachte mein Großvater drei merkwürdige, große Polyethylenplatten mit nach Hause. Am nächsten Morgen, es war sein erster freier Tag als Rentner, holte er drei alte Küchenmesser aus der Schublade meiner Großmutter. Er ging in den Schuppen, erhitzte die Messer und schmiedete aus ihnen gebogene Spezialklingen. Dann nahm er die Polyethylenplatten und schnitzte ohne jegliche Vorlage filigrane Negativfiguren aus dem Plastik. Danach versah er die Platten mit Schalbrettern, rührte einen großen Kübel Beton an und goss die Hohlform damit aus.

Nachdem der Beton getrocknet war, nahm er die Polyethylenplatten ab, und siehe da: Die erste Betonskulptur meines Großvaters war fertig! Und so roboterhaft, wie er zuvor als Maurer gearbeitet hatte, arbeitete er nun als Künstler. Fortan schuf er jeden Tag die bizarrsten Skulpturen, viele davon so gewaltig und schwer, das sie nur mit einem Kran bewegt werden konnten. Nach wenigen Jahren war das Grundstück voll mit religiösen Skulpturen, Posaunenengeln und heiligen Standbildern. Und während sich bei Ewald erste künstlerische Blockaden und Widerstände zeigten, zeugte die enorme Schaffenskraft seines Vaters davon, was ein Künstler ohne inneren Zensor vollbringen konnte. Natürlich nahm Ewald die kreativen Ambitionen seines Vaters anfangs kaum ernst. Ein Rentner, der ein bisschen mit Beton herummatschte, das würde sich sicher schnell legen. Doch nichts legte sich. So unglaublich es klingt: Mein Großvater arbeitete in seinem zweiten Leben noch mal 31 Jahre als Künstler, jeden Tag, außer samstags natürlich.

Mit 65 Jahren war er als Maurer in Rente gegangen und erst mit 96 Jahren starb er als Künstler. Ein Albtraum für die Rentenkasse, aber auch ein zunehmender Albtraum für Ewald, den Sohn dieses Betonkopfes. Nicht genug, dass Vater Jakob aus dem Nichts ganz erstaunliche Skulpturen formte, nach einigen Jahren begann dieser auch noch zu malen – und dies war definitiv Ewalds Domäne.

Obgleich Jakobs Malerei stets naiv blieb, anerkennungswürdig war sie allemal. Ewald hatte sich von seinen Eltern so weit entfernt, wie er nur konnte, auch deshalb war er Künstler geworden. Doch nun folgte ihm der eigene Vater auf dem Fuß – und zumindest quantitativ übertraf er ihn um Längen.

Das Geheimnis von Jakobs Produktivität könnte man vielleicht als Charakterdefizit deuten: Jakob stellte sich niemals infrage. Alles, was er tat, dachte oder machte, war »richtig«. Dies galt auch für seine Kunst. Er schien überhaupt keine innere Instanz zu haben, die ihn mit Zweifeln malträtierte. Wer so drauf ist, ist entweder sehr weise und nahezu erleuchtet oder – er hat tatsächlich einen Charakterfehler. Jakob war weder weise noch erleuchtet, aber er war ein hervorragender Maßstab zum Erkennen der eigenen Größe. Wer ihm zu nahe kam, sah wie unter einem Brennglas die eigenen Defizite. Egal, was es war: Gesundheit, Glaube, Tagesrhythmus, Disziplin oder Produktivität – im Angesicht von Jakob blieb man ein Wicht.

Den Rest habe ich bereits erzählt: Ewald hielt es schließlich nicht mehr aus und versuchte, dieses Monster loszuwerden. Dennoch verging er dabei vor schlechtem Gewissen. Nachdem mein Großvater dann für etliche Jahre ganz allein und auf sich gestellt lebte, kam für ihn die Zeit, wo selbst er zu alt wurde, um völlig autark leben zu können. Für seine allerletzten Jahre hätte er in ein Heim gemusst, und vermutlich wäre das auch die beste Lösung gewesen.

Stattdessen kam die große Stunde meiner Mutter. Fehlgeleitet von zwei fragwürdigen Motiven, beging sie einen der größten Fehler ihres Lebens: Sie holte meinen Großvater zu sich nach Hause. Zum einen wollte sie sich moralisch über ihren Bruder erheben, ihm das vermeintliche Unrecht demonstrieren, das seit Jahren zwischen den Geschwistern stand: Hatte Ewald nicht den Hof geerbt, und sie war leer ausgegangen? Und hatte Ewald damit nicht die Verpflichtung übernommen, für die Eltern zu sorgen? Doch nun war sie es, die sich um den alten Vater kümmerte. Konnte man großherziger sein?

Das zweite Motiv war allerdings noch tragischer als das erste. Es war der endgültige und letzte Versuch, vom Vater anerkannt und geliebt zu werden. Was dann passierte, kostete meine Mutter mindestens ebenso viel Lebensenergie wie später Helgas Tod.

Wenn Kinder von ihren Eltern nichts bekommen haben und sich später aber moralisch verpflichtet fühlen, ihren alten Eltern etwas zu geben, nimmt etwas in ihnen großen Schaden. Wer hier gibt, ohne es zuvor bekommen zu haben, nimmt es von seiner Substanz. Und wer glaubt, durch diese »gute Tat« im Nachhinein das zu bekommen, was er früher schon nicht bekam, wird durch die Hölle gehen.

In den wenigen Jahren, in denen mein Großvater bei meiner Mutter lebte, baute sie zusehends ab. Zunächst wohnte er bei ihr, dann in einer kleinen Wohnung nur wenige Straßen weiter. Meine Mutter kaufte ein, wusch, kochte und sorgte für ihn. Doch damit nicht genug. Obwohl der Samstag und das Thema Freikirche bei meiner Mutter geradezu traumatisch verankert waren, fuhr sie meinen Großvater dennoch zur »Sabbatschule« nach Harburg.

Von nun an stand mein Großvater jeden Samstagmorgen frisch rasiert und mit schwarzer Karakulmütze am Gartentor meiner Mutter, um von ihr diesen heiligen Fahrdienst einzufordern. Längst aber hatte die Kirchengemeinde meine Mutter unehrenhaft ausgeschlossen, weil sie meinen Vater hintergangen hatte. Natürlich tat meine Mutter so, als sei ihr dies vollkommen egal und als sei dies »kleinkarierter Kinderkram«.

In Wirklichkeit konnte sie den Konflikt nie lösen und immer, wenn sie den Vater in der Kirche abgesetzt hatte, drückte sie sich heimatlos in der Fußgängerzone Harburgs herum. Dabei rauchte sie eine Zigarette nach der anderen und wartete darauf, dass dieser Tag vorübergehen möge. Überhaupt war das Zigarettenrauchen eine der größten Errungenschaften meiner Mutter. Rauchen ist das Antisymbol gegen Adventismus, denn wer raucht, tritt den »Tempel Gottes« mit Füßen und damit Gott selbst. Und meine Mutter trat – und wie sie trat. In Wirklichkeit aber trat sie mit jeder Zigarette nach ihrem Vater. So lange, bis ihr Tempel schließlich zusammenbrach.

Ähnlich wie Ehemann Eberhard hatte mein Großvater für die »Schwäche« meiner Mutter nur blanke Verachtung übrig. Und selbstverständlich dankte er ihr niemals ihre Liebesdienste. Im Gegenteil, Vater Jakob hielt all dies für die bibelgemäße Pflicht einer treuen Tochter. Katjas Wut, Verzweiflung und Groll, irgendwann auch über sich selbst, diese Dummheit begangen zu haben, wuchsen von Tag zu Tag. Und Bruder Ewald, den die Großtat der Schwester nicht im Geringsten beeindruckte, hatte inzwischen ganz andere Sorgen.

Nachdem mein Großvater drei Mal ins Krankenhaus gekommen war und man ihn dort drei Mal wieder aufgepäppelt hatte, entdeckte meine Mutter, dass sie sich seinen Tod zunehmend wünschte. Drei Mal hatte sie sich damit abgefunden, dass er bald sterben würde. Doch wenn sie inzwischen ehrlich in sich hineinfühlte, bemerkte sie, dass sich sein Tod gut anfühlte. Dann, fast wie zum Trotz, fuhr sie mit Helga und Maria nach Dänemark in den obligatorischen Jahresurlaub.

Und dies, obwohl sie wusste, dass Vater Jakob kurz davor war, schon wieder ins Krankenhaus zu kommen.

Mein Großvater starb schließlich ganz allein im Krankenhaus. Meine Mutter brach ihren Urlaub deshalb nicht ab. Etwas in ihr fand dies gut so. Und etwas in ihr war unendlich traurig und entsetzt über sich selbst.

LETZTE MARLBORO
| 2013 | Buchholz in der Nordheide

Ich habe meine Mutter so sehr geliebt, dass ich lange Zeit dachte, ich müsste mit ihr sterben, wenn sie einmal stirbt. Aus psychologischer Sicht war unser Verhältnis sicherlich zu nah, zu abhängig und zu verstrickt. Trotzdem war meine Mutter innerhalb meiner Familie eine echte Ressource für mich. Sie spiegelte mir, dass meine Arbeit als Künstler wichtig war. Intuitiv verstand sie, dass ich innerhalb unserer Familie eine Lücke füllte, etwas ableitete oder einlöste, und deshalb unterstützte sie mich, wo immer sie konnte. Und obwohl es ihr sicher nicht leichtfiel, kam sie tapfer zu mancher Vernissage in das ach so fremde Berlin. Abseits und etwas unsicher stand sie dann zwischen den üblichen Hipstern und Möchtegerns der Großstadt, hielt sich eisern an einer Zigarette und einem Glas Rotwein fest und war stolz auf ihren Sohn, der es zwar immer noch nicht ökonomisch, dafür aber als Künstler »geschafft« hatte.

Auf der Beerdigung meines Onkels Ewald schnappte ich einige Gesprächsfetzen auf, als ich an meiner Mutter und Günther, Inas Witwer, vorbeiging. Ich hörte nicht, was Günther zu meiner Mutter gesagt hatte, nur, was meine Mutter erwiderte: »Ja, ja, ich weiß schon, und du meinst, ich bin die Nächste!«

Vermutlich hatte sich Günther über die schnelle Abfolge der letzten drei Beerdigungen geäußert, etwas von einem Fluch oder bösem

Geist gefaselt, der über unserer Familie läge. Auch wenn er es nicht aussprach, übernahm meine Mutter die Schlussfolgerung selbst. Ihre Äußerung traf mich wie ein Schlag. Ich war schon sehr traurig über Ewalds Tod, doch die aufgeschnappte Bemerkung gab mir an diesem Tag den Rest. Mir wurde augenblicklich klar, dass Ina, Helga, Ewald und Katja Glieder einer Kette waren. Einer folgte dem anderen nach, und das im Zweijahresrhythmus! In der folgenden Nacht hatte ich einen prophetischen Traum, der mir zeigte, dass meine Mutter tatsächlich Teil dieses Reigens war:

Traum vom Grenzfluss: Ich fahre mit dem Auto, meine Mutter sitzt auf dem Beifahrersitz. Wir fahren auf einer unwegsamen Naturstraße, teilweise auch über Felder und Wiesen. Das Gras ist so hoch, dass ich kaum vorankomme. Plötzlich stoßen wir an einen Fluss, der uns den Weg versperrt. Das Wasser ist zu hoch, um hindurchzufahren. Ich halte an, und meine Mutter steigt aus. Irgendwie rollt der Wagen vorwärts, ich will hinausspringen, doch es ist schon zu spät, der Wagen rollt in den Fluss. Ich sitze allein im Auto, und das Wasser steigt. Es steht schon am Fenster, und mir ist klar, dass ich ertrinken werde.

Mit einem Nothammer zerschlage ich das linke Seitenfenster, um mich im letzten Moment zu retten. Doch kurz bevor ich den Wagen verlasse, denke ich: »Etwas Gas geben kann ja nicht mehr schaden, ist ja ohnehin egal.« Dann bin ich völlig überrascht, dass der Wagen Grund fasst und voranfährt. Ich komme tatsächlich wieder aus dem Fluss heraus. Der Wagen hat weiter keinen Schaden – außer dem von mir voreilig zerschlagenen Fenster.

Ich setze meine Fahrt fort. Doch ich vermisse meine Mutter sehr. Ich will sie anrufen, um sie irgendwie wieder abzuholen. Dann bemerke ich, dass sich ihr Handy in meiner Tasche befindet. Wenn ich bei ihr anrufe, klingelt es nun bei mir. Ich muss meine Mutter zurücklassen. Doch irgendwie ist der Ort, an dem ich sie zurücklasse, nicht weit von ihrem wahren Zuhause entfernt, sie könnte zu Fuß dort hin laufen. Das tröstet mich sehr.

»Ihre Mutter stirbt jetzt. Nehmen Sie doch mal ihre Hand.« Wie gelähmt stand ich vor dem Intensivbett, in dem meine Mutter lag, und schaute ihr ins Gesicht. Meine Arme hingen schlaff nach unten, doch mein Herz schlug wie verrückt. Der Mund meiner Mutter war leicht geöffnet, aus ihrer Kehle kam ein leises Glucksen. Eben noch steckte hier ein dicker Atemschlauch. Drei Tage lang hatte ich dafür gekämpft, dass der letzte Wille meiner Mutter respektiert würde. Ich hatte nichts gegessen und getrunken und die Nächte kaum geschlafen. Wie in einem Albtraum kämpfte ich gegen Ärzte, Bürokratie und Ignoranz, denn ich wusste – dies hier war grundfalsch, meine Mutter hätte diesen Zustand nie gewollt. Nun hatte ich gewonnen. Die Maschinen wurden abgestellt.

Auf dem Herzmonitor neben ihrem Bett piepste es jetzt immer unregelmäßiger. Die Hand meiner Mutter, die ich inzwischen hielt, fühlte sich kalt und leblos an. Ihre Handgelenke und Unterarme waren geschwollen und voller blauer Flecken. Dann erkannte ich auf dem Monitor nur noch eine flache Linie. Unmittelbar danach hörte ich das Geräusch eines Kugelschreibers auf Papier, dann, wie jemand den Stift locker auf das Papier fallen ließ. Es war die Todeszeit meiner Mutter, die eben notiert wurde. Der Arzt, mit dem ich am Nachmittag noch so bitter gestritten hatte, wurde in dieser Nacht zu einem Freund. Mehr noch, er wurde zu einem Engel.

Hinter dem Vorhang, der Abgrenzung zum nächsten Intensivbett, kämpfte ein junger Mann um sein Leben. Er war nach einem schweren Verkehrsunfall eingeliefert worden. Sein Monitor und das Beatmungsgerät waren jetzt die einzigen Geräusche im Raum. Alles, was ich fühlte, war unendliche Erleichterung. Meine Mutter war frei. Und seit diesem Tag weiß ich – der Tod ist nicht das Schlimmste. Schlimmer sind die Widersprüche der Intensivmedizin. Welch ein Segen für den jungen Mann hinter dem Vorhang! Und was für ein Fluch für meine Mutter.

Wirklich gestorben war meine Mutter bereits vor drei Tagen zu Hause auf ihrem Sofa, vor ihrem geliebten Kaminofen. Dort starb sie genau so, wie sie es wenige Wochen zuvor prophezeit hatte. Das letzte Mal hatte ich meine Mutter auf einer Lesung meiner Schwester gesehen. Im Anschluss an die Lesung besuchten wir noch ein improvisiertes Gartencafé einer Kirchengemeinde. Wir tranken Kaffee und aßen Kuchen, als sich ein fremder Mann zu uns setzte. Meine Mutter und der Mann kamen ins Gespräch. In dem Smalltalk ging es um Kaffee, Zigaretten und Alkohol, also die »kleinen Laster« des Lebens. Der Mann war, wie Sabine und ich, über 50.

Er erzählte, dass er diese Genussmittel kaum noch vertragen könne, er sei dafür »zu alt«. Meine Mutter lachte ihn aus und sagte: »Wirklich? Also was ihr immer habt. Ich kann da nicht klagen. Ich vertrage das alles noch bestens!« Und während sie das mit ihrer tiefen, verrauchten Stimme sagte, steckte sie sich eine weitere ihrer starken Zigaretten an. Niemand von uns kommentierte ihr Schwadronieren, und so schob sie hinterher: »Nun, dafür geht es dann bei mir bestimmt mal ganz schnell, ich kippe einfach tot vom Hocker.« Dann lachte sie verlegen und zog übertrieben an ihrer Zigarette.

Wenige Wochen später kam es genau so. Nachdem meine Mutter noch zwei Mal: »Eberhard! Eberhard!« gerufen hatte, fiel sie vornüber, und ihr Kopf schlug mit einem lauten Knall auf den Holztisch. Zuvor hatte sie zwei unpässliche Tage gehabt mit leichten Kopfschmerzen und Atemnot, dann allerdings eine wirklich schlimme Nacht, starke Schmerzen im Arm und in der Brust, dazu rasende Kopfschmerzen und Atemnot. Was das wohl sein konnte …? Aspirin half nicht. Ein Anruf bei ihrem medizinisch gebildeten Sohn – und sie würde heute noch leben. Ein aufmerksamer und verantwortungsvoller Ehemann – und sie würde heute noch leben. Sie hätte einfach einen Stent ins Herz bekommen und wäre nach drei Tagen Krankenhaus wieder daheim gewesen.

Doch obwohl ihr Herz sie vorwarnte und sie alle Zeit der Welt gehabt hätte, um ins Krankenhaus zu fahren, unternahm sie nichts. Und Eberhard auch nicht. Bis sich das große Herzkranzgefäß schließlich ganz und gar verschloss. Dann starb sie genau so, wie sie es prophezeit hatte.

Eberhard lief kopflos umher, versuchte sich zu erinnern, wie »Wiederbelebung« ging, immerhin war er ja mal Sportlehrer gewesen. Zunächst drückte er planlos auf meiner Mutter herum, auf dem weichen Sofa, wo sie jetzt eingeknickt und schlaff lag. Irgendwann rief er dann endlich Hilfe. Bevor der Notarzt meine Mutter mit Adrenalin und Stromschlägen malträtierte, stand ihr Herz für volle 19 Minuten still, dennoch wurde sie »wiederbelebt«.

Hätte Eberhard sich jemals mit dem Willen meiner Mutter befasst und ihre Patientenverfügung zur Hand gehabt, wäre bereits jetzt klar gewesen, dass diese Wiederbelebung illegal war. Und wäre der Notarzt kein 27-Jähriger gewesen, dessen Ego glaubte, sich »mit dem Tod messen« zu müssen, hätte er diese arme Frau einfach für tot erklärt. Doch beides passierte leider nicht, und so wurde meine Mutter auf Teufel komm raus wiederbelebt – wobei ich den Begriff Wiederbelebung zynisch finde, denn alles, was hier wiederbelebt werden konnte, war ihr Reptiliengehirn. Das Großhirn meiner Mutter war und blieb tot.

In den drei Tagen nach der Wiederbelebung, als man meine Mutter künstlich tiefkühlte, ins Koma versetzte, an zehn Schläuche und fünf Perfusorpumpen hängte, fühlte ich einen großen Schmerz und große innere Unruhe. Und dies hatte weniger mit ihrem (beinahe) Tod zu tun. Auch aufgrund meiner medizinischen Bildung fühlte ich eine eigenartige Gewissheit, dass dies hier falsch war. Als ob ihre Seele nicht mehr mit dem toten Großhirn interagieren und nie mehr in den Körper zurückkönnte, um die Sinne des Körpers zu nutzen. Und andererseits aber auch nicht frei wäre, um dorthin zu gehen, wo sie hinmusste. Das dünne Band, das Körper und Seele verbindet, konnte nicht zerreißen, weil die vielen Maschinen den Körper zwanghaft am Leben hielten. Und wenn ich in das geschwollene Gesicht meiner Mutter schaute, stellte ich mir diesen Zwischenzustand, diesen Limbus, unendlich schmerzhaft vor, so als müsste er unbedingt beendet werden. Und genau dafür hatte mir meine Mutter auch zu ihren Lebzeiten den Auftrag erteilt. Als gut ausgebildeter Heilpraktiker war ich der Bevollmächtigte und Vollstrecker ihrer Patientenverfügung. Obwohl danach der Zustand meiner Mutter juristisch illegal war, musste ich dennoch mit einem Gutachter und Anwalt drohen, bevor die Ärzte reagierten. Die Neurologen hatten den Großhirntod bestätigt, und gleichwohl hätte man meine Mutter gern noch einige Tage, wenn nicht gar Wochen, in diesem Zustand erhalten, denn das belegte Intensivbett wurde natürlich mit etlichen Tausend Euro abgerechnet.

Der verantwortliche Arzt, dessen Kugelschreiber ich eben noch gehört hatte, war inzwischen leise gegangen. Eigentlich hatte er längst keinen Dienst mehr. Doch spät in der Nacht war er in Zivilkleidung noch einmal zurückgekehrt. Ihm ließ unser Streit vom Nachmittag keine Ruhe. Als er hereinkam, saß ich allein am Bett meiner Mutter. Nachdem Eberhard am Nachmittag noch wild am Oberarm meiner Mutter gerüttelt und dabei drei Mal laut »Du schaffst das!« gerufen hatte, hatte er Hunger bekommen und war gegangen.

Aufgrund meiner Intervention waren die Perfusorpumpen, deren Medikamente den Kreislauf aufrechterhielten, bereits abgestellt worden. Allein die Morphiumpumpe lief noch. Meine Mutter lag im Sterben. Trotzdem leistete das Beatmungsgerät noch zu gute Dienste. Meine Mutter quälte sich, das konnte ich sehen. Der Arzt in Zivil sagte plötzlich: »Herr Unger, unter uns und noch mal wegen heute Nachmittag, ich kann Ihnen versichern, wäre dies meine Mutter, ich hätte genauso gehandelt wie Sie. Sie hatten recht, auch medizinisch.«

Ich glaubte, mich verhört zu haben, denn am Nachmittag bei der offiziellen Besprechung mit drei weiteren Ärzten hatte er noch ganz anders geklungen. Als Heilpraktiker vor drei Fachärzten wirkten meine medizinischen und menschlichen Argumente eher fraglich. Jetzt war sein nachträgliches Zugeständnis eine große Entlastung, und ich wiederholte meine Bitte, den unsäglichen Zustand meiner Mutter zu beenden, so oder so. Er erwiderte: »Herr Unger, machen Sie sich nicht unglücklich.« Eine ganze Weile standen wir nun schweigend vor dem Bett. Das Relais der Beatmungsmaschine klickte leise. Plötzlich holte der Arzt hörbar tief Luft und sagte: »Sollen wir den Atemschlauch ziehen? Es wird dann schneller gehen.«

FARBEN DER GEWALT
| 2011 | Berlin

Benannt wurde der Kunstpreis nach dem berühmtesten deutschen Maler der Renaissance, Lucas Cranach. 300 Gäste waren geladen, die Honoratioren der Stadt. Das Fernsehen war auch da. Fünf Laudatoren sprachen. »Das Bild strahlt sehr viel Kraft aus und ist geprägt von einer vehementen Handschrift. Dieser Künstler versteckt sich nicht«, sagte Professor Horst Böhm, einer der Juroren, zum preisgekrönten Ölgemälde »Paradise Lost«. Das Diptychon ist vier Meter breit und hing während der Preisverleihung in der Fränkischen Galerie, einer Zweigstelle des Bayerischen Nationalmuseums.

Gegen 654 Künstler aus dem In- und Ausland hatte ich mich durchgesetzt, zwei Drittel davon akademische Maler. Mein Preisbild zeigt zwei nackte Kinder, die von einem Höllenengel aus dem Paradies vertrieben werden. Das Mädchen und der Junge auf dem Bild haben den gleichen Altersabstand wie meine Schwester und ich.

Nach der Preisverleihung gab es ein Abendessen mit dem Bürgermeister und Pressevertretern. Als Preisträger würde es für mich im Nachklang weitere Ausstellungen geben, eine davon fand im Kunstverein Hof statt. Dort gab ich vor geladenen Gästen folgendes Interview[8]:

RALF SZIEGOLEIT[9]: *Warum immer Familie? Du hast uns erzählt, du bist in einer Familie aufgewachsen, in der manches ein bisschen strenger war als in anderen – um es mal vorsichtig auszudrücken.*

RAYMOND UNGER: *Ich kann das schwer beurteilen, wie es woanders war. Also bei uns war das schon so, dass wir eine sehr religiöse Familie waren. Mein Onkel war ein religiöser Kunstmaler – und das war keine Satire. Er hat sich ernsthaft mit religiöser Symbolik befasst. Ich glaube, was mich als Kind beeinflusst hat, war der Widerspruch zwischen religiösem Anspruch und Lüge. Also dass ein gewisser moralischer Anspruch von den Erwachsenen zwar im Raum stand – aber von ihnen selbst nicht gehalten wurde. Und dieser Widerspruch ist, glaube ich, das Spannende oder das, was einen geprägt hat.*

RS: *Und der prägt ja fast jeden.*

RU: *Mehr oder weniger. Deshalb kann ich nicht beurteilen, ob das jetzt »besonders« pathologisch gewesen ist. Zumindest hab ich in meinem Leben weder eine Gewalterfahrung gemacht noch irgendwelche Übergriffe erlebt. Es ist jetzt nicht so, dass ich aus irgendwelchen ganz furchtbaren Verhältnissen komme.*

RS: *Also, als ich das alles gelesen habe, hat's mich gegruselt, und ich hab gedacht: Der Mann hat Schweres durchgemacht.*

ANNIE SZIEGOLEIT[10]: *Und warum das Thema Angst? Deine Aura umgibt keine Angst. Ich könnte mir vorstellen, wie du mit deinem Motorrad einfach hier vorfährst und sagst: Angst? Na, jetzt hab ich eigentlich keine Angst. Aber viele Besucher der Ausstellung haben doch gesagt, also da gruselt's mich schon ... Man kann ja nicht in die Psyche eines Menschen hineinschauen, aber von der Erscheinung her oder wie du hier am Tisch sitzt, kann man es eigentlich nicht sagen. Du bist sicher keiner, der ängstlich ist.*

RU: *Ich glaube, das ist ein Klischee. Nur weil sich jemand bekennt und sagt, ich hab bestimmte Schwächen, Ängste oder Süchte, stellt man sich das immer extrem dramatisch vor, um das von sich wegzuhalten. Man stellt es sich als Klischee vor: Einer, der Angst hat, sitzt zitternd in der Ecke, und einer der Süchte hat, lallt und liegt in der Ecke. Das sind alles Klischeevorstellungen, die, glaube ich, nicht viel mit der Realität zu tun haben. Ich spreche von einer Angst, die ebenso wie dieses religiöse Thema jeden Zweiten betrifft. Das ist nichts Exklusives, wo sich jemand vor Angst nicht mehr rühren kann, sondern das ist die Urangst, die eigentlich jeder Mensch mehr oder weniger hat. Das ist der Kern meiner Arbeit.*

Beuys hat mal gesagt: »Jeder Mensch ist ein Künstler.« Dieser Satz wird ständig zitiert: Jeder ist ein Künstler ... Als wenn es darum geht: Ja, jeder hat ein Talent oder jeder kann irgendwie malen. Das hat Beuys so nie gemeint, und es ist ein falsches Zitat, weil es nur ein Halbsatz ist. Er hat vielmehr gesagt: »Jeder Mensch ist ein Künstler – wenn er die ständige Konfrontation mit seinem Ich riskiert.« Das ist der klassische Kunstanspruch. Wenn ich mich auf Kreativität einlasse, im selbstkonfrontativen Sinn, bin ich wirklich mit meiner Angst konfrontiert. Was sich nun wie ein roter Faden durch die Arbeit von Beuys zieht, ist Verletzung. Seine größte Arbeit »Zeige deine Wunde – denn nur die Wunde, die gezeigt wird, kann auch geheilt werden« ist fast eine politische Aussage. Also, dass wir alle irgendwie Ängste haben, die aber jeder vor den anderen geheim hält. Angst vor Krankheit, Tod, Verlust, vielleicht ja auch Schwierigkeiten mit der Sexualität oder so – all diese Dinge sind so schambehaftet, dass sie jeder für sich verschließt. Und das klassische Kunstverständnis – und das von Beuys war es –, dass der Künstler in dem Moment, wo er all das zeigt, ein Angebot macht und eigentlich nur das zeigt, was jeder in sich trägt. Dabei ist gerade der exklusive Gedanke, dass etwa der Künstler ganz besonders pathologisch wäre, nur ein Schutzreflex der Gesellschaft. Wenn man sich mit dieser Angst nicht auseinandersetzen will, dann kann man den Künstler überpathologisieren. Der Künstler als Patient – dann muss ich mich mit dem Werk gar nicht mehr auseinandersetzen und auch nicht mit meiner eigenen Angst. Aber wenn ich mich wirklich auf das Werk einlasse und ich gucke mir das ernsthaft an – dann bin ich natürlich auch bei meinen eigenen Ängsten. Dann ist man im Dialog mit diesen »Tabu-Themen«. Das ist die Ebene, auf der ich Kunst machen möchte – als Angebot.

RS: *Also du konfrontierst dich mit dir selbst, und der Betrachter soll sich dann wiederum mit sich selbst konfrontieren?*

RU: *Das passiert ja unweigerlich. Und ich erlebe die unterschiedlichsten Reaktionen – meistens natürlich als Abwehr. Indem das, was da irgendwie gefühlt wird, sofort auf mich gespiegelt wird. Im Sinne von: Der hat aber ein Problem ... oh weia, der muss aber ... In dem Moment ist das keine Auseinandersetzung. In dem Moment spiegelt mir der Rezipient eigentlich nur, dass ich der Patient bin. Aber darüber hinaus gibt es natürlich Reaktionen, wo die Leute sagen, das berührt mich. Das sind dann die wenigen Sammler, die mich kaufen, die sagen, also das Bild musste ich immer wieder angucken, das lässt mich nicht mehr los, das muss ich haben. Da fangen dann die Auseinandersetzung und die Identifikation an.*

RS: *Viele scheuen vor den Gemälden zurück. Ich würde sogar sagen, früher hätte es um solche Gemälde öffentliche Aufregung gegeben, womöglich wäre sogar der Staatsanwalt eingeschritten. Heutzutage geht das alles ohne Probleme über die Bühne. Hast du schon mal größere Widerstände erlebt?*

RU: *Ja, ich hab schon heftige Sachen erlebt. Vieles sind aber einfach auch Missverständnisse. Ich war mal auf einer Messe mit den Bondage-Bildern, die da hinten im Raum hängen. Da hat sich eine Frauendelegation gebildet, die zu mir kam und meinte, ich wäre gewaltverherrlichend, frauenverachtend und wahrscheinlich noch Nazi obendrein.*

Und es ist mir teilweise zu mühsam oder – das klingt jetzt arrogant – aber in dem Fall war es so, dass ich darauf verzichtet habe, denen eine Brücke zu bauen. Ihnen zu erklären, worum es wirklich geht, das zu übersetzen und zu sagen: Ja, aber das ist doch alles gar nicht so gemeint, das ist psychologisch zu verstehen, gerade diese Bondage-Geschichten, ich bin da kein Fan oder so. Wie das funktioniert – ich hätte ja eine Rede halten können, hab ich aber nicht. Ich hab das einfach mal so genommen. Und das tat mir gut. Einfach nur zu sagen: Gut, jetzt haben Sie mir mal Ihre Meinung gesagt.

RS: *Die Bondage-Bilder haben einen Titel: »Satori«. Kannte ich nicht, musste ich googeln. Und dann hab ich den Zusammenhang zwischen Bildtitel und Bild doch nicht erkannt.*

RU: *Eben.* [Publikum lacht, dann Stille]
RU: *Soll ich das jetzt erklären?*

RS: *Ja, bitte!*

RU: *Also, Satori kommt aus dem Zen-Buddhismus und heißt so viel wie kurzfristige Erleuchtung. Oder wenn man es ein bisschen tiefer hängt, könnte man sagen: das Gefühl des Sich-wieder-ganz-Fühlens. Man fühlt sich wieder als Einheit, so wie man sich vorher vielleicht gespalten gefühlt hat. Und der Zusammenhang ist tatsächlich nur zu verstehen, wenn man sich psychologisch klarmacht, wie eigentlich Gewalt oder besser die Inszenierung von Gewalt funktioniert. Also alles, was da drüben hängt, hat mit Gewalt zu tun. Mit Masken, Knebeln, Fesselungen und so weiter. Das sind alles Symbole für eine selbst gewählte inszenierte Einengung. Wo man sich wie in einem Spiel, in einem Theaterstück bestimmte Dinge antut, in dem man sich fesselt und knebelt, man kriegt schlecht Luft, man kann sich nicht mehr bewegen … Und das wird ja von denen, die das machen, freiwillig gemacht. Das ist nicht so, dass die dazu gezwungen werden. Es wird also freiwillig gemacht und es wird als lustvoll empfunden. Dabei ist die sexuelle Konnotation aber viel geringer, als man denkt. Es geht dabei gar nicht so sehr um Sex. Es geht vielmehr um das Wiedererleben eines Gefühls. Im Grunde ist diese ganze Bondage-Thematik eine Re-Inszenierung eines Kindheitsgefühls, als sich die Identität gebildet hat. Das ist eine klassische, psychologische Interpretation. Wenn ich als Kind mein Leben als einengend erlebt habe, mich nicht bewegen konnte, im übertragenen Sinne, dann kann ich das später als Theaterstück inszenieren, und die Seele weiß wieder, wer sie ist. Da ist dann wieder das Gefühl von: ja, so bin ich, so fühle ich mich ganz, da weiß ich wieder, wer ich bin.*

RS: *Du hast ein umfassendes Manuskript fertig, in dem du darstellst, was dir an der aktuellen Kunst nicht gefällt. Dazu würde ich jetzt gern kurz etwas zu den Schwerpunkten hören.*

RU: *Nicht gefällt, das kann man so nicht sagen. Wenn man sich klarmacht, was ich die ganze Zeit erzählt habe – über den selbstkonfrontativen Kunstansatz oder das, was Beuys wollte –, wenn das der rote Faden ist, den ich gut finde, dann ergibt sich daraus natürlich eine Antithese. Wenn Kunst nur erdacht, konstruiert und eklektisch ist und sich nur innerhalb eines elitären Zirkels bewegt, dann findet ein Dialog auch nur in diesem kleinen Zirkel statt. Und ich glaube, dass meine Arbeit auf jeden Fall, auch wenn sie Abwehr erzeugt, mit der Gesellschaft leichter in einen Dialog tritt als meinetwegen eine Konzeptkunst von Franz Erhard Walther, wo an der Wand ein roter Kasten hängt und alle sagen: Hm tja, ein roter Kasten, das kann ich auch …*

Meine Familie, allen voran mein Vater, bekam von Interviews, Zeitungsartikeln und Preisverleihungen kaum etwas mit. Meine Ehrung zum Cranach-Preis nahm ich allein entgegen, und auch zur Vernissage in Hof kam kein Familienmitglied. Für meinen Vater war ich nach wie vor der halbseidene Tunichtgut der 1980er-Jahre, mit dem er vor dem Backofen kauerte, weil die Zentralheizung ausgefallen war, der Typ mit dem dünnen Oberlippenbärtchen, der Möchtegern mit VW-Porsche und 1000er Kawasaki. In seinen Augen war ich nur nach Berlin gezogen, um »einen auf Künstler zu machen«. Damit hatte ich eine Nische gefunden, um meine angeborene »Faulheit« zu kaschieren. Für ihn lagen die Gründe auf der Hand:

»Das, was ein Maler malt, ist der Spiegel seiner Seele. Wenn man seine Bilder sieht, erkennt man, wie krank seine Seele ist. Da ist nichts zu erkennen von göttlicher Inspiration – eher wohl das Gegenteil! Mal ehrlich – seine Figuren sehen doch aus, als hätten sie Schlagsahne im Gesicht ... R. hat drei Qualifikationen für drei Heilberufe[11], aber was hat er daraus gemacht? Nichts! Man muss es doch einfach mal deutlich sagen: R. war jahrelang einfach nur faul. Er hat einfach Angst, dass er morgens um sieben Uhr ausstehen muss. Der Fehler, den wir als Eltern gemacht haben, war einfach, dass wir ihn mit Dingen überhäuft haben. Mit 8 Jahren eine super Carrerabahn, mit 10 schon Radios und Funkgeräte, mit 14 ein teures Mofa und, und, und ... Dann die zahllosen Motorräder und Autos, für die du immer Steuer und Versicherung bezahlt hast, das waren doch Unsummen! Und dann stellt er sich im deutschen Fernsehen hin und sagt: Meine Eltern hatten ja nichts! Das ist auch dir gegenüber eine bodenlose Frechheit! Bei mir ist jetzt definitiv der Ofen aus. Ich wünsche definitiv keinen Kontakt mehr zu ihm. Was das für ihn für weitere Konsequenzen haben wird, brauche ich dir ja nicht weiter zu erläutern ...«

Den wütenden Brief finde ich später im Nachlass meiner Mutter. Mein Vater schrieb ihn an seine Exfrau, anlässlich meiner Teilnahme an einem NDR-Dokumentarfilm über Kriegskinder und Kriegsenkel. Aus seiner Sicht hatte ich im Film bösen Verrat an unserer Familie begangen, und mit dem Brief erhoffte er sich die Solidarität meiner Mutter.

Meine Mutter hatte den Film natürlich auch gesehen, war jedoch weit davon entfernt, ins gleiche Horn zu stoßen. Im Gegenteil. Meine Mutter hatte inzwischen erkannt, wie verletzt sie selbst war. Sie hatte im hohen Alter eine Therapie gemacht (was statistisch gesehen so gut wie nie passiert) und sprach offen mit uns Kindern über die Vergangenheit. Mein Vater blieb also vorerst allein mit seiner Wut. Später versicherten ihm immerhin seine drei Brüder, wie unmöglich mein Verhalten im Film gewesen sei.

Bei alledem musste ich mir immer wieder sagen: Mein Vater ist der kleine Andreas vor dem Volksempfänger, der mit seiner Angst kämpft, dass seine komplette Hamburger Familie verbrennt. Und die Kraft, die ihn sein Leben seither kostete, ließ es nicht zu, dass er an meinem Leben wirklich teilhat. Erst recht nicht an meinem Berliner Künstlerleben. Ohnehin war mein Umzug nach Berlin ein wenig so, als wäre ich ausgewandert, obwohl der ICE von Hamburg nach Berlin nur anderthalb Stunden braucht. Berlin, New York oder Timbuktu – abgesehen von meiner Mutter machte dies für meine restliche Familie wenig Unterschied. Ich war »weit weg« gezogen, selbst schuld. Andererseits – hat mich mein Vater denn jemals besucht, als ich noch in Hamburg lebte? Hat er sich jemals meine Wohnung angesehen und sich dafür interessiert, wie und wo ich lebe?

Dabei fällt mir ein, ja! Das hat er, einmal. Er ist wirklich einmal zu Besuch gekommen, als ich noch im Schrammsweg wohnte. Ich war damals ganz aufgeregt, hatte vorher geputzt und noch etwas eingekauft. Dann habe ich ihn vom Bahnhof abgeholt und zu mir nach Hause gebracht. Stolz zeigte ich ihm meine kleine Wohnung und bewies ihm, der Apfel fällt nicht weit vom Stamm, denn als Hobbykoch servierte ich ihm noch ein leckeres Abendmenü. Ich weiß nicht mehr, wann es mir dämmerte, vermutlich als ich den Wecker auf vier Uhr stellen sollte. Eigentlich verhielt sich die Sache nämlich so: Mein Vater hatte eine Pauschalreise nach Teneriffa gebucht. Und sein Flug von Hamburg-

Fuhlsbüttel ging bereits morgens um fünf. Da er aus der Provinz keine Chance gehabt hätte, so früh anzureisen, »besuchte« er mich und ließ sich dann in aller Herrgottsfrühe von mir zum Flughafen chauffieren. Dies war billiger, als noch mal Hotel und Taxi zu bezahlen. Abgesehen von diesem Abend Anfang der 1990er-Jahre besuchte mich mein Vater in den folgenden 25 Jahren nie wieder.

Wenigstens begriff mein Vater meine Malerei intuitiv als das, was sie in weiten Teilen tatsächlich ist: als Provokation und Abrechnung. Als Akt der Reinigung, Klärung und Katharsis. Insbesondere meine Familienbilder sind Aufreger für Menschen, die drohen, am Klischee der »heilen Familie« zu scheitern, dies aber nach Kräften leugnen. Denn jene, die wirklich glücklich sind, regen sich über meine Bildchen kaum auf. Aber wehe, die unbewusste Abwehr wird aktiv. Dann stehe ich schnell als böser Bube da, als Fetischist, Perverser, Kranker oder Kinderschreck.

Und wirklich – wer in mir malt da eigentlich, wenn ich male? Wer liebt es, beim Malen krachend laut Rammstein zu hören? Wer will noch ein Bier und noch eines? Wer will auf dem Gipfel der kreativen Not alles nur Erdenkliche in sich hineinstopfen, das zehnte Kaugummi kauen oder die hundertste Zigarette rauchen, wäre sie nur verfügbar im heißen Dachatelier? Wer ist so wütend und verletzt, dass mit dem Metallspachtel als Waffe manchmal die Leinwand draufgeht und der Rahmen gleich noch dazu?

Es ist der kleine Raymond auf dem Moped, der vor dem betrunkenen Vater floh, hinaus in die Winternacht. Der lieber auf dem Motorrad erfror, als das Knarzen der Kellertür auch nur eine Sekunde länger zu ertragen.

Schade, dass sich der kleine Raymond auf dem Moped und der kleine Andreas vor dem Volksempfänger nie kennengelernt haben. Ich bin mir sicher – sie hätten sich gemocht.

ZUCKERBROT UND PEITSCHE

| 1977 | Neu Wulmstorf

Als Kind liebte ich meine Großmutter mindestens so sehr wie meine Mutter. Das lag wohl daran, dass ich damals fast mehr Zeit mit ihr verbrachte als mit meiner Mutter. Das Verhältnis beider Frauen zueinander blieb immer distanziert. Meine Mutter kam zeit ihres Lebens nicht darüber hinweg, dass ihre Mutter nach ihrer Geburt eine Wochenbettpsychose bekommen hatte. Die kleine Katja wurde weggegeben und von einer Amme aufgezogen.

Es soll dann so gewesen sein, dass es meiner Großmutter schnell wieder besser ging. Eigentlich war sie wieder gesund. Doch machte sie keinerlei Anstalten, ihr Kind nach Hause zu holen. Erst als die Verwandtschaft sie darauf ansprach, was denn nun mit dem Kind sei und wann sie gedenke, es zu holen, reagierte sie.

So jedenfalls erzählte meine Mutter die Geschichte. Die Sache stand zeitlebens zwischen den beiden Frauen. Meine Mutter empfand ihre Mutter Wilhelmine als lieblos und kalt.

Sie zweifelte nicht daran, dass meine Großmutter »Jungs ohnehin viel lieber mochte als Mädchen«. Ihren Sohn Ewald zum Beispiel. Und später mich.

Meine Großmutter verbrachte viel Zeit mit mir, sprach mit mir über die alte Heimat und moderierte dabei jede ihrer Handlungen. Sie erklärte mir, wie man »richtigen« Käse machte, »richtig« buk, »richtig« heizte. Und jedes Mal schienen ihr meine staunenden Augen zu bestätigen, aha, so war das also damals, so war es richtig.

Meiner Großmutter reichte es schließlich nicht, mich nur durch ihre Hausarbeit in die bessarabische Heimat zu entführen. Stück für Stück baute sie Dinge aus der Heimat nach. Vorgeblich, um mir Spielzeug zu geben. An zwei dieser Spielzeuge erinnere ich mich noch, als wäre es gestern gewesen.

Meine Großmutter baute für mich einen bessarabischen Ziehbrunnen nach. Derartige Brunnen waren für die bessarabische Landbevölkerung offenbar so wichtig, dass sogar im offiziellen bessarabischen Wappen solch ein Brunnen enthalten war. Er bestand aus einer Art Kipphebel, dessen langer Auslegerbalken die Hebelkraft durch ein Gegengewicht nutzte. Diese Ziehvorrichtungen erleichterten die Arbeit enorm, musste doch das Wasser nicht mit eigener Muskelkraft angehoben werden.

Mein Miniaturbrunnen bestand aus einer abgeschnittenen Flasche Franzbranntwein und einigen Holunderstöcken, die meine Großmutter mit Wollfäden zusammengebunden hatte. Die Flasche wurde in der Erde vergraben und mit Wasser gefüllt. An dem Bund aus Holunderstöcken befestigte meine Großmutter an einer Seite einen Stein als Gegengewicht und auf der anderen Seite einen Mini-Eimer. Mein kleiner Brunnen funktionierte tadellos.

Als ich ein gewisses Alter erreicht hatte, erklärte mir meine Großmutter, ich sei nun alt genug für ein ganz besonderes Spielzeug. Jetzt wäre ich ein »richtiger Junge«. Und wenn die Jungs in der Heimat in mein Alter kämen, erhielt jeder ein Kleinod, das ihn als richtigen Jungen auswies: die bessarabische Lederpeitsche!

Zwar konnte meine Großmutter diese Peitsche nicht selbst herstellen, aber es gelang ihr zumindest, das richtige Leder zu besorgen. Nun war mein Großvater gefragt. Als Sattler hatte er früher diese speziellen Peitschen gefertigt, die in einer besonderen Flechttechnik hergestellt wurden. Und obwohl mein Großvater wenig Lust verspürte, mir eine Peitsche zu bauen, konnte er sich dem Einfluss seiner Frau nicht entziehen.

Eines Sonntags war es so weit. Mit beeindruckender Präzision schnitt mein Großvater acht dünne Steifen aus dem Leder und flocht sie zu einer kunstvollen, langen Peitsche. Am Übergang des Leders zum Stiel bekam die Peitsche noch eine Verzierung aus roter Wolle. Das Einzige, was jetzt noch fehlte, war das Pferdehaar an der Spitze. Doch sosehr sich meine Großmutter bemühte, echtes Pferdehaar zu beschaffen gelang ihr nicht.

Für meine Großmutter blieb meine Peitsche in diesem Zustand eher ein Abklatsch der Originale aus der Heimat. Denn gerade das Pferdehaar war ja der Clou an der Sache, sorgte es doch für den Knalleffekt, mit dem man allerlei Getier Beine machen konnte. In Ermanglung von Ziegen, Schafen oder Pferden auf unserem Neu Wulmstorfer Hof störte mich jedoch der kleine Defekt recht wenig.

Aufgrund der intensiven Beschäftigung mit mir war die Bindung zu meiner Großmutter riesengroß. Hätte man mich gefragt, ob ich wegziehen will – ich hätte natürlich nein gesagt. Doch im Jahr der Mondlandung trafen meine Eltern die Entscheidung, woanders ihr eigenes Einfamilienhaus zu bauen.

Unser neues Zuhause lag fast vierzig Kilometer vom Grundstück meiner Großeltern entfernt. Als Kind hatte ich zunächst keine Chance, meine Großmutter weiterhin zu sehen. Es sei denn, meine Eltern fuhren hin. Doch schnell stellte sich heraus, dass die Bindung meiner Mutter zu Ewald und Helga so eng war, dass wir ohnehin jedes zweite Wochenende zusammentrafen.

Auf diese Weise konnte ich die ersten Jahre überbrücken, bis ich 14 Jahre alt wurde und mein erstes Mofa bekam. Obwohl ich es noch gar nicht auf der Straße fahren durfte, hatte ich selbstredend nichts Besseres zu tun, als sofort zu meiner Großmutter zu fahren.

Für die Fahrt brauchte ich zweieinhalb Stunden. Hin und zurück immerhin fünf Stunden, eine kleine Weltreise. Im Sommer war dies kein Problem, doch im Winter war es ein echtes Abenteuer. Aufmerksame Eltern hätten derartige Fernfahrten vermutlich verboten. Doch ich fuhr bei Wind und Wetter, Eis und Schnee. Zudem hatte ich damals auch überhaupt keine wintergerechte Kleidung.

Ich erinnere mich an die bizarrsten Kombinationen aus Lappen und Lumpen, die ich mir zusätzlich um die Knie wickelte, weil es auf der langen Fahrt so kalt wurde. Wenn ich dann in Neu Wulmstorf ankam und tiefgefroren vom Mofa kippte, kochte mir meine Großmutter heißen Tee oder eine Hühnersuppe. Dann saß ich in ihrem Wohnzimmer, das schon immer aussah wie eine russische Bauernstube. Überall bunte Häkeldecken und Kissen, doch der Glanzpunkt war ein schweres, goldgerahmtes Bild mit Jesus am Kreuz, das zentral über dem Sofa hing. Das Bild war ein Geschenk von Ewald an seine Mutter gewesen. Es zeigte eine Kopie von Caspar David Friedrichs »Das Kreuz im Gebirge«, das Friedrich 1808 gemalt hatte.

Ewald hatte das Bild meisterhaft kopiert, es glich dem Original aufs Haar. Heute hängt es in meinem Berliner Atelier. Vermutlich kann kein anderes Bild besser ausdrücken, wie ich mir Bessarabien als Kind vorstellte. Bessarabien strahlte! Es war rötlich-rosa. Und auch ein bisschen gelb. Es hatte Berge. Und Tannen. Ein Mann hing dort am Kreuz. Bessarabien war unendlich schön! Und unendlich traurig. Vor allem: für immer verloren.

Inzwischen war das Heim meiner Großmutter sogar noch »bessarabischer« geworden. Es hatte einen großen Umbau gegeben, bei dem kein Stein auf dem anderen geblieben war. Aber die Mühe hatte sich gelohnt. Meine Großeltern hatten ihr Haus entkernen lassen, um die zentrale Stützwand zu entfernen. Da wurde dann ein echter bessarabischer Ofen eingemauert – eine Doppelwand, in der der Rauch bis unter das Dach abziehen konnte. Und wenn ich dann durchgefroren von meinem »Pferd« stieg, um mich an diesem besonderen Ofen zu wärmen, war fast alles wieder so wie früher. Wie in der Heimat saßen wir beisammen, aßen Kekse oder Bobsche (Mais) und tranken Tee. Meine Großmutter erzählte wieder die alten Geschichten von klirrender Kälte und nächtlichen Schlittenfahrten, die manchmal sogar von einem Rudel grauer Gestalten begleitet wurden. Draußen wurde es langsam dunkel, ich lauschte der beginnenden Nacht. Nun hörte auch ich sie, die Wölfe aus der Heimat.

EPILOG

In diesem Buch geht es um energetischen und psychologischen Missbrauch, um Traumata, die an meine Generation weitergereicht wurden, um Sucht und Scham. Zunächst übertrug meine Großmutter ihre Trauer über den Verlust ihrer Heimat auf mich. Verletzt wie meine Eltern es selbst waren, hatten sie dem Missbrauch nichts entgegenzusetzen.

Auf sich gestellt, können sich Kinder gegen eine Übertragung von Gefühlen kaum wehren. Ich hatte fortan die Gefühle meiner Großmutter. Ich war traurig und verzweifelt wegen eines verlorenen Lebens, noch bevor mein eigenes Leben überhaupt begonnen hatte. Im wahrsten Sinne bestand die Zuwendung meiner Großmutter aus Zuckerbrot (Keksen) und Peitsche, und beides nahm ich begierig auf, ansonsten hätte ich auch kaum Zuwendung bekommen.

Natürlich war meine Großmutter nicht böse. Was tat sie denn schon? Sie zeigte mir, wie man Käse macht. Oder sie schenkte mir bessarabisches Spielzeug. Was soll daran falsch gewesen sein? Erst in jüngster Zeit wurde deutlich, wic Übertragung eigentlich funktioniert: Man kann ganz banale Dinge tun oder über banale Dinge sprechen. Entscheidend sind nicht die Handlungen oder Worte. Entscheidend sind die Gefühle, die man dabei hat. Oder genauer, entscheidend sind gerade die Gefühle, die man nicht haben will. Und durch einen fast unheimlichen Vorgang lassen sich diese Gefühle tatsächlich weitergeben. Hinterher geht es einem dann wirklich besser, dem Empfänger dieser Gefühle geht es aber wirklich schlechter.

Abgesehen von der Übertragung von Gefühlen wurde mir die empathische Dysfunktion meiner Eltern immer klarer, je mehr ich mich mit der transgenerationalen Weitergabe kriegsbelasteter Kindheiten beschäftigte. Mir fällt eine Geschichte ein, die sich im Zusammenhang mit diesem Buch ereignete: 2006 hatte meine Schwester mehrere Audiokassetten aufgenommen, auf denen mein Vater und sein Bruder Oskar »alte Geschichten« erzählen. Für dieses Buchprojekt stellte sie mir die Aufnahmen zur Verfügung. Ich digitalisierte sie und speicherte sie auf meinem Handy, um sie mir jederzeit anhören zu können. Auch die Geschichten von der Kinderlandverschickung, der Bombardierung Hamburgs und von Weihnachten 1945 sind enthalten.

»Und? Was ist dir aufgefallen?«, fragte Sabine neugierig, nachdem sie mir die Aufnahmen geschickt hatte.

»Traurig«, war meine erste Antwort.

»Ja, klar, traurig, aber was noch?«

Ich musste überlegen. Es war klar, dass Sabine auf etwas Bestimmtes hinauswollte.

»Also, ich musste weinen«, gab ich zurück.

»Genau!«, brach es aus ihr heraus, »du musstest weinen! Aber die beiden erzählen die Geschichten ohne jegliche Emotion! Sie erzählen alles gleich. Lustige Anekdoten oder schrecklichste Dinge – alles im gleichen Ton!«

Als ich die Aufnahmen anschließend noch einmal hörte, fiel mir auf, wie recht sie hatte. An einigen Stellen bettelte Sabine förmlich um etwas Emotionalität. Tatsächlich fehlte diese völlig.

Bei den Aufnahmen fragte Sabine deshalb immer mal wieder aktiv nach: »Und, wie hat sich das damals für dich angefühlt? Warst du denn nicht sehr traurig?«

Die knappe Antwort erfolgte im selben unbeteiligten Ton und wiederholte nur Sabines Worte: »Doch, ja, klar, das war sehr traurig.« Dabei erzählen beide Brüder unglaublich präzise, erinnern sich an jeden Namen, jede Hausnummer und jedes Datum – nur an ihre Gefühle erinnern sie sich nicht.

Sabine erzählte mir am Telefon noch, dass es am Abend nach den Aufnahmen eine Fernsehsendung über Kriegskinder des Zweiten Weltkriegs gab. Sie sah sich die Sendung zusammen mit unserem Vater an. Es kam ein Mann zu Wort, ebenso alt wie unser Vater, der von seinen Kriegserlebnissen als Kind berichtete. Der Mann hatte inzwischen eine Therapie gemacht, ab und an kämpfte er mit den Tränen. Schließlich fing er doch an zu weinen. Unser Vater beobachtete den Mann, wurde dabei immer unruhiger und kommentierte: »Na, nun ist aber genug!« und: »Also, jetzt reicht's aber!«

Wenn die Kriegskindgeneration traumatischen Erlebnissen ausgesetzt war, trennten sich oftmals ihre Gefühle von den Geschehnissen ab. Und manchmal bleibt der emotionale Zugang lebenslang verschlossen. Das heißt, man erinnert sich durchaus an Ereignisse, aber nicht an die Gefühle dazu. Derartig traumatisierte und emotional gestörte Eltern können später kaum Nähe zulassen oder Liebe geben, denn zu viel emotionale Nähe gefährdet ihren emotionalen Dissoziationsprozess, den sie aktiv aufrechterhalten müssen. Kinder von solchen Eltern, die Generation der 1960 bis 1975 geborenen Kriegsenkel, suchen den Grund für die mangelnde Zuwendung allerdings ausschließlich bei sich selbst. Egozentriert, wie die Weltsicht von Kindern nun einmal ist, glauben Kinder immer, sie sind es, die »nicht liebenswert« sind oder die »irgendwie falsch und ungenügend« sind. Dieses Gefühl wird später internalisiert und bleibt mitunter ein Leben lang. Daraus ergeben sich dann viele der Zuschreibungen, die man im Zusammenhang mit Babyboomern macht: Selbstzweifel, Selbstwertmangel, berufliche Desorientierung, Kinderlosigkeit, Suchtverhalten und Beziehungsstörungen.

Ich möchte noch auf einen weiteren Mechanismus bei der Weitergabe von Traumata hinweisen, einen Effekt, den ich geradezu beklemmend finde. Dies betrifft die Weitergabe purer Energie. Ein Vorgang, der psychologisch nicht so leicht erklärbar ist wie die Empathiestörung meiner Eltern oder die Übertragung der Trauer meiner Großmutter. Man arbeitet daran, dem Effekt mit Versuchen auf die Spur zu kommen: Wenn man einer Generation von Mäusen viel Angst macht, sie unregelmäßig füttert, ab und an einer Katze aussetzt und andere Grausamkeiten veranstaltet, werden diese Mäuse hektisch, verhuscht und sehr nervös.

Bekommen diese Mäuse dann Kinder, haben auch die Mäusekinder große Angst, obwohl sie niemals den Ursachen ausgesetzt waren und diese niemals kennengelernt haben. Diese Angstkinder reagieren sogar selbst dann noch ängstlich, wenn sie von gesunden Adoptiveltern aufgezogen werden. Also selbst dann, wenn eine direkte Weitergabe durch die Verhaltens- und Prägeebene ihrer nervösen, leiblichen Eltern ausgeschlossen ist.

Die Kinder der Angstmäuse sind traumatisiert durch die kuriose Weitergabe reiner Angst, die man bis heute noch nicht genau versteht. Bei Therapien der Nachkommen von Bosnienkriegsopfern verstand man erstmals, dass für Menschen dasselbe gilt wie für Mäuse. »Epigenetik« soll ein Stichwort sein, um den Effekt zu erklären.

In unserer Gesellschaft sind wir daran gewöhnt, kausal zu denken, und diesem Denken unterstellen wir eine gewisse Logik und Gerechtigkeit. Ursache und Wirkung stehen in Zusammenhang, und wir glauben, wer etwas verbockt hat, sollte seine Suppe auch selbst auslöffeln. Überaus ungerecht finden wir hingegen, wenn jemand, der sich nichts zuschulden kommen ließ, für etwas büßen muss, was andere verbrochen haben. Doch genau dies scheint bei der transgenerationalen Weitergabe von Traumata der Fall zu sein.

Bestimmt kannte der biblische Mose den Begriff Epigenetik nicht, doch er meinte vielleicht dasselbe, als er schrieb: »… aber ungestraft

lässt Gott niemand, sondern sucht die Missetat der Väter heim an Kindern und Kindeskindern bis ins dritte und vierte Glied!«
Als Kind litt ich unter sehr schlimmen Ängsten, die fast an eine Psychose grenzten. Viele Kinder haben Nachtangst, doch bei mir war es so schlimm, dass ich nahezu alles tat, um der Nacht zu entgehen. Ein Trick war, meine große Schwester wach zu halten. Ich erzählte ihr die spannendsten und kreativsten Geschichten, die Hauptfigur war mein Teddy, der allerlei Abenteuer zu bestehen hatte. Nach unserem Umzug 1970 hatte ich dann dummerweise ein eigenes Zimmer, und mit dem Teddy-Trick war es vorbei. Im neuen Haus entwickelte ich Ängste, die sich bis zur persönlichen Abspaltung und außerkörperlichen Erfahrung steigerten. Meine Mutter und die Ärzte waren ratlos, man vermutete Vitaminmangel. Wenn es besonders schlimm wurde, bekam ich vor lauter Angst nur drei oder vier Stunden Schlaf, und in der Schule war ich natürlich todmüde.

Später wurde es kaum besser. Alles, was ich anfing, geschah in großer innerer Angst und Unsicherheit. Ob es eine Ausbildung, ein neuer Job oder die Bundeswehr war, nie hatte ich das Gefühl, ich könnte einer neuen Aufgabe gerecht werden. Stattdessen rechnete ich immer mit dem Schlimmsten. In der Nacht vor einem neuen Job oder einer unbekannten Aufgabe konnte ich nie schlafen. Mich verfolgten Gedanken wie: Nun ist es so weit. Jetzt wirst du endgültig auffliegen. Man wird feststellen, dass du ein Scharlatan bist. Man wird dich verachten, vom Hof jagen und schließlich regresspflichtig machen. Viele Jahre habe ich nicht an mich und meine Fähigkeiten geglaubt.

Aus dieser Schräglage heraus strengte ich mich über die Maßen an und war dann fast immer sehr erfolgreich. Doch all dies änderte nichts an meinem inneren Erleben. Ich glaubte mir und meinen Fähigkeiten trotzdem nicht, egal wie viele Schulterklopfer ich auch erhielt. Streckenweise konnte ich am Leben teilnehmen, trotz meiner inneren Angst. Doch meine Teilnahme war so anstrengend, dass ich mich völlig verausgabte. Früher oder später wurde mein Rückzug unabwendbar.

Damals noch unbewusst, fand ich genug äußere Gründe: Der Job war doof, die Kollegen blöd oder was auch immer. Hauptsache, ich entkam der Falle, dem Bergwerk, dem Pulverfass. Viele Jahre sah es so aus, als würden vor allem Sabine, Ina, Peter und ich derartige Störungen ausbilden. Währenddessen fragte sich die Kriegskindgeneration, was für merkwürdig »verwöhnte« und »schwache« Kinder sie da bloß in die Welt gesetzt hatte. Doch später zeigten sich dann auch bei den Kriegskindern die Auflösungserscheinungen, zunächst Suchtverhalten und später die verfrühten Todesfälle.

Als engste Mitbetroffene war meine Schwester die erste Leserin des Buches. Wenigstens von ihr wünschte ich mir ein Okay. In ihrer ersten Reaktion merkte sie an, dass wir Geschwister vielleicht doch zu schlecht wegkämen. Es könnte der Eindruck entstehen, wir seien »vollends gescheiterte Existenzen«. Dies könnte daran liegen, weil ich mich bei meinen Schilderungen vorwiegend auf unsere erste Lebenshälfte konzentrierte. Und diese Zeit war für meine Schwester und mich tatsächlich eine einzige Odyssee. Zudem war ich womöglich meiner eigenen Logik auf den Leim gegangen, alles andere sei schon gesagt worden. Denn in meinem ersten Buch, *Die Heldenreise des Künstlers,* beschäftigte ich mich ja mit meiner zweiten Lebenshälfte und erzähle, dass ich schließlich doch noch ein guter Maler wurde.

Übrigens wurde Mark, mit dem ich die Heilpraktiker-Ausbildung machte, später ein kreativer Therapeut. Und ich wurde ein therapeutischer Künstler. Heute, 25 Jahre später, stellen wir immer wieder fest: Eigentlich waren unsere gefühlten Berufungen beide richtig. Wer das Künstlerdasein im Beuys'schen Sinne begreift, wird in der Ausübung beider Berufe ohnehin keinen Widerspruch entdecken.

Zur Ehrenrettung meiner Schwester möchte ich ergänzen: Sie wurde in ihrer zweiter Lebenshälfte eine sehr einfühlsame und erfolgreiche Kinderbuch- und Radioautorin. Meine Schwester versteht und unterstützt mein Vorhaben aus vollem Herzen, aber zu Lebzeiten meiner

Mutter hätte ich unsere Familienchronik sicher nicht schreiben können. Auch mein Vater wird vermutlich kaum einsehen, was ich mit diesem Buch – auch für ihn – geleistet habe. Er wird Wert darauf legen, dass es auch in unserer Familie schöne Zeiten gegeben hat. Hat es auch. Wir hatten auch Spaß und haben gelacht, aber diese Zeiten waren kurz und rar. Und von diesen Momenten handelt mein Buch ganz bewusst nicht.

2009 nahm ich als Interviewpartner am zweiteiligen NDR-Film *Der Hamburger Feuersturm 1943* von Andreas Fischer teil. Im ersten Teil (*Brandwunden*) geht es um das Leid der Kriegskinder, die 1943 die Bombardierung Hamburgs erleben mussten. Im zweiten Teil *(Brandnarben)* berichtet dann meine Generation über die Unnahbarkeit ihrer kriegstraumatisierten Eltern. Andreas Fischer wagte sich mit seiner Gegenüberstellung von traumatisierten Kriegskindern mit deren Kindern (den Babyboomern) auf neues Terrain.

Nie werde ich die Pressekonferenz vergessen: Nach der Premiere saß ich vor versammelter Presse direkt neben Frau Abendschön, einer rüstigen und resoluten 84-jährigen Hamburgerin. Frau Abendschön schaute starr zu den Presseleuten, hatte aber ihre spitzen Finger um meinen rechten Oberarm gelegt. Dann erzählte sie von ihren schrecklichen Kriegserlebnissen und jeden Satz läutete sie mit den Worten ein: »Damit auch solche Leute wie Sie das mal verstehen ...« Und immer, wenn sie »Leute wie Sie« sagte, bohrten sich ihre Finger noch tiefer in meinen Oberarm. Dann erzählte sie, wie man ihr die Haut mitsamt der Strumpfhose nach einem Brandbombenangriff abgezogen hatte. Wie sie im Krankenhaus lag und jeden Tag aufs Neue gefragt wurde, wie sie hieß, und sie es wochenlang nicht mehr wusste.

Und ich? Was hatte ich zuvor im Film erzählt? Dass mein Vater zu viel Bier trank, dass er sich immerzu auf seinem Taubenschlag versteckte. Im Vergleich zu Frau Abendschön klang mein Bericht lächerlich.

Ich kann und will nicht mit Frau Abendschön oder meinem Vater konkurrieren ob des »schlimmeren« Traumas und der »dramatischeren« Kindheit. Deshalb schwieg ich und schaute betreten zu Boden. Irgendwann jedoch meldete sich eine Journalistin zu Wort. Doch anstatt eine Frage zu stellen, wandte sie sich überraschend an mich: »Herr Unger, Frau Abendschön muss Sie ja auch nicht verstehen. Wir haben sehr wohl verstanden, worum es Ihnen geht.«

Mein Vater konnte mein Anliegen im Film ebenso wenig verstehen wie Frau Abendschön. Nach der Ausstrahlung gab es einen kurzen, bösen Briefwechsel mit ihm, dann sprachen wir fünf Jahre kein Wort miteinander.

Mein Vater war nicht in der Lage, meine Aussagen über den »Mangel« meiner Kindheit nachzuvollziehen. In Wirklichkeit sagte ich im Film, wie sehr mir mein Vater gefehlt habe. Doch seine Briefe haben gezeigt: Er konnte den Unterschied zwischen empathischem und materiellem Mangel weder denken noch fühlen.

Aufgrund meiner psychologischen und therapeutischen Ausbildung, bei der ich mich einige Jahre mit systemischen Ganzheitskonzepten befasst habe, fiel es mir innerhalb meiner Familie schwer, das allgemeine Staunen über »plötzliche Schicksalsschläge« zu teilen. Als meine Mutter komatös im Krankenhaus lag, begrüßte ich Eberhard mit den Worten: »Vor diesem Tag habe ich seit fünf Jahren Angst.«

Eberhards entgeisterte Mimik verriet mir, dass er nicht im Geringsten verstand, wovon ich sprach. Für ihn kam der Herzinfarkt meiner Mutter »aus heiterem Himmel«. Dabei ging meine Familie mit ihren Krankheiten vermutlich genauso um, wie es der Großteil der Gesellschaft tut. Bei uns sah man die Sache so: Meine Tante war an Krebs gestorben, ein Übel, gegen das man bekanntlich machtlos ist. Mein Onkel starb an Diabetes und meine Mutter an einem Herzinfarkt – insgesamt also Volkskrankheiten Nummer eins, zwei und drei.

Hunderttausende sterben jedes Jahr an Krebs, Diabetes und Herz-

Kreislauf-Erkrankungen, so ist das nun einmal in westlichen Industrienationen. In der Regel wird dann so getan, als seien diese Krankheiten Schicksalsschläge, die man hinnehmen muss. Das Seriensterben meiner Familie wurde auf den diversen Beerdigungen dann auch dementsprechend kommentiert, »Schicksal«, »mysteriöser Fluch« oder »Gottes Ratschluss«.

Wenn so dahergeredet wurde, überkam mich regelmäßig Wut. Dies hier sollte Schicksal sein?! Für mich sah es so aus, als würde hier jemand einen Wagen bewusst in den Abgrund steuern, obwohl man die Klippe lange kommen sah und die Bremsen durchaus funktionierten. Für mich sah es nach Vorsatz aus, und das machte mich sehr, sehr wütend. Hier waren Menschen, die ich sehr liebte, und dennoch steuerten sie ihren Wagen in den Abgrund. Einhalt, wenigstens mir zuliebe, schien nicht infrage zu kommen. Niemand würde »mir zuliebe« mit dem Rauchen aufhören. Oder mit dem Rotweintrinken. Oder anders: Rotwein, Zigaretten, selbst Brieftauben waren stets wichtiger als ich. Mein innerer Wesensanteil, der diese Wut fühlte, kämpfte um seine Eltern, doch letztlich kämpfte er um das eigene Überleben.

Zusehen zu müssen, wie sich die eigenen Eltern umbringen, ist sicherlich das Schlimmste für Kinder, egal wie alt sie sind. Kinder tun alles, um ihre Eltern zu retten. Trotz meiner psychologischen Bildung und dem Durchschauen der Hintergründe entkam ich der anstrengenden, gefühlten Verantwortung für meine Eltern nicht. Und während Sabine sich zunehmend abgrenzte, schrieb ich fast bis zuletzt noch Briefe oder führte lange Telefonate mit meiner Mutter oder meinem Onkel. Doch trotz meiner Verrenkungen konnte ich die Bremse der Fluchtautos meiner Liebsten von meinem Beifahrersitz aus nicht erreichen. Die Autos stürzten ab, eines nach dem anderen.

Im ersten Jahr nach dem Tod meiner Mutter war ich zu wütend, um zu trauern. Ihren eigenen Tod geradezu zynisch anzusagen setzte allen vorangegangenen Todesfällen die Krone auf.

In letzter Zeit wandelt sich mein Zustand. Zunehmend bricht eine unsagbare Trauer durch. Diese Trauer lässt meine Wut schmelzen wie Eis in der Sonne. Diese Trauer liebt und versteht. Diese Trauer braucht keine Interpretation von Schuld und Verantwortung, von »man hätte es besser machen können, sollen oder müssen«. Denn letztlich erkennt diese Trauer an, dass alle Familienmitglieder ihr Bestes gaben. Mein Vater war der beste Vater, der er sein konnte. Mein Onkel war der beste Onkel, der er sein konnte. Meine Mutter war die beste Mutter, die sie sein konnte. Sie alle gaben ihr Bestes, denn sie gaben das, was sie geben konnten. Und wenn ich einen großen Kreis schlage und meine Familie aus dieser Perspektive betrachte, dann komme ich genau da an, wo alle anderen schon vor mir waren: Bei der Interpretation, dass all dies tatsächlich Schicksal ist. Die vermeintlich naive Annahme, dass man nichts gegen »diese Dinge« tun könne, stimmt dann wieder – wenn auch auf einer höheren Ebene. Wie frei ist der Einzelne wirklich? Der Einzelne der Müllers. Der Ungers. Der Bessarabiendeutschen. Der Hamburger. Der Deutschen. Der Europäer. Wir sind alle Glieder einer unendlichen Kette, eingebunden in kollektive, soziale und politische Mächte und Strömungen, die so viel größer sind als wir.

Wer entscheidet über seine Geburt, sein Leben und seinen Tod? Und doch ist es wohl so: Erst wenn ich mich unendlich verausgabt habe bei dem Versuch, mein eigenes Leben zu meistern, und wenn ich mich genug abgearbeitet habe bei dem Versuch, meine Liebsten vor Unheil zu bewahren, erkenne ich schließlich meine Machtlosigkeit. Manchmal denke ich, die Illusion, über mein eigenes Leben bestimmen zu können, ist vielleicht meine größte Krankheit.

In der letzten Zeit macht eine TV-Serie von sich reden, die *Vikings*. Diese Wikinger-Saga beschreibt den Zeiten- und Werteumbruch vor dem Mittelalter: Kultische Wikinger-Religion trifft auf englische Christen. In der Serie wird deutlich, dass ein Großteil des Erfolgs der Wikinger auf ihre unverbrüchliche Hingabe ans Schicksal beruht.

Kein Wikinger wäre auf den Gedanken gekommen, er würde über sein Leben bestimmen. Sein Schicksal war gänzlich vorherbestimmt von Göttern, und dies schloss selbstverständlich auch den eigenen Tod mit ein. Es ergab daher wenig Sinn, vor dem Tod Angst zu haben oder ihn gar verhindern oder verschieben zu wollen.

Diese Hingabe an das Leben und an den Tod machte die Wikinger zu starken Gegnern. Aus heutiger Sicht scheint diese Weltsicht irrsinnig naiv. Narzisstisch und vollends säkularisiert, wie die Gesellschaft nun einmal ist, glaubt der moderne Mensch, »seines Glückes Schmied« zu sein. Und dies sogar recht unabhängig vom Weltbild. Im Prinzip kommen Agnostiker oder Esoteriker sogar zum selben Schluss: Anything goes. Vom Tellerwäscher zum Millionär. Jeder kann es schaffen, wenn er sich nur genug anstrengt. Entweder durch bloße Kraft, Wille und Disziplin (wie der Agnostiker und Darwinist vermutet) oder durch »positives Denken« (wie der Esoteriker glaubt). Wobei Letzterer auf ein stumpfes Resonanzprinzip des Universums hofft: Gut gedacht = gut gemacht.

In jedem Fall aber scheint die eigene Einflussnahme auf das Schicksal sicher. Und wirklich: Die Wikinger-Variante, bei der man sich in einer gänzlich unbeeinflussbaren Matrix befindet, in der die einzige Entscheidung darin besteht, sich dem Moment hinzugeben, erscheint den meisten Menschen als größter Horrortrip von allen. Die tiefere Wahrheit, die beide Weltansichten verbindet, ist ein Paradoxon. Hingabe und Machtlosigkeit versus aktive Teilnahme und eigener Wille sind ein Koan[12]. In *Vikings* gibt es einen schönen Dialog dazu: Vor einer Schlacht unterhalten sich ein Wikinger und ein Christ. Der Wikinger fragt ganz überrascht: »Ja, glaubt ihr denn, ihr könntet euer Schicksal wandeln!?« Und der Christ antwortet: »Ich glaube, der Mensch tut alles, was er kann, bis sich sein Schicksal offenbart.«

Auch meine Familie tat alles, was sie konnte, bis sich ihr Schicksal offenbarte. Wie sehr dieses Schicksal in kollektiv-historische Prozesse von Schuld und Sühne eingebunden ist, drückt ein Traum[13] meines Onkels besser aus, als ich es jemals könnte:

»Es war in Neu Wulmstorf, frühmorgens. Die Straßen waren menschenleer. Die Sicht nebelverhangen. Ich ging mit einem älteren Mann an meiner Seite. Wir trugen beide helle, leichte Mäntel. Wir hoben uns kaum ab von den Nebelschwaden, die uns umgaben. Ich wusste – es war Simon Wiesenthal[14], der mich begleitete. Wir gingen aus dem Dorf in die Nordheide. Langsam schritten wir eine Anhöhe hinauf. Wir unterhielten uns angeregt. Ich trug ein Schwert bei mir, das mich peinlich verlegen machte. Ich wusste nicht, wohin mit dem Schwert. Auch fürchtete ich, irgendjemand könnte es bei mir sehen und falsch deuten. Ich versuchte, es unter dem Mantel zu verbergen, und klemmte es mit dem linken Arm dort fest. Simon Wiesenthal und ich stritten über die Schuld, die das deutsche Volk auf sich geladen hatte. Ich versuchte, uns ›Nachgeborene‹ zu verteidigen. Aber während ich sprach, stiegen vor mir Berge von toten Menschen auf, die mit Bulldozern in Massengräber geschoben wurden. Mir blieben die Worte im Halse stecken, und ich fing an zu weinen. Wir stiegen die Anhöhe weiter hinauf und schwiegen. Wir hatten jetzt einen weiten Blick in die Landschaft. Der Nebel war weg, und ich sah eine leicht hügelige, menschenleere Ebene ohne Bäume, wohl ein Blick auf die Fischbeker Heide. Unsere Anhöhe weitete sich zu einem riesigen Plateau, auf dem steil und unvermittelt ein dunkler, sehr hoher, bedrohlicher Bau stand. Er sah aus, wie aus dunkelblauen, geschliffenen Basaltquadern errichtet. Nur bei genauer Betrachtung konnte man rechteckige Öffnungen erkennen, die Fenster zeigten, diese waren aber mit dunkelblauem Glas versehen, sodass sie kaum von den geschliffenen Quadern zu unterscheiden waren. Wir näherten uns dem Gebäude offenbar von der Rückseite. Hier konnte man keinen Eingang erkennen. Als wir näher kamen, erkannte ich seitlich breite Treppenstufen. Und als wir um das Gebäude herumgingen, sah ich, dass die Treppen drei Seiten des Tempels umliefen und zu einem riesigen Platz vor dem Haupteingang führten. Von allen Seiten strömten jetzt Menschen herbei und stiegen die Treppen zu dem Platz hinauf. Wir bewegten uns nun in der Menge langsam und schweigend. Mein Schwert trug ich nicht mehr bei mir. Ich war ruhig und ausgeglichen. Der Strom der Menschen bewegte sich nur unmerklich voran. Wir waren jetzt auf dem Vorplatz des Tempels. Alles strebte auf ein riesiges, hohes rechteckiges Tor zu, den Eingang des Gebäudes. Als wir in endlos langsamen Bewegungen das Tor durchschritten hatten, standen wir in einem sehr hohen Raum. Er war so hoch, dass man die genaue Höhe nicht ausmachen konnte, da die Wände oben in einem diffusen Licht endeten. Der Raum war erfüllt von Gemurmel und monotonen Gesängen. Alles wirkte auf mich fremdartig und doch auch vertraut. So als ob ich lang verschüttete Stimmen und Klänge wieder hörte. Ich war fasziniert von der Musik und den Gesängen. Die Menschen standen eng beieinander und fingen an, sich langsam zu wiegen, ganz leicht, aber rhythmisch. Man spürte den Körper des anderen neben sich und ging mit den eigenen Bewegungen im Rhythmus der Menge auf. Jetzt sprach eine klare feste Stimme zu den Menschen. Ich verstand nicht die Bedeutung der Worte. Es war eine für mich fremde Sprache. Alle Menschen um mich herum hoben die Arme und schwenkten sie in leichten Bewegungen hin und her. Hier und da berührten sich die Hände und hielten sich fest. Ich hielt plötzlich auch zwei Hände und schloss für einen Moment die Augen. Ein warmes Glücksgefühl durchströmte meinen Körper. Ich ging in der Masse dieser Menschen auf. Wie lange dieser Zustand andauerte, ist mir nicht mehr bewusst. Plötzlich schaute mich eine dunkelhaarige Frau an und sagte in scharfem Ton: ›Sie gehören nicht hierher! Was suchen Sie hier!‹ Ich erschrak und versuchte zu erklären: ›Ich bin von Herrn Wiesenthal eingeladen worden! Ja, Simon Wiesenthal, ich weiß gar nicht, ob er noch lebt oder schon tot ist, aber er war es!‹ Die Frau wurde freundlicher und sagte: ›Dann ist es in Ordnung. Sie gehören zu uns.‹

Ich schaute plötzlich aus dem großen Tor auf eine riesige Wand mit einem hohen Fenster. Die Wand könnte Teil einer Kirche sein. Sie wurde mit großen Steinquadern errichtet und hatte Ähnlichkeit mit einem gotischen Fenster. Ich sah, wie ein hochgewachsener dunkelhaariger und bärtiger Mann aus der Menge auf das Fenster zulief. Es war Bernhard Wicki[15]. Er sprang auf das Fenstersims und schlug mit bloßer Faust und ungeheurer Wucht Scheiben ein. Die Scheiben fielen klirrend in das Innere des Raumes. Und je mehr Scheiben er zertrümmerte, desto schneller zerfiel das Fenster in sich. Das Ganze ging so schnell, dass man das Gefühl hatte, er berührte kaum die Scheiben, und schon zerfielen sie. Zum Schluss sah man die Scheiben auf zwei Linien zerfallen, auf einer senkrechten und einer horizontalen, sodass plötzlich ein Kreuz zu erkennen war. Ein großer Aufschrei ging durch die Menschenmenge. Ich erkannte nun, dass auch die anderen diesen Vorgang bemerkten. Wicki stand wie ein Matador in den Scherben mit erhobener Hand, und plötzlich lief alles wie in einem Film rückwärts. Die Scherben klirrten aneinander und setzten sich wie von Geisterhand wieder zusammen. Das Fenster war unversehrt da. Nun erklang eine Stimme aus der Menge hinter uns, klar und schneidend: ›Was geschieht hier, aus Staub wird Dreck. – Aus Dreck wird Staub!‹ Eine zweite Stimme erhob sich: ›Hast du nicht auch so gehandelt?‹ Und wieder die schneidende Stimme: ›Es ging da um etwas ganz anderes. Es ging um die Lichtgestalt. Um die Farbe der Träume, und diese Farbe ist gelb!‹ Ich fand mich plötzlich mit einer brünetten Frau diskutierend auf dem Weg ins Tal.«

Für mich zeigt der Traum, dass mein Onkel tiefe Schuld- und Schamgefühle in sich trug. Diese Gefühle hatte er qua seiner Geburt als Deutscher. Es spielt keine Rolle, dass weder er noch seine Eltern persönlich an der Judenverfolgung beteiligt waren. Als Deutscher meiner Generation, der über das Kriegsleid der Eltern und Großeltern schreibt, bin ich mir der Verantwortung in diesem Kontext bewusst. Und damit meine ich, dass von deutschem Boden der Zweite Weltkrieg ausging und in deutschem Namen das größte Verbrechen der

Menschheit begangen wurde, die Schoah. Zum Kontext gehört auch, dass ein Teil des deutschen Volkes selbst Opfer der Nazidiktatur wurde. Deshalb spricht man von der Befreiung der Deutschen durch die alliierten Streitkräfte.

Trotzdem hat es 70 Jahre gedauert, bis man offen über zwölf Millionen deutsche Flüchtlinge sprechen konnte. In der Vergangenheit hat man es sich oft zu leicht gemacht: Unterstellte man allen Deutschen Täterschaft, implizierte der Gerechtigkeits- und Sühnegedanke: Die Täter sollen selbst leiden – alle! Doch die Frage nach der Täterschaft der erwachsenen Kriegsgeneration stellt sich immer nur individuell und niemals pauschal. Auch Simon Wiesenthal lehnte den Gedanken der Kollektivschuld ab. Er war vielmehr an einer konkreten Ermittlung der verantwortlichen Täter interessiert.

Die Praxis der Generalisierung, bei der »Deutscher« und »Nazi« synonym verwendet wurden, begann um das Jahr 1944. Unter der Regie der »Psychological Warfare Division«, einer angloamerikanischen Einheit zur psychologischen Kriegsführung, arbeitete man aktiv an dieser Lesart. Hatte man zuvor noch ganz selbstverständlich zwischen Nationalsozialisten und dem deutschen Volk in seiner Gesamtheit unterschieden, tat man es nach den Kampagnen der Psychological Warfare Division nicht mehr.

Als Deutscher muss man mit pauschalisierenden Begriffen wie »Tätervolk« umgehen, selbst wenn man zur Generation der Nachgeborenen gehört. Ob nun eine direkte Täterschaft in der eigenen Familienhistorie vorliegt oder nicht – die Scham über die aufs Kollektiv verbreiterte Schuldfrage führte bei vielen Deutschen zu einem verzögerten Verarbeiten des eigenen Kriegstraumas. Den Schmerz anzusehen oder zu bearbeiten, der aus der Vertreibung und Bombardierung der Zivilbevölkerung und dem Tod vieler junger Soldaten resultierte, galt viele Jahre als tabu. Ein Umstand, den Soziologen und Psychologen heute kritisch sehen.

Im Mai 2015 verfolgte ich in der Urania Berlin eine Podiumsdiskussion. Ein für mich wichtiges Buch, *Nebelkinder*, wurde vorgestellt. Im Buch kommen Autoren wie ich zu Wort, klassische Kriegsenkel. Ich habe einiges zum Thema gelesen, und inzwischen fallen mir immer wieder Zwischentöne auf. Eine Frau auf der Bühne wollte den Begriff Kriegsenkel nicht auf sich angewandt wissen. Sie bezeichnete sich offensiv als »Nazienkel« oder »Täterenkel«. Denn Kriegsenkel sei nach ihrem Empfinden eine Form der Verniedlichung, die ihrem Schicksal kaum gerecht würde. Innerhalb der Szene hatte ich schon öfter Andeutungen vernommen, es sei das schlimmere Schicksal, Enkel eines Kriegsverbrechers zu sein als Enkel eines Bomben- oder Fluchtopfers. Manchmal erschien es mir fast so, als gäbe es eine pervertierte Konkurrenz innerhalb der Kriegsenkelgemeinschaft: Auf der einen Seite die Kriegsenkel, deren Eltern oder Großeltern selbst Opfer des Krieges waren. Und auf der anderen Seite Kriegsenkel, deren Großväter Täter waren. Und ein Nachkomme Letzterer zu sein, mit der direkten Wucht innerfamiliärer Schuld, gilt bisweilen als das schlimmere Schicksal. Namhafte systemische Therapeuten wie Bert Hellinger würden dem vermutlich beipflichten.

Bei der Täter-/Opferrolle in Bezug auf die eigenen Eltern kommt es bei Kriegsenkeln immer wieder zu sehr unterschiedlichen Einschätzungen. Im Dialog mit vielen Kriegsenkeln ist mir aufgefallen, dass es bei der Frage zur Täterschaft der Eltern auf nur sehr wenige Jahrgänge ankommt. Wer wie ich Eltern hatte, die im Dritten Reich vor der Pubertät und damit vor einer Identifikation mit dem nationalsozialistischen System standen, hat nicht die Täterschaft der eigenen Eltern im Fokus. Kriegsenkel, deren Eltern hingegen nur wenige Jahre älter waren, bearbeiten eine viel komplexere Ebene bezüglich der Rolle ihrer Eltern. Wenn ich die quasi nicht vorhandene Identifikation meines Vaters mit dem Nationalsozialismus betrachte, verglichen mit seinen nur wenige Jahre älteren Brüdern, wird mir die Dimension dieses Unterschiedes bewusst.

Außerhalb der Kriegsenkelszene gibt es viele Leute, die der Meinung sind, es gäbe zurzeit Wichtigeres als ausgerechnet dieses Thema. Ich glaube, das Gegenteil ist der Fall. Denn wer sich selbst nicht kennt, kann auch nicht empathisch sein. Wer selbst mit Angst und Scham kämpft, kann nicht großzügig sein. Und Großzügigkeit, Menschenliebe und Solidarität werden wir angesichts der neuen Herausforderungen unserer Zeit brauchen.

Denn wieder sind Millionen Kriegskinder auf der Flucht. Sie verlieren ihr Zuhause, ihre Eltern, ihre Geschwister, sie hungern, werden missbraucht und verletzt. Und – sofern sie diesen Wahnsinn überleben, wird ihre emotionale Deformation mindestens zwei weitere Generationen betreffen. Ihre emotionale Emigration wird eine neue Generation von Selbstzweiflern erzeugen, die wiederum ebenfalls Problemkinder bekommen werden. Es sei denn – ihr Kriegstrauma würde therapiert.

Gerade diese Frage treibt mich um. Damit Integration gelingen kann, müssen Kriegsflüchtlinge zunächst einmal erkennen, dass sie traumatisiert sind. Den dramatisch gescheiterten Versuch, unerkannte Kriegsängste mit fundamentaler Religion zu kompensieren, habe ich in diesem Buch geschildert.

Aus meiner Erfahrung kann ich sagen: Kriegstraumatisierte Menschen brauchen eher einen Psychologen als einen Prediger. Bildungsferne und Fundamentalreligion befördern die transgenerationale Weitergabe des Kriegstraumas und behindern eine erfolgreiche Integration.

Gerade weil ich mich der Verantwortung für die deutsche Geschichte stellen will, ist mir das Thema der Aufarbeitung so wichtig. Soziologen und Psychologen sind sich darin einig: Selbstwertmangel, Angst, Schuld- und Schamgefühle bilden immer die Rutsche zur Honigfalle für das Versprechen »mehr« zu sein. Entweder durch Herkunft oder durch Zugehörigkeit zu einer Gruppe – und dies ganz ohne eigene Leistung, denn dieses Versprechen ist nun einmal Labsal für traumatisierte Seelen.

Dem Wiedererstarken nationalsozialistischer oder religiös-fundamentalistischer Kräfte lässt sich wirksam nur auf eine Weise begegnen: Menschen müssen lernen, sich selbst zu lieben und zu achten. Sie müssen ihre Minderwertigkeitsgefühle, ihre Scham, ihr Gefühl, nicht genug zu sein, ablegen. Dafür müssen sie ihre seelischen Wunden ansehen und heilen. Sie werden nicht umhinkommen, einen alten Schmerz erneut zu fühlen. Es gibt keine Heilung am Schmerz vorbei.

C. G. Jung nannte den therapeutisch begleiteten Weg durch den Schmerz zum wahren Selbst »Individuation«. Eine weitere Möglichkeit, diesen Individuationsprozess zu bewerkstelligen, habe ich in meinem Buch *Die Heldenreise des Künstlers – Kunst als Abenteuer der Selbstbegegnung* beschrieben. In dem Buch wird auch deutlich, dass der kreative Weg nach innen gerade nicht egoistisch und hermetisch ist, sondern politisch und sozial.

Sinngemäß soll Max Frisch einmal gesagt haben: Ein Mensch, der sich seines Traumas bewusst ist und der eine wirkliche Sinnfrage an das Leben zulässt, hat nur drei Möglichkeiten: Selbstmord, Sucht oder kreativer Ausdruck. In meiner Familie wurden alle drei Methoden praktiziert. Als Maler und Autor habe ich mich für die letzte der drei Möglichkeiten entschieden.

STAMMBAUM

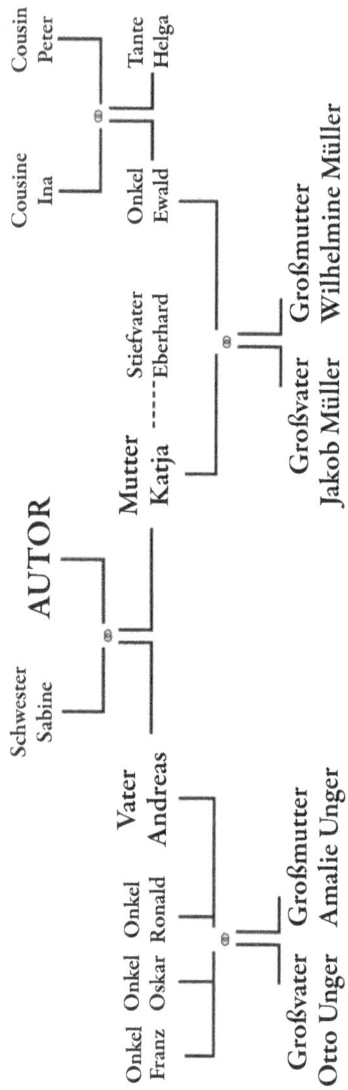

Cousin Peter
Cousine Ina
Tante Helga
Onkel Ewald
Stiefvater Eberhard
Mutter Katja
Großmutter Wilhelmine Müller
Großvater Jakob Müller
AUTOR
Schwester Sabine
Vater Andreas
Onkel Ronald
Onkel Oskar
Onkel Franz
Großmutter Amalie Unger
Großvater Otto Unger

ZUM AUTOR

Raymond Unger lebt als bildender Künstler, Autor, Coach und Therapeut (HPG) in Berlin. Neben seiner Tätigkeit als Kunstmaler und Autor arbeitet Unger als Seminarleiter und Berater.

Als Maler erhielt Raymond Unger 2011 den internationalen Lucas-Cranach-Sonderpreis für Malerei. 2014 folgte eine Einladung des Europäischen Präsidenten José Manuel Barroso zur dritten Generalversammlung NEW NARRATIVE FOR EUROPE. Die Einladung erging an ausgewählte Intellektuelle, Wissenschaftler und Künstler, die sich durch ihre Haltung, ihr Engagement oder ihre Tätigkeit für die Zukunft Europas einsetzen. Ungers großformatige Ölgemälde befinden sich in Privatsammlungen in Moskau, Genf, Salzburg, Düsseldorf, Hamburg und Berlin. Im Jahr 2010 gründete Unger das »Deutsche Forum für Remodernismus«, eine Gruppe für professionelle Künstler mit selbstkonfrontativ–holistischem Kunstverständnis.

Als Therapeut arbeitete Raymond Unger in eigener Naturheil- und Psychotherapiepraxis bis 1998. Zuvor absolvierte er eine zertifizierte, dreijährige Vollzeitausbildung zum »großen« Heilpraktiker. Im Anschluss erfolgten psychotherapeutische Zusatzausbildungen in Transaktionsanalyse und Neuro-Linguistischem Programmieren (GANLP, heute DVNLP e.V.). Während seiner Praxistätigkeit bekleidete Unger eine Dozentur für Naturmedizin an einer Hamburger Fachschule für Heilpraktiker. Im Jahr 2013 erschien sein Sachbuch *Die Heldenreise des Künstlers – Kunst als Abenteuer der Selbstbegegnung*, in dem er die Synthese seiner Tätigkeiten als Künstler und Therapeut darlegt.

Autorenkontakt:
www.raymond-unger.de (Künstlerhomepage)
www.unger-seminare.de (Seminare und Coachings)

ENDNOTEN

1 Bessarabiendeutsche: Deutsche Volksgruppe, die zwischen 1814 und 1940 im Gebiet »Bessarabien« beheimatet war, das heute zwischen Moldawien und der Ukraine aufgeteilt ist.

2 Erich Kuby: Die Russen in Berlin 1945. 4. Fortsetzung. In: Der Spiegel. Nr. 23, 1965, S. 77.

3 Debütfilm: »Der Kommissar«, Folge 1, »Toter Herr im Regen«.

4 Ellen Gould Harmon White (1827–1915), Mitbegründerin und Prophetin der Freikirche der Siebenten-Tags-Adventisten.

5 Liste aus »Heimatbuch der Bessarabiendeutschen«, Pastor Albert Kern, Selbstverlag: Hilfskomitee der evangelisch-lutherischen Kirche Bessarabien e.V., Hannover.

6 »Die Goggelrobber – von Männern und Hühnern«, Film von Friedrich Bohnenkamp, SWR Fernsehen, 07.09.2012.

7 Heutiger Name Sankt Petersburg.

8 Interview-Mitschnitt (gekürzt) vom 14. April 2013 im Rahmen der Ausstellung »Mea Culpa«, Raymond Unger, Galerie im Theresienstein, Hof.

9 Ralf Sziegoleit, Journalist und Kunstkritiker, war jahrelang Chef des Kulturressorts der Frankenpost. Für seine Arbeit wurde er 2008 mit der Johann-Christian-Reinhart-Plakette der Stadt Hof ausgezeichnet.

10 Annie Sziegoleit, 1. Vorsitzende Kunstverein Hof.

11 Sanitäter, Masseur und Heilpraktiker.

12 Ein Koan ist ein japanisches Sinnrätsel, das paradox, widersprüchlich und rational sinnlos wirkt.

13 Traum von Simon Wiesenthal, 18.07.2002, aus dem Nachlass des Künstlers Ewald Müller.

14 Simon Wiesenthal (1908–2005) war ein jüdischer Überlebender des Holocaust. Nach seiner Befreiung aus dem Konzentrationslager Mauthausen suchte der Architekt, Publizist und Schriftsteller weltweit nach den verantwortlichen Tätern des Naziregimes.

15 Bernhard Wicki (1919–2000) war ein Schweizer Schauspieler und Filmregisseur. Wicki war einige Monate im Konzentrationslager Sachsenhausen inhaftiert. 1959 drehte er den Antikriegsfilm *Die Brücke;* weitere Arbeiten beschäftigten sich mit der Verstrickung des Bürgertums in die rechtsextreme Ideologie.

Paradise Lost von Raymond Unger
(Diptychon, 150 cm x 380 cm,
Ölfarbe gespachtelt auf Leinwand)

Internationaler Lucas-Cranach-Sonderpreis
für Malerei 2011